정진호의 의정부 구하기

다 같이 외칩시다. 내 돈 내놔!

정진호의 의정부 구하기

다 같이 외칩시다

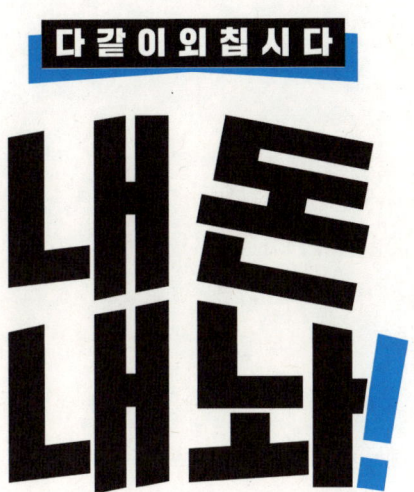

내 돈 내놔!

정진호 지음

우리가 낸 세금으로 무엇을 해야 하는가

나는 의정부시 시민이다. '시민'이라는 말은 그 도시에 '사는 사람'만을 뜻하지 않는다. 그 도시에 '세금을 내고 행정 서비스를 받는 사람'이라는 뜻도 지닌다.

나는 꼬박꼬박 의정부시에 돈을 낸다. 달마다 급여에서 먼저 빠져나가는 소득세[1], 마트와 편의점, 백화점과 인터넷쇼핑몰에서 카드를 긁는 순간 영수증에 찍히는 부가가치세[2], 자동차세와 재산세, 취득세, 등록세, 교육세… 그리고 갖가지 공과금들. 때로는 피치 못한 실수의 대가로 과태료나 범칙금을 내기도 한다. 그런데 그 돈들은 어디로 갈까?

한 사람의 시민으로서 나는 궁금했다. '내가 낸 돈은 어디로 흘러가 어떻게 쓰이는 걸까?' 나는 그 보이지 않는 '세금의 길'이

1·2 소득세와 부가가치세는 국세이지만 그중 일정 비율은 지방 재원이 된다. 소득세의 경우 과세표준의 0.6~4.0%가 지방소득세로 징수되고, 부가가치세는 세액의 25%가량이 '지방소비세'로써 지자체 재원으로 들어간다.

궁금했다. 그리고 시민들의 이익을 대변하는 시의원으로서 나는 더욱 궁금했다. '우리 시민들은 우리의 도시로부터 우리가 낸 돈만큼의 서비스를 제대로 받고 있는가?'

그렇지 않은 것 같았다. 그래서 나는 우리 시민들의 도시, 의정부시에 따져 물었다. "왜 우리가 낸 돈을, 우리가 필요한 곳에 쓰지 않습니까?" 시는 늘 이렇게 대답했다. "돈이 없습니다." 시장이 덧붙였다. "제가 왜 안 하고 싶겠습니까. 돈이 없어서 못 하는 겁니다." 정말 그럴까? 확인을 위해 결산서를 요구했다.

결산서를 펼치는 순간 이야기는 달라졌다. 시가 쓰고 순수하게 남긴 돈 - '순세계잉여금'이 해마다 수백억, 때로 천억을 넘었다. 시는 돈이 없다며 청소년의 생리대 예산을 잘라내고, 청년기본소득을 외면했는데….

결산서는 정작 시민이 원하는 사업보다 시장이 하고 싶은 사업으로 돈이 흘러 들어갔음을 보여주고 있었다. 이것이야말로 모순이었다. 나는 생각했다. '싸워야겠구나.' 그리고 예감했다. '외로운 싸움이 되겠구나.' 도시의 진짜 주인인 시민들의 연대가 필요했다. 어떻게 해야 할까. '그래. 그냥 한 시민으로서 내 마음을 표현하자. 그 마음을 표현할 한 마디가 여기 있다. 그것을 공유하자.' 마음속으로 외쳐 보았다. "이봐요, 의정부 씨! 그럴 거면, 내

돈 내놓으시오!"

돈 문제를 따지려면 장부를 들여다봐야 한다. 그런데 의정부시의 재정 장부에는 자물쇠가 채워져 있었다. 홈페이지 어느 한구석에 꽁꽁 숨겨 놓고 암호처럼 어려운 재정 용어들을 가득 채워놓았던 것이다. '우리 도시의 가계부가 시민에게 꽉 닫혀 있었구나!' 내가 시의원이 되고서 받은 가장 큰 충격이었다. 더 황당한 경우도 있었다. 시 홈페이지에 있는 자료와 의회에 제출된 자료가 달랐다. 홈페이지 화면에 버젓이 올라와 있는 민락하수처리시설 사업은 중기지방재정계획 어디에도 없었는데, 내가 시정 질문을 예고하자 이틀 만에 슬쩍 끼워 넣었다. 위원회 심의도 없이 말이다. 절차는 휴짓조각처럼 구겨졌다. 그때 깨달았다. '재정은 권력의 도구가 될 수 있구나!'

정보를 감추고 장부를 비틀어 놓으면 시민은 모른다. 그렇다면 민주주의는 어디에 있는가. 선거투표함에 투표용지를 넣는 그 순간에만? 결코 아니다. 민주주의는 우리 일상의 모든 곳에 살아 있어야 한다. 그러기 위한 기본 중의 기본이 '알 권리'다. '내가 낸 세금은 어떻게 쓰이는가?' '거둬서 곳간에 쌓아 두고 "없다"라고만 말하는 건 아닌가?' '쓰고 남은 돈으로는 대체 무얼 할 것인가?' '의정부 씨'에 대한 질문들이 심장박동처럼 내 가슴을 두드렸다.

시민의 권리를 위해 '재정'을 붙들고 늘어지기로 했다. 재정은 딱 딱한 숫자와 표와 법률 조항의 세계다. 그러나 그 뒤에는 사람이 있다. 삭감된 복지예산 뒤에는 상처받은 청소년의 일상과 존엄이 있고, 줄어든 문화예산 뒤에는 무대에서 밀려난 예술가가 있고, 멈춘 공공사업 뒤에는 일거리를 찾아 헤매는 노동자들이 있다.

재정을 파고드는 일은 곧 시민들 삶의 혈류를 살피는 일이다. 세금을 낸 시민이 재정의 흐름을 보지 못한다면 그것은 민주주의가 아니다. 내가 낸 돈이 내 삶을 지키지 못하도록 한다면 그것은 정치가 아니다. 나는 그렇게 믿었다.

나의 '내돈내놔!' 싸움은 2023년 10월, 갑작스러운 시장의 기자회견으로부터 시작됐다. 당시 김동근 시장은 '의정부시가 공무원들에게 월급을 줄 수 없을 만큼 재정위기에 처해 있다'는 언론 기사에 대해 '재정상 어려움이 큰 것은 사실'이라면서도 "공무원 월급 걱정 마십시오."라고 말했다. 나는 물었다. 왜 도시 살림이 그토록 위태로워졌는가? 왜 그 과정을 시민에게 설명하지 않았는가? 제대로 된 대답을 듣지 못했다. 답답함은 곧 분노로 바뀌었다.

돈이 없다고? 시민들은 이미 같은 질문을 던지고 있었다. "왜 의 정부 청년만 기본소득을 못 받는가?" "왜 복지예산이 잘려나갔 는가?" "왜 잉여금은 천억씩 남는데, 빚은 또 수백억인가?" 이 물음들이 품고 있는 분노는 곧 하나로 모였다. "내 돈, 내 권리. 내 돈 내놔!" 이 구호는 단순한 분노가 아니다. '시민의 세금은 시 장의 쌈짓돈이 아니라 시민의 뜻대로 쓰여야 할 공공의 자원'이 라는 온당한 선언이다.

'돈의 길'을 바꾸면 '도시의 질'이 바뀐다. '시민 삶의 품격'도 바 뀐다. 나는 그 확신을 얻었다. 그래서 이 책을 썼다. 시의원으로 서 빼앗긴 시민의 권리를 되찾고 뒤틀린 재정을 정상으로 돌리 기 위해, 지난 몇 해 동안 내가 목격한 거짓과 위법, 방만과 방치 의 장면들을 기록했다. 그러나 고발에만 머물지 않았다. 대안을 세웠다. 깜깜이 PDF 대신 이해 가능한 데이터를 제공하고, 말뿐 인 공개 대신 실시간 집행 대시보드를 제시하며, 시의 일방통보 가 아니라 시민 제안과 피해 제보, Q&A, 토론 등을 통해 시정의 우선순위를 결정하는 장, 장부의 자물쇠를 풀고 금고의 열쇠를 시민에게 돌려주는, '시민과 함께 만드는 시민재정시스템'이 바로 그것이다.

나는 계속 간다. 시민이 무엇을 원하는지 끊임없이 묻고 살피며 우리가 바라는 민주주의와 자치의 길을 시민들과 함께 열겠다. "우리가 낸 세금으로 무엇을 해야 하는가?" 이 물음의 답을 나는 이 책 곳곳에 심어 두었다. 독자에게 바라는 것은 단 하나다. 책을 덮는 순간 이렇게 느끼게 되길. '재정은 시장의 것이 아니라 시민의 것이다. 재정은 내 삶을 지키고 내 꿈이 이루어지게 하는, 우리 모두의 것이다.'

처음엔 외로웠다. 그러나 손을 잡아준 시민들과 연대하는 동료들이 있었다. 이제 우리는 '모두의 승리'를 향해 한 걸음씩 나아가고 있다. 나는 멈추지 않겠다. 재정이 시민에게 돌아오는 날까지 외치겠다. "내 돈 내놔!" 시민이 권력을 감시할 때 정치는 달라진다. 시민이 재정을 감독할 때, 비로소 시민자치가 완성된다.

2. 요점 정리

3. 모두의 승리를 위해

4. 시민 속으로 설문조사원 정진호

5. 시민이 만드는 의정부

6. 왔다, 정진호! 된다, 의정부!

1

외로운
싸움의
기록

 편집자 주 : 재정 관련 용어가 생소한 독자께서는 '2장. 요점 정리'를 먼저 읽으시기를
권해 드립니다. 큐알을 스캔하면 저자의 페이스북 포스팅 원문을 확인할 수 있습니다

행정감사, 순세계잉여금이 1,293억 원!

나는 이날을 기다려 왔다. 아니, 준비해 왔다. 시 재정의 정확한 실태 파악을 위해서는 시간이 필요했다. 적어도 현 시장 취임 이후 2년간의 재정 흐름은 들여다봐야 했기 때문이다. 김동근 의정부 시장은 취임 초인 2022년 말부터 일부 복지 지원과 공공체육시설 건립 사업 같은 것을 마구 취소하고 중단했다. 돈이 없다는 이유였다. 정말 돈이 없는 것이었을까?

이윽고 2025년 6월, 2024년 결산이 나왔다. 결산 결과 세입은 1조 7,252억 원, 세출은 1조 4,829억 원으로 잉여금은 총 2,423억 원인데, 이 가운데 이월액 952억 원, 보조금 잔액 178억 원을 제외한 순세계잉여금은 무려 1,293억 원이었다.

나는 결산 결과를 꼼꼼히 분석해 보았다. 그리고 6월 10일에 열린 의정부시의회 자치행정위원회 행정감사에서 처음으로 순세계잉여금에 대한 문제를 제기했다. '2024년도 결산 결과 순세계잉여금이 1,293억 원에 달한다'는 요지로 발언했다. "의정부시는 재정이 어렵다고 주장하지만, 이는 정치적 수사에 불과하다."라고 비판했다. 그리고 "이처럼 과도한 순세계잉여금은 시의 재정 집행이 제대로 이뤄지지 않았다는 뜻이며, 시민들은 낸 세금만큼 행정 서비스를 받지 못한 셈"이라고 지적했다.

의정부시가 반박했다. "일반회계와 특별회계를 합친 결과라 사실과 다르다. 순세계잉여금 1,293억 원 중 '지방재정법'에 따라 특정 사업 운영 등을 위해 설치한 특별회계에서 발생한 잉여금 806억 원을 제외하면 일반회계 순세계잉여금은 487억 원이고 비율은 3.3%이며 이는 전국 지자체 평균 5.04%보다 낮은 수준이다."

어이가 없었다. 나는 전체를 말했는데 의정부시는 부분만 떼어가지고 전국 평균보다 낮은 수준이라고 주장한 것이다. '밥과 반찬을 합친 점심 식대' 얘기를 했는데, '반찬을 뺀 밥값'만 가지고 반박을 한 꼴이다.

의정부시는 한술 더 떴다. '시 관계자'의 입을 통해 "일부 언론과 시의회에서 지적한 순세계잉여금 규모는 특별회계와 일반회계를 합친 것으로, 이는 절대 혼용해 사용할 수 없다"라고 언론 보도를 낸 것이다. 사실이 아니다. 특별회계도 통합재정안정화기금에 넣어 일반회계로 사용할 수 있다. 시민이 모른다고 마구 거짓을 늘어놓은 것이다. 나중에 다 들통날 거짓말을 버젓이 보도자료로 내는 배짱은 어디서 나오는 것일까?

게다가 의정부시는 순세계잉여금이 1,293억 원이나 있는데도

464억 원의 지방채를 3%대로 발행해, 연간 12억 원의 이자를 부담하고 있었다. 따져보지 않을 수 없었다.

이렇게 정진호와 의정부시의 재정 논쟁이 시작됐다.

[2024회계연도 회계별 순세계잉여금 발생내역]

(단위: 원, %)

구분	계	일반회계	공기업특별회계	기타특별회계
예산현액(A)	1,708,131,886,520	1,459,018,734,020	142,592,414,400	106,520,738,100
순세계잉여금(B)	129,331,151,143	48,735,951,215	45,140,416,454	35,454,783,474
잉여금 비율(B/A)	7.57	3.34	31.66	33.28

[회계별 순세계잉여금 사용내역 및 향후계획]

(단위: 천 원)

회계구분	순세계잉여금(A)	2025년 세출반영			유보액(E=A-B)	세출반영 내역 및 향후계획
		계(B)=C+D	본예산(C)	1회추경(D)		
총계	129,331,151	103,596,958	89,602,752	13,994,206	89,602,752	13,994,206
일반회계	48,735,951	36,777,476	30,000,000	6,777,476	11,958,475	◎(세출반영) 368억 원 -국·도비보조사업 시비부담금 증가분(190억 원) -보편적 복지 등 민생(125억 원) -대중교통 운영(53억 원) ◎(향후계획) 119억 원 -국·도비보조사업 시비부담금 -지방채 상환 재원 적립
공기업특별회계	45,140,416	38,298,743	34,188,850	4,109,893	6,841,673	
상수도사업	8,676,515	2,195,733	178,700	2,017,033	6,480,782	◎(세출반영) 21억 원 -상수시설물 유지관리 및 상수도 기반시설 확충·정비예산(21억 원) ◎(향후계획) 65억 원 -2025~2028년 노후상수관로 정비 사업 재원 활용 ※ 총 사업비: 약 712억 원

하수도 사업	31,829,397	31,468,507	29,328,507	2,140,000	360,890	◎(세출반영) 145억 원 -민락2공공하수처리시설 증설 등 (145억 원) ◎(향후 지출계획) 173억 원 -2025~2029년 민락2공공하수처리시설 증설사업 재원 활용 ※ 예비비: 143억 원 반영 ※ 총 사업비: 약 1,249억 원
공영 개발	4,634,504	4,634,503	4,681,643	△47,140	1	◎(세출반영) 10억 원 -인건비 등 필수경비(7억 원) -원머루·정자말사업 전출금 등(3억 원) ◎(향후계획) 36억 원 - 2025년 원머루·정자말 도시개발 사업 재원 ※ 예비비: 36억 원 반영
기타 특별회계	35,454,784	28,520,739	25,413,902	3,106,837	6,934,045	
교통 사업	8,292,156	8,306,837	5,500,000	2,806,837	△14,681	◎(세출반영) 60억 원 -공영주차장 건설사업 예산 반영 ◎(향후계획) 23억 원 -2025년 주차장 조성 재원 활용 ※ 예비비: 23억 원 반영
발전소 주변 지역 지원 사업	4	-	-	-	4	◎2024년 발전소주변지역지원사업 종료에 따른 이자 반납 예정
폐기물 처리 시설	19,675,079	19,667,163	19,667,163	-	7,916	◎(향후계획) -의정부시 자원회수시설 현대화사업 재원 활용 ※ 예비비: 196억 원 반영
원머루 도시 개발	183,945	-	-	-	183,945	◎(향후계획) -2025년 개발사업 준공 이후, 청산금 교부 재원
정자말 도시 개발	123,012	-	-	-	123,012	◎(향후계획) -2025년 개발사업 준공 이후, 청산금 교부 재원
캠프 라과 디아 도시 개발	238,390	236,739	236,739	-	1,651	◎(향후계획) -2026년 이후 라과디아 도시개발 사업 관련 경상비 지출 예정 ※ 예비비: 2.3억 원 반영

1. 외로운 싸움의 기록

1,293억 남기고 464억 빌리고? 내 돈 내놔!

페이스북에 글을 올렸다. '시민 재정 싸움'의 서막이 열렸다.

> 행정사무 감사를 하며 충격을 받았습니다. 2024년 의정부
> 시 결산을 보니 1,293억 원이 남았습니다. 사업을 하고 남
> 은 돈이 아니고 아예 편성조차 하지 않은 돈이 그렇다는 것
> 입니다. 돈이 이렇게 많이 남는데 464억 원이나 빚을 냈습
> 니다. 그리고 일년에 12억 원이나 이자를 내고 있습니다. 시
> 민들 권리는 없애고 은행에 돈 가져다 바치고 도대체 왜 이
> 러는 걸까요?
> 지난주 대통령께서 재정의 적극적 역할을 주문하셨습니다.
> 재정이 민생회복과 성장의 마중물이 되어야 한다고 하셨습
> 니다. 재정은 더 힘든 곳에, 더 성장할 수 있는 곳에 투자해
> 야 합니다. 의정부 재정도 마찬가지입니다. 돈을 쌓아놓고
> 쓰지 않는 일이 있어서는 안 됩니다.
> 이해가 안 갑니다. 돈이 없다며 학생들 체육활동, 문화예술,

공동체 예산 삭감하고 기본소득, 생리대를 비롯, 체육관 건립 중단에 인건비 삭감까지 도대체 왜 그랬을까요?

의정부시 재정은 민생회복과 성장의 마중물이 아니라 은행 배불리기 마중물 역할만 하고 있습니다. 시민들이 가만있어서는 안 됩니다. 국민주권정부의 출범에 맞춰 '내돈내놔!' 시민재정 주권운동을 해야 할 판입니다.

'효율적인 재정 운영' 돋보여?

행정감사 이후에 한 달이 지난 뒤에야 의정부시는 여유 있는(?) 입장을 내놨다. 일개 시의원이 문제제기를 해 봐야 누가 관심이나 두겠냐 생각했던 것 같다. 시는 보도자료를 돌렸고, 일부 지방일간지와 인터넷언론 여러 군데가 받았다. 이중 "의정부시, 세수부족 속 '효율적인 재정 운영' 돋보여"라는 제목의 기사를 인용한다.

시는 2024년도 예산 결산 결과를 발표하며, 전국 평균보다 낮은 순세계잉여금 비율과 안정적인 채무 수준을 바탕으로 '시민 중심, 효율적 재정 운영' 원칙을 실현해 왔다고 밝혔다.

2024년 일반회계 결산 기준 순세계잉여금(한 해 예산 중 다 쓰지 않고 남은 돈)은 487억 원으로, 전체 일반회계 대비 3.3% 수준이다. 이는 전국 평균(5.04%)보다 낮은 수치로, 예산을 불용 없이 적기에 집행했음을 의미한다. 특히 경기 침체와 정부 세수 부족 등 어려운 상황에서도 의정부시는 민생·복지·경제 회복 등 생활 밀착형 사업에 재정을 집중해 시민 생활 안정에 힘썼다. (중략)

특별회계에서 발생한 806억 원은 지방재정법에 따라 용도가 정해진 재원으로, 일반예산으로 전환해 사용할 수 없다. 해당 예산은 ▲민락2 하수처리시설 증설 ▲공영주차장 건설 ▲자원회수시설 현대화 등 시민 삶에 밀접한 도시기반시설 확충에 쓰일 예정이다.

의정부시는 계속해서 '특별회계는 일반예산으로 전환해 사용할 수 없다'고 거짓말을 하고 있다. 더 황당한 내용은 다음에 나온다.

시는 대규모 기반사업의 연속성과 필수 사업 추진을 위해 2024~2025년 총 464억 원의 지방채를 발행했다. (중략) 의정부시의 채무 비율은 3.41%로 전국 평균(7.57%)의 절반 수준이다. 시는 재정 건전성을 유지하며 필요한 사업에 책임 있게 재정을 운용하고 있다.

채무 비율이 전국 평균의 절반 수준이라는 것도 '거짓'이다, 곧 밝혀질 거짓말을 언론보도를 통해 대대적으로 하고 있다. 몰랐던 것일까? 알고도 시민들이 모를 거라 보고 그냥 지르는 것일까? 시는 행정감사 기간 중 순세계잉여금이 1,293억 원 남았는지도 전혀 모르고, 나의 질문에 "4천억 원 정도 있다"고 답했다. 이 정도면 살림에 대해 몰랐거나 관심이 없었다고 판단하는 게 맞을 것 같기도 하다.

그냥 재정 운영을 조금 잘못한 것 같다고, 돈이 없다며 잘랐던 예산을 다시 한 번 확인해서 반영할 만한 것은 반영하겠다고, 잘

1. 외로운 싸움의 기록

따져보아 지방채 갚고 이자 내는 일 없도록 하겠다고 하면 되는
데, 시민 세금 쓰는 문제를 다음 선거의 당락 문제로만 생각하는
지 끝까지 버티고 잘못을 인정하지 않았다.

시의 살림을 감시하는 활동은 숫자와의 전쟁이기도 하다.

시민재정플랫폼을 만들자!

시의원 혼자 재정 싸움을 하기는 쉽지 않다. 시민들이 함께 해 줘야 한다. 시장이 마음대로 정보를 쥐고 멋대로 재정 운영을 하는 상태를 그대로 둘 수는 없다. 시민들도 재정 정보를 알고 참여해야 이 문제가 해결된다고 생각했다. 그래서 시작한 것이 '시민재정플랫폼' 기획이다. 페이스북에 〈내돈내놔! 시민참여플랫폼 개설합니다〉라는 제목의 글을 올렸다.

> 아무 생각없이 '그까이 꺼 뭐 대충' 쓰고 있는 시민 세금, 그럴 거면 내놓으라고 '내돈내놔!'를 외쳐야 합니다. 정진호가 함께하겠습니다. 의정부 시민재정주권운동을 펼치겠습니다.
> 곧 '내돈내놔' 캠페인을 위한 시민참여플랫폼을 공개합니다. 현재 개발 중으로 8월에 시범 운영을 할 예정입니다! 어느 날 갑자기 잘려버린 예산, 이런 사업 해달라고 했더니 돈 없어서 안된다고 했던 사업, 예산 낭비 사례 등을 낱낱이

신고해 주십시오. 전부 접수하겠습니다.

우리가 낸 세금, 우리가 쓸 곳을 정하고 제대로 감시하고 요구해야 합니다. 그래도 말 안 들으면 시민이 해고해야 합니다. 제대로 안 쓰고 방만하게 쓰는 돈! 함께 찾으러 가겠습니다. 재정이 민생회복의 마중물이 되도록 쌓아놓은 돈이 시민을 위해 제대로 쓰이도록 '왔다! 정진호'가 최선을 다하겠습니다.

동료 시민인 젊은 청년들이 자발적으로 아무 대가 없이 시민재정플랫폼 제작에 나서 주었다. 그렇게 시작한 '의정부 시민재정 시스템'은 9월 23일과 24일, 이틀간 국회 잔디마당에서 사전 공개됐다.

때려잡기 말고 바로잡기를 하라!

시민재정플랫폼 프로젝트를 진행하는 한편으로 싸움을 이어가야 했다. 시의 자랑질에 가만있으면 시민들은 속고 말 테니. 페이스북을 통해 내 입장을 다시 올렸다. 〈힘없는 시의원 때려잡을 땐가? 잘못된 재정을 바로잡을 땐가?〉

> 행정감사에서 제가 꼴등 재정을 지적한 지 두 달이나 지나서, 시민들의 분노가 커지자 부랴부랴 김동근 시장은 언론을 통해 입장을 냈습니다. 결론적으로 아무 잘못 없고 잘하고 있답니다. 기가 찰 노릇입니다. 잉여금이 많지만 특별회계가 포함되어 있어 상관없답니다.
> 특별회계는 재정 아니고 개인 돈입니까? 특별회계든 일반회계든 재정이고, 재정에서 남은 돈 순세계잉여금은 1,293억 원이 맞지 않습니까? 행정사무 감사에서 시 예산 책임자가 순세계잉여금이 1,293억 원 남았는지도 모르고 4,800억 원 정도 남았다고 했습니다. 1,293억 원 남긴 것도 비판

받아 마땅하지만, 얼마 남았는지도 모르는 것은 더 큰 문제입니다. 아예 의정부 재정에 관심이 없는 것입니다.

진짜 용기는 잘못을 시정하는 것입니다. 힘없는 시의원 면박 줄 생각 말고 잘못을 인정하고 빨리 빚 갚고, 돈 없다고 죽인 예산 즉시 살리시길 바랍니다. 지금 필요한 것은 남는 돈으로 빚 갚고 이자로 12억 원 벌고 그동안 자른 예산 다 살려서 사회적 약자를 돕는 것이지, 막강한 행정력을 동원해서 1명밖에 안 되는 시의원을 공격하는 일이 아니라는 점을 분명히 밝혀둡니다.

시장님, 계속 거짓말하시면 안됩니다!

거듭된 나의 요구에도 아무 반응이 없었다. 문제를 지적했고, 그에 대한 반박에 재반박을 했으면, 시정을 하든 재재반박을 하든 반응을 보이는 것이 성의 있는 태도다. 그런데 시는 아무 대꾸가 없었다. 나는 그동안 연구한 것을 종합해서, 거짓말을 인정하고 잘못을 바로잡으라고 다시 촉구했다.

> 시장님, 특별회계 잉여금은 일반 재원으로 쓸 수 없다고 하셨는데 공무원이 그리 보고하던가요? 아니면 시장님 생각이신가요?
> 2020년 지방기금법 제16조가 개정되었습니다. 바로 특별회계 잉여금 때문입니다. 시장님 같은 단체장이 돈을 쟁여 놓고 안 쓰니까 그러지 말라고 이런 법을 만든 겁니다. 다시 말해 특별회계 여유 재원도 일반회계 가용 자원으로 활용할 수 있도록 길을 열어놓은 것입니다.
> 특별회계도 일반회계로 쓸 수 있는데 시장님은 순세계잉여

금을 1,293억 원이나 남겨놓고, 464억 원 빚을 내고 돈 없다며 시민들의 예산을 삭감했습니다. 1,293억 원이나 남았으니 464억 원 빚을 낼 필요도 없었고, 12억 원이나 되는 이자를 낼 필요도 없었는데 말이죠?

지방기금법에 따라 통합계정을 통해서 예수예탁을 하는 것은 내부거래입니다. 이자를 줘도 우리 시 일반회계에서 우리 시 특별회계로 주는 것이라 외부로 유출되는 이자 비용은 없는 겁니다.

왜 돈을 쌓아놓고 농협에서 그 비싼 이자를 주며 빌리셨나요? 지금이라도 잘못을 인정하고 빚 갚고, 문화 예산, 복지 예산, 일자리 예산을 비롯해 돈 없다고 자른 예산을 원래대로 복구하십시오. 시장의 무능 때문에 시민은 배고프고 농협만 배부르게 해서야 되겠습니까?

이렇게 재정 꼴등을 만들어 놓고도 '알뜰살림'을 살고 있다고 하시니 너무 어이가 없습니다. 시민을 바보로 아는 게 아니라면 당장 사과해야 할 것입니다.

더이상 말도 안되는 거짓말로 변명하지 말고, 몰랐으면 몰랐다고 사과하고 바로잡으시면 됩니다. 만약 알고도 그렇게 했다면 의정부시 재정을 이렇게 엉망으로 한 데 대해 반드시 상응하는 책임을 져야 할 것입니다.

'민생회복지원금 부족' 주장

이런 가운데 의정부시가 돈이 없어 새 정부가 결정한 민생회복
지원금 마련에 차질이 있다는 보도가 나왔다. "재정자립 열악해
일률적 분담금에 추경예산 부족, 지방채 발행 등 검토 전전긍긍"
이라는 부제가 달린 기사를 인용한다.

재정자립도가 열악한 의정부시가 정부의 민생회복지원금 정책에 따른
분담금 61억 원 때문에 재정상태가 악화돼 추가경정예산에 바둑경기
장, 디자인도서관 공사 등 각종 사업 재원을 마련하지 못해 전전긍긍
하고 있다. 이에 따라 시는 지방채를 발행하거나 계속사업의 지연까지
도 검토하고 있는 것으로 알려졌다.

12일 인천일보 취재를 종합하면 2024년도 의정부시의 재정자립도는
21.21%이고 자체수입과 자주재원의 비율인 재정자주도는 43.31%로
열악한 형편이다. 이 상황에서 지난달부터 지급되고 있는 민생회복지
원금 재원이 국비를 제외하고 경기도와 의정부시가 각 61억 원씩 분담
하고 있다.

따라서 의정부시는 민생회복지원금 마련 때문에 당초 계획했던 다른

계속사업을 추진하지 못하거나 추경에 반영하려 한 항목을 대거 삭감
해야하는 어려움에 처해 있다.

시는 법정, 의무 경비는 2차 추경에 최대한 편성하려고 노력 중이나
호원동 바둑경기장 건설사업을 비롯해 산곡동 디자인도서관 건설사업
등 계속사업을 중단하거나 지방채 발행을 단행해야하는 어려움에 놓
여있다.

바둑경기장 사업은 지난해 9월 착공해 국·도·시비 등 총 396억 원이 투
입돼 2026년 8월 완공을 목표로 지하 1층, 지상 4층, 전체면적 1만㎡
규모로 건립 중에 있다. 그러나 이번 추경에 20억 원의 예산을 마련하
지 못하면 9~10월 중에 공사를 중단하거나 지방채를 발행해야 한다.

산곡동 디자인도서관 건설도 마찬가지. 지난해 10월부터 내년 2월을
목표로 221억 원을 들여 추진 중인 디자인도서관 건설은 이번 추경에
40억의 예산이 편성되지 않을 경우 바둑경기장과 같은 상황에 처하게
된다.

보건소 리모델링사업의 경우 국, 도비 20억5000만 원은 이미 확보됐
으나 시비 5억5000만 원 편성이 어려워 우선 사업을 시작한 뒤 추후
사업비를 마련하는 방안을 검토하고 있다."

온갖 사업들을 돈이 없어 못한다는 상세한 설명까지 덧붙였다.
진짜 돈이 없는 것인가? 재정 운영을 잘못하고 있는 것인가?

나라재정 절약 간담회

의정부의 상황을 전국에 알린 사건이 터진 날이다. 이재명 대통령이 이날 용산 대통령실에서 '나라재정 절약 간담회'를 열었다. 이 자리는 정부가 국가 재정 절감 방안에 대해 전문가 의견을 듣기 위해 마련된 자리로, 조세재정연구원·나라살림연구소·참여연대 등이 참석했다.

그런데 여기서 정창수 나라살림연구소 소장이 '경기도 자치단체' 가운데 1,300억 원 순세계잉여금이 있는데 400억 원 빚을 내고 이자를 무는 지자체가 있다고 지적을 했다. 행정안전부가 지방재정 관리를 잘해야 한다는 주장을 하기 위해 사례로 든 것이다. 누가 보더라도 이 지자체는 의정부시를 말하는 것이었다. 대통령은 이날 토론회에서 지자체의 공공예금 이자 문제까지 모두 공개하라는 지시를 했다.

이제 의정부시의 무능한 재정 운영 문제는 의정부만의 문제가 아니라 전국적인 이슈가 된 것이다. 나는 이 문제에 대해 전선을 확대할 필요성을 느꼈다. 의정부시가 낸 '거짓 보도자료'는 모든 지역 언론이 받아 50개 이상 언론에서 보도를 했는데, 내가 낸 '진실 보도자료'는 아예 무시하거나 겨우 1~2개 언론에서만 기사화했다. '권력이 이런 거구나'를 실감하는 날이었다.

이재명 대통령이 나라재정 절감 간담회에서 참석자의 의견을 경청하고 있다. KTV화면 캡쳐

국회 기자회견. "재정 정보 전면 공개하라!"

국회에서 기자회견을 하기로 했다. 전국의 뜻을 같이하는 지방의원들과 국회 소통관으로 갔다. 국회에서 기자회견을 하려면 필요한 '소개의원'은 모경종 더불어민주당 의원이 맡아 주었다. 모경종 의원이 먼저 모두발언을 해 주었다. "지방자치단체별 잉여금 문제가 심각하고, 지자체가 시민 혈세를 제대로 쓰지 있고 있다. 2023년 결산 기준 전국 226개 기초지자체와 17개 광역자치단체의 순세계잉여금은 무려 25조 원을 넘어서고 있다." 이어 우리를 '지역에서 재정주권을 회복하려고 시민과 함께 활동하는 청년 지방의원들'이라 소개하고 많은 관심을 당부했다.

성명서 발표에는 오산시 전예슬, 성남시 김윤환, 청주시 정재우, 강북구 최인준, 아산시 김미성, 파주시 손성익 의원이 동참했는데, 내가 대표로 성명서를 낭독했다. 〈세금 쌓아두고 빚내는 시청, 재정 정보 전면 공개하라!〉

안녕하십니까, 더불어민주당 의정부 시의원 정진호입니다.

저는 오늘 의정부시가 세금을 제대로 쓰지 않고 금고에 쌓아둔 채, 비싼 이자로 돈을 빌려 피해를 본 의정부 시민을 대신해서 이 자리에 섰습니다. 이 문제는 의정부만의 일이 아니기에, 다른 지역 30대 의원들도 동참했습니다.

2024년 의정부시 결산을 보면 순세계잉여금이 1,293억 원이나 남았습니다. 순세계잉여금은 사업을 진행하고 남은 돈이 아니라, 애초에 예산에 편성조차 하지 않은 돈입니다. 그렇게 남는 돈이 있는데도 의정부시는 빚을 464억 원이나 냈고, 해마다 12억 원을 은행에 이자로 바치고 있습니다. 게다가 세금을 은행에 맡길 때는 싼 금리로 맡기고, 돈을 빌릴 때는 비싼 금리로 빌려, 은행만 배부르고 시민은 손해보는 '거꾸로 재정 운용'을 하고 있습니다. 그래놓고 돈이 없다며 복지, 문화, 공공사업 예산 등 시민 생활과 직결되는 예산들을 삭감했습니다. 돈을 쌓아놓고 빚내서 비싼 이자물고, 돈 없다고 복지는 줄이는 말도 안 되는 행태, 도대체 왜 이러는 것입니까?

의정부시만 그런 게 아닙니다. 전국 226개 기초지자체와 17개 광역자치단체의 2023년 기준 순세계잉여금은 25조 원이 넘습니다. 2024년 결산 결과 순세계잉여금은 의정부 약 1,293억 원, 오산 1,190억 원, 성남 6,556억 원, 청주 1,379억 원, 강북구 691억 원, 아산 1,844억 원, 파주 5,507억 원입니다. 전년도보다 더 늘었습니다. 국민 혈세를 이렇게 방치해도 되는 것입니까? 안 쓸 거면 도대체 왜 거뒀습니까?

이재명 대통령께서는 "재정이 민생회복과 성장의 마중물이 되어야 한다"고 강조했습니다. 힘든 시기에는 재정이 적극적으로 역할을 해야 국민의 고통을 줄일 수 있습니다. 그런 마당에 있는 돈도 안 쓴다는 게 말이 됩니까? 있는 돈은 싸게 예치하고 빌리는 돈은 비싸게 빌리는 행위가 정상입니까?

의정부시는 잉여금을 잔뜩 쌓아놓고 돈이 없다며 청년기본소득, 지역화폐, 청소년생리용품지원, 장애인평생학습도시를 비롯한 약 30개 복지사업과 19개 공공사업을 중단시켰습니다. 급기야 최근에는 민생회복지원금 때문에 의정부시가 힘들다고 말하고 있습니다. 시민들이 항의하자 일부 사업은 부랴부랴 재개했지만, 여전히 대부분은 잘린 그대로 방치하고 있습니다.

순세계잉여금은 '유사시 대비 비축금'이 아닙니다. 지금 당장 필요한 곳에 써야 할 미집행 예산입니다. 시 재정은 시장 마음대로 쓰는 돈이 아닙니다. 시민의 삶을 위해 지혜롭게 써야 하는 돈입니다. 이에 우리는 다음과 같이 강력히 요구합니다.

첫째, 금고에 돈 쌓아두고 돈 없다고 예산삭감하는 행태를 없애야 합니다. 지자체가 순세계잉여금을 최대한 쓸 수 있도록, 쌓아놓은 돈 비율이 높은 지자체에는 중앙정부가 직접 강력한 페널티를 주시기 바랍니다.

둘째, 돈을 맡길 때는 싼 금리로 맡기고, 빌릴 때는 비싼 금리로 빌려 시민 혈세를 낭비하는 '거꾸로 재테크'를 막아야 합니다. 지자체 금고은행 선정 과정과 이자율을 전부 공개하도록 해 주십시오.

셋째, 지자체는 법령에 따라 특별회계 여유 재원도 가용 자원으로 활용해 시급한 사업을 추진하고, 남는 돈은 이자율이 높은 은행에 맡겨 더 많은 주민 서비스를 제공해 주시기 바랍니다.

존경하는 국민 여러분, 국민주권정부가 들어섰습니다. 진정한 국민주권시대를 열어야 합니다. 그 시작은 국민이 직접 재정주권을 행사하는 것이라고 생각합니다. 재정의 주인은 세금을 내는 시민이지 세금을 쓰는 시장이 아닙니다. 재정주권 시민행동을 함께해 주십시오.

그동안 시장만 알고 있었던 재정 정보를 시민 모두가 알 수 있도록 다 공개하라고 요구합시다. 내가 낸 세금이 낭비되지 않는지, 쓰일 곳에 쓰이지 않고 잠자고 있는지, 자기 돈 아니라고 '거꾸로 재테크'를 하고 있는지 철저히 감시합시다. 저희가 앞장서서 재정주권 시민행동을 시작하겠습니다. 많은 참여와 관심을 부탁드립니다. 감사합니다.

의회 입장 표명 요청

대통령 주재 재정 절감 간담회와 국회 기자회견까지 이어지면서 일절 무대응으로 일관하던 의정부시가 드디어(?) 움직이기 시작했다. 그런데 방식이 좀 특이했다. 시의원 정진호가 문제제기를 한 것인데, 부시장이 '의정부시의회'를 방문해 '재정 운영에 관한 책임 있는 입장 표명을 촉구하는 서한문'을 전달한 것이다.

의정부시가 이날 전달한 서한문은 △정확한 사실관계 확인 △반복되는 왜곡된 주장의 위험성 △시의회의 책임 있는 입장 표명 촉구 등의 순서로 되어 있다. 이날 시 보도자료를 바탕으로 기사를 쓴 보도를 인용한다.

시는 먼저 일부 시의원들이 주장하는 '1,293억 원을 쌓아놓고 안 쓰고 있다'는 주장에 대해 반박했다. 시에 따르면, 1,293억 원 중 자유롭게 사용 가능한 487억 원은 전부 추가경정예산 등에 이미 포함돼 시민을 위해 사용되거나 사용할 예정이다. 이는 전년도 일반회계 예산의 3.3%에 불과해 전국 평균 약 5%보다 낮은 수준이다. 이를 두고 시는 "그만큼 예산을 적재적소에 효율적으로 사용했다는 의미"라고 설명했다.

아울러 남은 806억 원은 상하수도·주차장·소각장 등 도시 필수시설을 제대로 유지하기 위해 반드시 필요한 곳에만 사용해야 하는 특별회계 자금이다. 해당 예산을 통합재정안정화기금에 맡겨 일반재원으로 돌려 사용하면 향후 노후된 도시 기반시설 교체를 위한 비용을 마련하는데 매우 어려움이 따를 수 밖에 없다는 것이 시의 해명이다.

이어 지방채 발행의 불가피성에 대해서도 설명했다. 시는 464억 원의 지방채는 일반회계에서 쓸 수 있는 돈이 부족하지만 이미 추진 중인 사업을 마무리하기 위해서 불가피하게 빌려 쓸 수밖에 없는 최소한의 금액이라는 입장이다. 실제 지방채를 발행해 추진하는 사업은 전부 민선 8기 김동근 시장 취임 전부터 장기간 추진되던 사업이다. 지방채를 발행했지만 현재 의정부시 채무비율은 3.41%로 전국 평균 7.57%의 절반에 불과하다.

아울러 시는 의정부처럼 재정자립도가 낮은 지방자치단체가 시 살림을 제대로 꾸리기 위해 교부세 등 국가지원을 반드시 필요로 하지만 왜곡된 수치로 인해 부족한 시 살림이 넉넉한 살림살이라 오인받아 교부세 감액으로 이어지면 이는 곧 시민 삶의 질 악화로 직결될 우려가 있다는 분석을 내놨다.

시의회를 방문한 강현석 부시장은 "일부 의원의 사실과 다른 왜곡된 주장이 지속되면 시민들에게 불안과 혼란만 야기하고 나아가 의정부시 재정에 심각한 피해를 끼칠 수 있다"며 "시가 더 나은 미래로 나아갈 수 있도록 양 기관의 건전한 비판과 책임있는 행정이 균형있게 구현되길 바란다"고 촉구했다.

여전히 거짓을 이어가고 있다. 1. 특별회계도 순세계잉여금에 포함해서 통계를 내야 하는데 여전히 빼고 낸다. 2. 지금 사용하지 못하는 예산이 매우 많아 통합재정안정화기금에 넣어서 활용할 수 있는데 마치 당장 써야만 하는 것처럼 사실을 왜곡한다. 3. 세입 추계를 정확히 하고 집행 잔액을 예측하면 충분히 여유 재원을 활용해서 사업을 할 수 있는데 빚을 낼 수 밖에 없었다고 변명한다. 4. '의정부시 채무 비율은 3.41%로 전국 평균 7.57%의 절반에 불과하다'는 새빨간 거짓말을 계속 이어가고 있다.

이날 나는 또 하나의 문제제기를 했다. 바로 이자율 문제였다. 제목은 〈알뜰 살림 자신 없으면 그냥 물러나십시오〉

맡기는 돈은 싼 이자로, 빌리는 돈은 비싼 이자로? 의정부 시민들의 혈세로 은행만 배불리는 '거꾸로 재태크' 언제까지 두고 봐야 합니까? 2023년 한국은행 기준금리는 약 3.5%입니다. 그런데 우리 의정부는 평균금리보다 훨씬 낮은 약 1.8% 이자를 받는 계좌에 시민들 혈세를 넣어놓고 빌릴 때는 약 3.85%로 빌렸습니다.

우리 의정부가 서울 영등포구와 전남 영광군처럼 3%대 이자를 주는 예금에 돈을 맡겨놓는다면 이자수입은 약 50억 원에서 100억 원으로 늘어납니다. 시민들의 혈세! 어느 은행에 몇 퍼센트 이자로 맡길지만 제대로 판단해도 50억 원을 더 벌 수 있고 시민들께 더 많은 행정 서비스를 제공할 수 있는 겁니다.

시장님, 돈이 없어 각종 복지사업 다 자르고 민생회복지원금 때문에 각종 사업비가 없다고 엄살을 피우면서 도대체 왜 이러는 겁니까?

1,293억 원이나 잉여금을 남기면서도 464억 원 빚을 내고 이자로 12억 원이나 낭비하고, 여기에 시 금고는 낮은 이자로 한 해에 50억 원이나 까먹고 있고. 저번주 대통령 주재 나라재정 절약 간담회에서도 전문가가 의정부시의 잉여금 문제를 지적했고, 지자체 금고 이자를 모두 공개하도록 하라는 대통령 지시가 있었습니다. 의정부시도 즉각 농협과 맺은 계약서를 공개하고 높은 이자로 갈아타야 할 것입니다.

잉여금과 금리 문제, 저는 두 달 전 행정사무 감사에서 문제를 제기했습니다. 그런데 본질 흐리기와 동문서답으로 모른 체 하더니 급기야 아무 잘못 없고 알뜰 살림을 하고 있다고 합니다. 의정부시의 대응에 기가 찹니다. 이게 알뜰 살림입니까?

경기도 31개 시군 중 재정자주도 31위, 꼴등인 의정부! 시민이 잘못한 것입니까, 시장이 잘못한 겁니까? 무능력한 재정 운영으로 시를 가난하게 만들어 놓고도 잘못을 인정하지 않고 시정할 생각도 없다면 당장 의정부시 살림에서 손을 떼고 물러나길 바랍니다.

의원 간담회에서의 유감 표명

아무튼 시에서 시의회에 입장을 밝히라고 요구했으니 시의회도 가만히 있을 수는 없어 의원 간담회를 열었다. 간담회에는 7명의 의원만 참석했다.

나는 시청이 문제를 제기한 의원에게 반박을 하지 않고 시의회에 입장을 밝히라고 요구한 것은 시의회와 시의원을 무시한 것으로 매우 유감이라는 뜻을 밝혔다. 의회는 여야가 있고 다양한 의견이 있는 시민의 대표기관인데, 의원 개인의 의견에 대해 의회의 통일된 입장을 밝히라는 것은 이 문제를 의회 내의 갈등으로 만들려는 갈라치기 작전이라 보았기 때문이다.

또 시청의 이러한 비정상적인 요구를 의회가 용인하는 순간, 이것이 선례가 되어 개별 의원들의 발언에 대해 시의회의 입장을 밝히라는 식으로 압박해 의회를 억압하는 수단으로 활용할 것이 뻔했다. 나는 이런 점을 고려해서 의회가 시청의 행위에 대해 반드시 유감을 표명해 줄 것을 요구했다.

내 요구가 받아들여져, 간담회는 의회 차원에서는 대응을 하지 않기로 결론을 내렸다. 그리고 의정부시의회는 시청으로 다음과 같은 공문을 발송했다.

<시의회 입장표명 촉구 서한문 제출에 따른 회신>

1. 집행부[1]에서 2025. 8. 18.(월) 시의회에 제출한 "시의회 입장표명 촉구" 서한문에 대한 검토 결과, 해당 사항은 일부 시의원의 개인적 의정활동에서 발생된 것으로 전체 시의원에 대해 입장표명을 촉구한 것은 부적절한 요청으로 유감을 표합니다.

2. 이번 서한문에 대한 의정부시의회 13명 전체 의원의 의견이 같지 않으므로, 시의원 개인의 의정활동으로 판단하여, 향후 해당 의원과 집행부가 충분한 논의를 통해 본 안건이 원만히 해결될 수 있기를 바라며, 동시에 앞으로도 시의회는 집행부와의 적극적인 협력을 통해 우리 시 발전을 위해 함께 노력하겠습니다.

의정부시의회가 유감을 표시한 것은 잘한 일이다. 하지만 좀 아쉬웠다. 나는 최소한 시의원이 지적한 사안에 대해 진실에 입각해서 대응하고, '문제가 있으면 대안을 제시해서 의정부시의 재정 운영을 한층 더 알뜰하게 하는 계기로 삼기를 바란다' 정도의 입장을 추가로 밝혀주었으면 했다.

---

1 시 정부를 뜻함.

부시장 기자회견

의정부시는 시의회의 공식적인 입장을 요구하고 부시장을 내세워 기자회견을 했다. 내용은 의회에 제출한 '입장 요구서'와 거의 같았다. '의도된 예산 왜곡, 시민은 결코 속지 않습니다'라는 제목이 붙어 있었다. 거짓과 무지와 무능이 곳곳에 흘러넘치는, 의정부시 역사에 길이길이 남을 거짓 기자회견문이다. 지면이 아깝지만 여기에 전문을 소개하지 않을 수 없다.

특별회계 예산은 용도가 정해져 있습니다. 막 써 버릴 수 없습니다

어느 분은 순세계잉여금이 이렇게 많이 남았는데, 쓰지 않고 있다고 주장합니다. 하지만, 순세계잉여금은 단순하게 쓰고 남은 여유재원이 아닙니다.

먼저, 정확한 이해를 위해서 일반회계와 특별회계를 살펴볼 필요가 있습니다. 일반회계는 우리 기본적인 생활에 필요한 돈이고, 특별회계는 주택청약이나 개인연금이라고 비교해 보겠습니다. 이번 달 생활비가 부족하다고 해서 미래준비자산인 주택청약이나 개인연금에서 돈을 마구 꺼내 쓸 수는 없습니다.

시 재정도 마찬가지입니다. 시에 반드시 필요한 하수처리시설이나 소각장 설치를 위해 특별회계로 자금을 적립해 관리하고 있으며, 그 목적으로 쓰는 것이 원칙입니다.

지난 연도 특별회계에서 남은 돈은 올해 예산에 투입되거나 내년 이후 추진될 상·하수도와 소각장 등 생활기반시설 건설에 사용해야만 할 재원입니다. 특히, 1,249억 원이 소요되는 민락2공공하수처리시설은 2026년부터 본격적으로 사업비가 투입되어야 하고, 2,103억 원이 소요되는 소각장 건설사업도 2026년부터 본격적으로 착수에 들어갈 예정입니다. 오히려 지금 모여있는 재원도 부족해 시 재원으로 630억 원 이상의 재원을 더 마련해야 합니다. 허리띠를 더욱 졸라매야 하는 실정입니다.

특별회계의 재원은 낭비된 예산이 아니라 의정부시민을 위해 시에 꼭 필요한 미래재정의 자원입니다. 관련 법령 및 예산편성 지침에서도 특별회계는 설치 목적에 한하여 운영함을 원칙으로 하고 있습니다.

의정부시 재정은 전국 평균보다 1.5배 알뜰하게 운영하고 있습니다

일반회계를 기준으로 보면 전년도에 남은 돈은 약 3.3%에 불과해 전국 지자체 평균인 5.04%에 비해 1.5배 낮습니다. 이는 우리 시가 그만큼 남기는 돈 없이 재정을 효율적으로 알뜰하게 잘 운영하고 있다는 의미이기도 합니다.

지방채는 필수적인 미래 인프라 구축에 사용했습니다

현재까지 지방채 464억 원을 발행하여 마무리하고 있는 도봉산~옥정 광역철도 건설사업, 바둑전용경기장 건립사업, 고산 공공도서관 건립사업 중에 민선 8기가 시작한 사업은 단 하나의 사업도 없습니다.

이미 사업의 상당부분이 추진되거나, 사업중단 시 국가 등에서 받은 큰 돈을 돌려줘야 하는 사업들에 대해서만 부득이 하게 지난 정부로부터 이어받아 계속 추진해온 것입니다.

채무비율은 전국 평균의 절반 수준입니다

현재 의정부시 재정여건상 동시다발적으로 진행돼 온 대규모 사업을 자체 재원으로 모두 충당할 수는 없습니다. 이러한 연유로 부득이 지방채를 발행했으며, 그럼에도 현재 우리 시 채무비율은 3.41%로 전국 평균 7.57%보다 절반이나 낮은 수준입니다. 오히려 건전재정을 유지하고 있습니다.

또한, 잘못된 행정으로 높은 이자율을 부담하고 있다고도 합니다. 2024년도는 전액 정부자금으로 조달하여 전국적으로 공통된 이자율을 적용받았습니다. 여기에는 이자율의 높고 낮음을 선택할 여지가 없습니다.

2025년도에는 정부자금 소진으로 인해 121억 원은 시중 5대 은행을 대상으로 의향을 구해 가장 저리의 금융기관에서 지방채를 발행했습니다. 금융기관에서 자금을 빌린 경기도 다른 시와 비교하면 차입시점에 따른 기준금리의 차이만 있을 뿐 모두 유사한 수준의 이자율을 적용 받았습니다. 또한, 향후 저리의 정부자금으로 바꿀 수 있도록 중도상환수수료 면제조건으로 약정을 체결하여 시민의 세금을 아끼려고 적극적으로 노력하고 있습니다.

우리 시는 이처럼 어려운 재정여건 속에서도 필요 최소한으로 반드시 필요한 사업에 한해서만 지방채를 발행하며, 건전한 재정운영을 위해 최선을 다하고 있습니다.

시의원의 부적절한 발언에 깊은 유감을 표합니다

지난 14일 국회 기자회견에서 "보통교부세 산식과 연동해서 순세계잉여금 비율이 높은 지자체에 교부세를 덜 배정하면 이렇게 쌓아 놓고 쓰지 않는 문제가 해결될 것"이라고 발언했다는 보도를 접했습니다. 순세계잉여금이 높은 곳은 패널티를 주자는 것으로 해석됩니다.

이런 발언을 한 시의원은 교부세 감액이 미치는 영향을 조금이라도 생각해봤는지, 그 피해가 의정부시민에게 고스란히 돌아가게 될 것을 모르는지, 이러한 발언을 하는 의도가 무엇인지, 과연 의정부 시의원이 맞는지 의심스럽습니다.

재정자립도가 22.1%에 불과한 우리 시에 국가의 지원을 강력하게 요구해야 할 당사자가 패널티 부여를 언급한다는 것은 매우 유감스럽습니다. 우리 시가 곳간에 돈을 쌓아놓고도 지방채를 발행한다는 왜곡된 주장을 사실인 것처럼 전국에 전파하고 확산하려는 행위는 의정부시의 이미지를 심각하게 훼손하고 있습니다.

나는 특별회계를 막 써버리자고 한 적이 없다. 특별회계 잉여금도 통합재정안정화기금에 넣어서 다른 용도로 쓸 수 있다는 것을 알려 준 것이다. 그런데 특별회계를 마구 쓰자고 주장한 것처럼 왜곡하고 있다. 앞서도 지적했지만, 특별회계는 설치 목적에 한해서 운영하는 것을 원칙으로 하고 있다는 거짓도 여전하다. 특별회계도 일반회계로 얼마든지 운영하고, 특별회계 사업을 해야 할 때가 되면 다시 돌려주면 된다.

통계 왜곡도 계속하고 있다. 나는 특별회계와 일반회계를 모두 합친 전체 순세계잉여금 문제를 제기했다. 그런데 계속해서 일반회계만 가지고 전국 비교를 하고 있다. 의정부시는 그동안 일반회계만 가지고 살림살이를 해왔던가?

지방채 사업은 과거 단체장이 하던 사업이라는 말도 웃긴다. 내 치적을 위해 한 것이 아니라는 점을 강조하려는 말인 듯 하다. 그런데 나는 왜 현 시장 공약을 위해 빚을 냈느냐고 한 적이 없다. 그냥 왜 남는 돈이 있는데 빚을 냈냐고 한 것이다. 빚을 내지 않을 수도 있는데 왜 그렇게 재정 운용을 하느냐, 한번 되돌아보자고 한 것일 뿐이다.

채무 비율은 계속해서 통계를 왜곡하고 있다. 뒤에 기술하겠지만 광역자치단체를 포함한 전국 자치단체와 비교를 하고 있다. 기초는 기초끼리, 광역은 광역끼리 비교를 해야 할 것 아닌가?

이날 부시장은 기자회견을 하면서 그동안 의정부시가 해왔던 거짓에 하나를 덧붙인다. 정진호 개인에 대한 사실 왜곡을 한 것이다. 내가 순세계잉여금이 높은 곳은 패널티를 주자고 했다며, "과연 의정부 시의원이 맞는지 의심스럽다"고 까지 나갔다.

나는 그런 말을 한 적이 없고, 언론에 비슷하게 보도된 것을 보

1. 외로운 싸움의 기록

고 기자회견문을 정리한 것 같은데, 최소한 내가 한 말인지, 녹취록이라도 한번 들어보고, 기자에게 확인이라도 해야 할 것 아닌가? 확인도 안 하고 '복붙'을 한 것이다. 그런데, 참 이상한 일이 있다. 순세계잉여금이 그동안 높은 것도 아니고 문제될 것도 없다고 하면서 왜 패널티를 걱정하는 것인가? 전국 평균보다 낮다면서?

나는 즉각 반박에 나섰다. 기자회견만 문제가 아니라 조사 결과 더 많은 문제가 도사리고 있었다. 하나하나 따져서 이번 기회에 의정부시의 재정 운영의 기조를 바꾸는 것이 목표였다.

무엇보다 시장이 계속 뒤에 숨고 공무원과 부시장을 앞세우는 것이 너무 비겁해 보였다. 그래서 이날 올린 페이스북 글 제목을 〈김동근 시장이 나오십시오! 거짓말을 멈추십시오!〉라고 정했다.

> 경찰이 고생해서 도둑 잡았는데 도둑이 경찰보고 왜 이렇게 열심히 잡았냐고 소리치는 세상은 정의로운 세상이 아닙니다.
>
> 안쓰럽습니다. 끝까지 김동근 시장은 입장을 밝히지 않았습니다. 죄 없는 공무원들 뒤에 숨지 말고 본인이 직접 나와서 입장을 밝히는 것이 당연한데, 공무원으로 친 병풍 뒤에 숨어버리고 애꿎은 공무원만 욕 먹이고 있습니다.
>
> 저의 거듭된 지적에도 모르쇠로 일관하다가 무려 두 달 만

에 부시장이 공식 입장을 밝혔습니다. 그런데 저는 부시장님께 문제를 제기한 것이 아닙니다. 시 재정의 총괄 책임자는 김동근 시장입니다. 시장이 편성하고 집행한 예산입니다. 시장님이 직접 공식 입장을 밝히시기 바랍니다.

2024년 순세계잉여금, 거의 2025년 예산에 편성했다고요? 누가 그걸 모릅니까? 해마다 그 정도 남으니 애초에 그런 잉여금이 생기지 않도록 미리 예산에 편성해서 잘 쓰라는 것입니다. 그럼 빚내지 않아도 되고 예산 자르지 않아도 된다는 말입니다.

2022년 606억 원이던 순세계잉여금이 2023년 899억 원, 2024년 1,293억 원으로 계속 늘고 있으니 그러지 말고 내년에는 400억 원 수준으로 줄이고 900억 원으로는 빚도 갚고 미리 쓸 곳을 정해서 예산을 편성하라는 요구, 그렇게 해서 시민 세금을 안내도 되는 이자 내는데 쓰지 말고, 시민 생활에 직결되는 예산도 줄이지 말라는 요구, 그 요구가 뭐가 잘못된 것입니까?

그냥 그동안 신경 못 썼다고 앞으로 그렇게 하겠다고 하면 되지 무슨 궤변에 엉터리 주장을 그리도 구구절절히 합니까? 또 항의를 할 거면 문제를 제기한 저한테 하지 비겁하게 시의회 전체에 입장을 표명하라고 하고 부시장 내세워 기자회견을 하는지 모르겠습니다. 지금 갈라치기하는 것입니까? 누가 거짓으로 지역을 분열시키는 것입니까?

다시 한번 요구합니다.

첫째, 김동근 시장은 법을 지키길 바랍니다. 의정부시 순세계잉여금이 너무 많이 발생한 것은 김동근 시장이 불법을 저질렀기 때문입니다. 지방재정법 43조는 특별회계 순세계잉여금은 예비비 편성 의무가 없고, 편성하더라도 대부분 1%를 넘지 못하도록 하고 있습니다. 그런데 상수도, 하수도 등과 같은 특별회계 모두 예비비를 1%가 넘게 편성해 지방재정법을 위반했습니다. 위반한 액수가 무려 수백억 원입니다. 이걸 인정하십시오.

둘째, 김동근 시장은 거짓말을 멈추길 바랍니다. 제가 순세계잉여금을 과도하게 보유한 지자체에 보통교부세를 줄이는 패널티가 필요하다고 했다고, 그래서 의정부시 재정에 피해를 줬다는 식으로 거짓말을 했습니다. 저는 그런 말을 하지 않았습니다. 해당 보도를 한 기자에게 제 발언의 녹음 파일을 달라고 해서 확인을 하시길 바랍니다. 아무리 밉다고 거짓말을 마구 해서야 되겠습니까?

셋째, 김동근 시장은 공부 좀 하시길 바랍니다. 세상이 정말 빠르게 변하고 있습니다. 본인이 알고 있는 지식들은 이제 유효기간이 지난 지 오랩니다. 시장님보다 젊었을 때 교육을 받은 저도 변하는 재정과 정책 공부를 하느라 하루가

멀다 하고 자료 보고 연구하고 전문가들과 토론합니다.

잘못된 내용으로 보도자료까지 내시길래 진짜 모르는 것 같아서 지방기금법 제16조가 개정되어서 464억 원 빚낼 필요도 없고 12억 원 이자 은행에 가져다 바칠 필요도 없다고 가르쳐드리지 않았습니까? 타 지자체는 이렇게 재정 운용을 한 지 꽤 오래되었습니다. 모르면 연구하고 묻고 토론하고 배우면 될 일입니다.

넷째, 시민 갈라치기를 멈추길 바랍니다. 제가 수많은 오해를 받으며 참은 이유는 시민의 이익 앞에서 만큼은 통합된 의정부시를 꿈꿨기 때문입니다. 하지만 김동근 시장은 끝까지 입장을 밝히지 않으면서 마치 제가 거짓말로 시청 공무원들의 사기를 꺾는 것처럼 매도해 정치 중립을 지켜야 하는 공직사회를 갈라치기 했습니다. 또한 여야가 존재하는, 다양한 의견이 공존하는 의회에 제 발언에 대해 통일된 입장을 내라는 서한문, 아니 협박문을 보내며 의회 갈라치기를 했습니다.

제가 제기한 재정 문제들의 대부분은 지난 3년간 시의회에서 의원들이 제기한 문제들입니다. 크게 새로울 것도 없습니다. 하지만 시장은 그때마다 무시하고 압도적 권력으로 찍어누르기 바빴습니다. 이제 그러지 마시고 인정하시기 바랍니다. 잉여금을 최대한 줄이고 빚부터 갚겠다고 하십시오. 그러면 됩니다.

저는 문제해결을 위해 문제제기를 했습니다. 지혜로운 재정 운용으로 보다 많은 혜택이 시민들에게 돌아가도록 하자고 요구한 것입니다. 의정부시 재정 운용 이대로는 안 됩니다. 남는 돈이 1,293억 원인데 빚은 464억 원이나 내고 이자만 12억 원씩 낭비하고 있습니다. 정말 이대로는 안됩니다.

여기에 시 금고 문제도 심각합니다. 이 문제 또한 제가 6월 감사 기간 때 제기했습니다. 그러나 또 무시로 일관하고 있습니다. 제가 본격적으로 의정부시가 금고 운영을 잘못해 얼마나 많은 시민들이 손해를 보는지 낱낱이 밝힐 겁니다. 공개를 넘어 제도 개선을 해서 반드시 시민들의 재정주권을 되찾을 수 있도록 할 것입니다.

재정의 주인은 세금을 내는 시민이지 세금을 쓰는 시장이 아닙니다. 시민 여러분께서도 재정주권 시민행동을 함께 시작해 주십시오. 그동안 시장만 알고 있었던 재정 정보를 시민 모두가 알 수 있도록 다 공개하라고 요구합시다.

내가 낸 세금이 낭비되지 않는지, 쓰일 곳에 쓰이지 않고 잠자고 있는지, 자기 돈 아니라고 마구 싼 이자에 은행만 배 불리게 도와주는 것은 아닌지 철저히 감시합시다. 제가 앞장 서서 재정주권 시민행동을 시작하겠습니다. 많은 참여와 관심을 부탁드립니다.

(PS. 제가 제기한 문제에 대해서는 서한문도 저에게 보내주시고 반박 보도자료도 저에게 보내주시고 기자회견문도 저에게 보내주시길 바랍니다. 자료 요청해서 받기에 서로가 행정력 낭비가 큽니다.)

이날 나는 첫째, 시장이 내가 왜 순세계잉여금 문제를 제기하는지 모르는 것 같아 보다 명확하게 밝혀주었다. "애초에 그런 잉여금이 생기지 않도록 미리 예산에 편성해서 잘 쓰라"고 지적했다. 누가 순세계잉여금을 다음 년도 예산에 편성하는 것을 모르는가? 해마다 계속 늘고 있으니 미리 쓸 곳을 정해서 예산을 편성하라는 요구라는 점을 분명히 했다.

둘째, 의정부시 순세계잉여금이 너무 많은 것은 불법을 저질렀기 때문이라는 점을 분명히 지적했다. 지방재정법 43조는 특별회계 순세계잉여금은 예비비 편성 의무가 없고, 편성하더라도 대부분 1%를 넘지 못하도록 하고 있는데, 불법으로 편성한 액수가 '수백억 원'이라고 지적했다. 이날은 정확한 금액을 제시하지 않았는데 족히 5백억 원은 넘어 보였다. 즉 의정부시는 편성하면 안되는 예비비를 편성해서 순세계잉여금을 늘린 것이다.

셋째, 내가 순세계잉여금을 과도하게 보유한 지자체에 보통교부세를 줄이는 패널티를 줘야 한다는 거짓말에 대해 사과할 것을 요구했다.

넷째, 지방기금법 제16조가 개정되어 특별회계 잉여금을 통합재
정안정화지금에 넣어 예수·예탁을 하는 방법을 통하면, 특별회
계 순세계잉여금도 얼마든지 다른 용도로 쓸 수 있다는 것을 다
시 한 번 자세히 알려주었다.

특별회계 불법 예비비

재정 전문가들과 함께 조사한 결과가 하나 더 나왔다. 그동안 의정부시가 특별회계 순세계잉여금을 법을 위반해 가면서 1% 이상 편성해 온 것을 발견한 것이다. 그동안 내가 의정부시와 논쟁을 한 것이 특별회계 순세계잉여금을 다른 용도로 사용할 수 있다 없다가 큰 주제였는데, 정작 특별회계 순세계잉여금 편성 금액 대부분을 불법적으로 편성했다는 것을 알아낸 것이다. 즉 의정부시는 특별회계 순세계잉여금의 대부분을 통합재정안정화기금에 넣어서 다른 사업을 했어야 하는데, 불법적으로 5백억 원이상 되는 돈을 묶어 놓고 쓰지도 못하는 상태로 방치했다는 사실이 드러난 것이다.

예비비는 예산 편성을 할 때 예측할 수 없는 행정 수요에 대비하기 위해 제한적으로만 허용하는 예산 한정의 원칙을 예외적으로 적용하는 비용이다. 하지만 과도한 예비비 편성은 지방의회의 예산 심의 권한을 침해하고, 예산 운영의 구체에 위배되므로 최소편성이 원칙이다.

우리나라는 지방재정법 43조에 일반회계와 교육비 특별회계만 예비비 편성 의무를 주고 있고, 이 경우도 예산의 1% 범위를 넘지 않도록 규정하고 있다. 그럼 특별회계는 어떤가? 특별회계 순세계잉여금은 예비비 편성 의무 자체가 없으며, 편성하더라도 1%를 넘어서는 안 되도록 규정하고 있다. 그런데 의정부시는 2024년 결산상 특별회계 순세계잉여금을 지방재정법을 위반하면서까지 과도하게 편성한 것이다.

1%를 넘지 말라 했는데 도대체 어느 정도 규모로 불법을 저질렀는지 4대 특별회계별로 보자. 상수도 특별회계는 순세계잉여금 87억 원 중 예비비 불용액이 59억 원으로 상수도 특별회계 예산현액인 475억 원 대비 예비비 비율이 13%나 된다. 하수도 특별회계는 순세계잉여금 318억 원 중 예비비 불용액이 무려 298억 원으로 하수도 특별회계 예산현액인 870억 원의 34%이다. 폐기물시설 특별회계 예산현액은 196억 원인데 모두 예비비로 편성했다. 예비비 비율이 100%이다. 교통시설 특별회계는 순세계잉여금 83억원 중 예비비 불용역이 58억 원으로 예산현액 258억 원 대비 23%에 이른다. 모두 지방재정법 43조 위반이다. 일단 나는 전체 특별회계 중 가장 금액이 큰 4개 예비비의 1% 상한 편성 금액에 대해서만 조사했는데, 이 4개 회계에 대한 총액만 598억여 원이었다.

(단위:원)

회계명	예산액	예비비	예산액1%	법정 상한초과분
폐기물시설	19,653,124,000	19,653,124,000	196,531,240	19,456,592,760
교통사업	22,142,623,000	5,818,469,000	221,426,230	5,597,042,770
상수도	47,529,558,000	6,220,789,000	475,295,580	5,745,493,420
하수도	87,045,503,940	29,845,588,000	870,455,039	28,975,132,961
총액				59,774,261,911

예산액: 당초+추경=최종예산액

상하수도 예비비=사업예산예비비+자본예산예비비

워낙 중요한 사안이라 나는 확인에 확인을 거듭했다. 지방재정법 제43조(예비비)는 다음과 같이 규정하고 있다.

① 지방자치단체는 예측할 수 없는 예산 외의 지출 또는 예산 초과 지출에 충당하기 위하여 일반회계와 교육비특별회계의 경우에는 각 예산 총액의 100분의 1 이내의 금액을 예비비로 예산에 계상하여야 하고, 그 밖의 특별회계의 경우에는 각 예산 총액의 100분의 1 이내의 금액을 예비비로 예산에 계상할 수 있다.

② 제1항에도 불구하고 재해·재난 관련 목적 예비비는 별도로 예산에 계상할 수 있다.

쟁점이 되어서 유권해석을 한 자료도 전문가로부터 입수했다. 지방재정법 43조 1항과 관련해서 평택시가 법제처에 질의한 자료였다. 평택시는 "지방자치단체가 재해·재난 관련 목적이 아닌 사정으로 「지방재정법」 제43조 제1항에 따라 '그밖의 특별회계'

의 예비비를 예산에 계상하려는 경우, 각 특별회계 예산 총액의 100분의 1을 초과한 금액을 예비비로 예산에 계상할 수 있는지?" 질의했다. 이에 대해 법제처는 2021년 12월 7일 회답 공문에서 통해 "이 사안의 경우 각 특별회계 예산 총액의 100분의 1을 초과한 금액을 예비비로 예산에 계상할 수 없습니다."라고 밝혔다.

법제처는 특별회계 중 100분의 1을 초과한 금액을 예비비에 계상할 수 있는 경우를 재해·재난 관련 목적에 한정하고 있다고 밝히고 있고, 특히 왜 종전에는 제한이 없었는데, 이렇게 하는지 이유도 소상히 설명하고 있다.

> 종전에는 100분의 1 이내라는 제한을 두고 있지 않던 것을, 특정한 목적재원에 해당하는 특별회계의 성격에도 불구하고 포괄적으로 사용할 수 있는 예비비를 무한정 편성할 수 있어 불용액이 과다하게 발생하는 등 지방재정 운용의 효율성 측면에서 발생하는 문제를 해소하기 위하여(각주: 2020. 6. 9. 법률 제17390호로 일부개정된 「지방재정법」 개정이유 및 국회 행정안전위원회 심사보고서 참조) 2020년 6월 9일 법률 제17390호로 일부 개정된 「지방재정법」에서 "100분의 1 이내"라는 상한을 새로 규정한 것인바, 「지방재정법」 제43조제1항에 따라 예비비를 예산에 계상하는 경우에는 100분의 1 이내라는 상한을 초과할 수 없다고 보는 것이 같은 항의 개정 취지 및 지방자치단체의 재정에 관한 기본원칙을 정함으로써 지방재정의 건전하고 투명한 운용을 기하려는

같은 법의 목적(제1조)에 부합하는 해석입니다.

재정 운용을 알뜰하게 해서 꼭 필요한 곳에 예산을 편성하지 않고, 예비비를 무한정 편성해 순세계잉여금과 같은 불용액이 과다하게 발생해서 재정 운용의 효율성을 저해하는, 바로 의정부시와 같은 사례를 방지하기 위해 법을 개정했는데, 의정부시는 이런 취지를 무시하고 과거 관행을 그대로 답습하고 있었던 것이다.

그럼 의정부시는 과연 이것을 모르고 있었을까? 아니다. 시는 여러 차례 이 문제로 지적을 받고 언론에 보도된 적도 많았다. 2023년 7월30일 중부일보 "의정부·파주시 예비비 법정한도 초과 편성"이라는 제목의 기사를 보자.

도내 31개 시·군 가운데 13곳이 예비비를 예산 총액의 1% 이상 편성하면서 지방재정법을 위반하고 있는 것으로 나타났다.

30일 강병원 국회의원(더불어민주당, 행정안전위원회)이 행정안전부로부터 받은 자료에 따르면 올해 당초예산 기준 법정한도를 초과해 예비비를 편성한 지자체는 도내 13곳이다. 경기북부의 경우 의정부시와 파주시가 법정한도를 초과해 예비비를 편성했다.

지방재정법 제43조 1항에는 '지방자치단체는 예측할 수 없는 예산 외의 지출 또는 예산 초과 지출에 충당하기 위하여 일반회계와 교육비특별회계의 경우에는 각 예산 총액의 100분의 1 이내의 금액을 예비비로 예산에 계상하여야 하고, 그 밖의 특별회계의 경우에는 각 예산 총액의 100분의 1 이내의 금액을 예비비로 예산에 계상할 수 있다'고 규정하고 있다.

용도가 정해져 있지 않은 예비비의 비중이 높다는 것은 그 만큼 시민 혈세로 구성된 지방재정이 필요한 곳에 쓰이지 못하고 있다는 뜻이기도 하다.

지자체들의 세금 낭비를 막기 위해 법에서 예비비를 예산총액의 1% 이내로 편성하도록 막아놨지만 의정부시는 예산총액 1조3천882억 원 가운데 예비가 241억 원으로 예산대비 편성비율이 1.7%였다. 파주시는 예산총액 1조9천544억 원 가운데 예비가 1천155억 원으로 무려 예산총액의 5.9%가 예비비로 편성됐다. 의정부시와 파주시는 총예비비가 법정한도를 초과한 것은 맞지만 예비비 통계에 일반회계 외에 특별회계까지 포함해 나온 수치라고 해명했다.

의정부시 관계자는 "일반회계 기준으로 보면 예비비가 예산총액의 1% 이하로 편성이 돼 있는데 특별회계 쪽에 1%가 넘는 회계들이 다수 있다"며 "행안부에서 추가경정 예산 등을 통해 조치하라는 공문이 내려왔고 저희도 특별회계를 관리하는 부서에 전달한 상태"라고 말했다. 파주시 관계자는 "일반회계는 목적에 맞게 예비비를 예산총액의 1% 범위 내에서 편성했다"며 "특별회계까지 포함해 예비비를 과다 편성했다고 하는 것 같은데 특별회계는 특정한 세입으로, 특정한 목적 사업에만 사용하기 때문에 통계에서 빼는 게 맞다고 본다"고 답변했다.

이에 행안부 관계자는 "각 특별회계의 예비비 편성한도를 예산의 1% 이내로 제한하는 규정은 2020년에 지방재정법이 개정되면서 도입됐다"며 "지자체가 그동안 관성대로 해오며 잘 몰라서 과다편성 했을 수 있지만 명백히 잘못하고 있는 것"이라고 지적했다.

이어 "행안부는 향후 일반예비비를 1% 초과해 편성한 사례를 주기적으로 점검하고 그 결과를 통보해 시정토록 할 것"이라며 "시·도 기조실장 회의를 통해 관리를 요청하는 등 지자체가 일반예비비 편성에 대한 법정비율을 준수하도록 관리하겠다"고 설명했다.

기사에 따르면 의정부시 관계자는 특별회계에 1% 넘는 것이 다수 있고, 행안부에서 공문도 내려왔고, 특별회계 관리 부서에 전달도 했다고 나온다. 어찌 몰랐다고 할 수 있겠는가? 법이 개정된 것도 알고 있고 시정 공문도 받았는데, 계속해서 특별회계 예비비를 순세계잉여금으로 집어넣고 순세계잉여금 규모를 늘려온 것이다.

그전에도 나라살림연구소는 리포트에서 의정부시가 특별회계 예비비를 법정 기준보다 초과 편성해서 지방재정법을 위반했다고 지적한 바도 있다. 실로 충격적인 일이 아닐 수 없었다. 해명하라고 했지만 의정부시의 침묵은 한동안 이어졌다.

불법 예비비 597억 원

나는 다음날 즉시 〈특별회계 불법 예비비 597억 원, 불법은 범죄입니다〉라는 제목으로 페이스북에 글을 올렸다. 일단 확인된 4개 특별회계의 불법 예비비만 597억 원 이었다.

> 김동근 시장이 입을 닫았습니다. 제가 지적한 지방재정법 43조 위반에 대해 일언반구도 없습니다. 시의회의 입장표명을 요구하고, 기자회견까지 하며 저를 겁박하던 그 기세는 다 어디 갔습니까?
>
> 지방재정법 43조에서는 "그밖의 특별회계의 경우에는 예산 총액의 100분의 1 이내의 금액을 예비비로 계상할 수 있다"고 규정하고 있어 예비비를 1%를 넘겨서 편성해서는 안됩니다.
>
> 2020년에 지방재정법이 개정되면서 도입된 제도입니다. 이렇게 특별회계 예비비의 비중에 제한을 둔 것은 시민 혈세를 묵혀 놓지 말고 필요한 곳에 잘 쓰라는 뜻입니다. 이 규

정을 지키지 않는 것은 명백한 불법이자 위법이고, 시 재정을 잘못 운영하고 있다는 의미입니다.

의정부시는 상수도, 하수도, 폐기물시설, 교통시설 같은 특별회계 모두 1%가 넘게 예비비를 편성했습니다. 2024년 결산에서 예비비 1% 한도를 위반한 액수를 계산해보니 무려 597억 원이었습니다.

김동근 시장이 지방재정법을 명백히 위반했습니다. 제가 그 불법을 지적하고 그것을 인정하고 시정하라고 촉구했는데 시장은 아직 아무 말이 없습니다.

의정부시의 특별회계 예비비 편성 비율 위반은 이번이 처음이 아닙니다. 2022년 결산에 대해 2023년에 이미 법정 한도를 초과했다는 지적을 받았고, 행안부가 추경 등을 통해 조치하라는 공문까지 보낸 바 있습니다. 2023년 예산에 대해서도 의정부시가 특별회계 예비비 법정 기준을 초과해 편성했다는 분석 보고서가 제출되었습니다.

처음엔 잘 몰라서 그랬다고 할 수 있지만 계속 법정 비율을 어기는 것은 명백한 범죄행위라는 것을 분명히 지적합니다. 다시 한번 시장에게 촉구합니다. 당장 지방채 464억을 갚고 시민의 삶을 위한 예산을 전액 복구하길 바랍니다. 그리고 지방재정법 위반과 과도한 순세계잉여금 증가에 대해 지금이라도 잘못을 인정하고 시민께 사과하시기 바랍니다.

1. 외로운 싸움의 기록

불법적인 예비비 597억 원을 어떻게 처리할 것인지, 해마다 늘어나는 순세계잉여금을 어떻게 줄일 것인지, 남아도는 돈이 있는데도 이자를 12억 원이나 내면서 빌린 지방채 464억 원을 어떻게 갚을 것인지, 시민께 책임 있는 답변을 해주시기 바랍니다.

계속해서 잘못된 재정 운용에 대한 시정조치는 하지 않고 저에 대한 허위 비방 공격만 일삼는다면 시민과 함께 의정부시의 지방재정법 위반에 대한 법적 책임을 묻겠다는 것을 말씀드립니다.

의회 5분 발언도 신청했다. 언론도 침묵하고 있을 때는 시의원이라는 신분을 활용해 시민들에게 직접 호소하는 수 밖에 없었다. 순세계잉여금을 많이 남기지 말고 시민들이 원하는 예산을 편성하자는 것이 뭐가 잘못인지 도대체 이해할 수 없었다. 5분 발언을 하면서 나는 시장님께서 직접 답변해 주시기를 바랐다.

예산팀 인정

적극적으로 대응하던 의정부시가 597억 불법 예비비 지적이 나간 직후 갑자기 조용해졌다. 대신 기자들의 폭풍 취재가 이어졌고, 결국 의정부시는 특별회계 1% 초과 불법 예산은 597억원이 맞다고 인정했다. 그 내용을 보도한 KPI 뉴스의 제목은 〈의정부시 특별회계 1%초과 불법 예산은 597억 원〉이었다. 핵심 내용은 다음과 같다.

김동근 시장을 대신해 강 부시장이 시의회에 항의성 서한을 전달한 데 이어 기자회견을 자청하는 등 강수를 두었지만 지난해 쓰고 남은 예산 즉 순세계잉여금 1,293억 원에 대한 실체가 밝혀지면서 시 집행부 측의 패색이 짙어지는 것으로 지적되고 있다.

특히 강 부시장은 기자회견에서 '의도된 예산 왜곡, 시민은 절대 속지 않는다'면서 2가지 이유를 발표했으나 사실과 거리가 먼 것으로 가닥이 잡히는 모양새다.

강 부시장이 내세운 첫째 이유는 2024 회계연도 순세계잉여금은 일반회계 487억 원과 특별회계 806억 원으로 구성돼 있어 전국 평균보다 훨씬 우수하고 순세계잉여금이 과도하지 않다고 했으나 오히려 사실을 왜곡했거나 착각으로 귀결될 가능성이 엿보인다.

이 문제를 집중적으로 제기한 의정부시의회 정진호 시의원은 22일 자신의 SNS에 "의정부시의 경우 상수도 하수도 폐기물시설 교통시설 등 특별회계 모두 1% 넘게 예비비를 편성했고, 2024 회계연도 결산에서 예비비 1% 한도를 위반한 액수는 597억 원"이라고 구체적으로 문제를 제기했다. 특별회계 806억 원 중 597억 원은 지방재정법 제43조 1% 규정을 위반이라는 것이다.

정 시의원의 이같은 지적과 관련해 의정부시 예산팀 관계자는 "그 금액이 맞다"고 확인해주었다. 지방재정법 제43조에 그밖의 특별회계의 경우에는 예산 총액의 100분의 1 이내의 금액을 예비비로 계상할 수 있다고 규정돼 있기 때문이다.

강 부시장은 둘째 이유로 특별회계를 일반회계로 돌려쓰자는 것을 매우 위험한 것이라고 일축했으나 관련 법규가 신설된 것을 모르는 소치인 것으로 비춰진다.

이 부분에 대해 정 시의원은 "2020년 지방기금법 제16조가 개정돼 특별회계 여유재원도 일반회계 가용자원으로 활용할 수 있도록 길을 열어놓았다"고 설명했다. 또 지방재정법 제9조의2(회계·기금 간 여유재원의 예수·수탁)에는 "회계 및 기금의 목적 수행에 지장을 초래하지 아니하는 범위에서 회계와 기금 간, 회계 상호 간 그리고 기금 상호 간에 여유재원 또는 기금 예치금을 예탁하거나 예수하여 통합적으로 활용할 수 있다"고 규정하고 있다.

불법 총액 634억 원

나는 별도로 예산팀에 자료 제출을 요구했는데, 최종적인 불법 예비비는 모두 634억 원이었다. 나는 금액이 큰 4대 회계만 조사를 했는데, 다른 특별회계를 모두 합쳐 통계를 냈기 때문에 모두 35억 원이 늘어난 것이다. 온갖 거짓과 왜곡, 심지어는 문제를 제기한 시의원에 대한 명예훼손까지 문제가 되고 있는데도, 김동근 시장은 끝내 해명도 사과도 하지 않았다.

[2024회계연도 특별회계 일반예비비 1% 초과 편성액 현황]

(단위 : 천원)

구분	예산액	일반예비비편성액	1% 초과편성액
합계	249,113,151	65,534,315	63,495,914
상수도특별회계	47,529,558	6,220,759	5,745,463
하수도특별회계	87,045,504	29,845,588	28,975,133
공영개발특별회계	8,017,352	3,323,945	3,243,771
의료급여특별회계	7,329,485	57,000	73,295
제1지구특별회계	2,528	2,528	2,503
제2지구특별회계	2,151	2,151	2,129
제3지구특별회계	277,055	277,055	274,284

제4지구특별회계	431	431	426
제5지구특별회계	24,502	24,502	24,257
제6지구특별회계	15,805	15,805	15,647
건축안전특별회계	85,116	-	851
도시재생특별회계	6,630,640	86,019	19,713
경전철사업특별회계	25,777,000	-	-
교통사업특별회계	25,739,653	5,818,469	5,561,072
발전소주변지역지원사업특별회계	1,601	-	-
폐기물처리시설특별회계	19,653,124	19,653,124	19,456,593
원머루도시개발특별회계	9,640,729	-	-
정자동시개발특별회계	8,139,120	-	-
캠프라과디아도시개발특별회계	3,201,789	206,939	174,921

결국 5분 발언에 나서지 않을 수 없었다. 제목은 〈재정 대참사 김동근 시장은 거짓말 그만 하고 사과하십시오〉

"제 주장은 단순합니다. 순세계잉여금을 계속 쌓아두지 말고 재정 추계를 잘해서 시민이 원하는 곳에 예산을 편성하라는 것입니다. 시민 혈세를 묶어놓지 말고 잘 쓰자는 건데 이게 무엇이 잘못되었습니까?

재정의 최종 책임자는 시장입니다. 따라서 오늘 지적하는 사안들은 시장이 직접 답해야 합니다. 시에서 말했듯이 시민이 혼란한 상황이라면 시장이 직접 시민께 해명할 필요가 있습니다.

첫째, 특별회계 불법 예비비 597억 원 문제입니다. 지방재정법 제43조는 "그 밖의 특별회계는 예산 총액의 1% 이내로만 예비비를 편성할 수 있다"고 규정하고 있습니다. 이 제도는 2020년 도입되었으며, 시민 혈세를 묵혀두지 말고 필요한 곳에 쓰라는 취지로 만든 것입니다. 그러나 의정부시는 상수도·폐기물 등 특별회계에서 이를 초과해 해마다 법 위반이라는 걸 알면서도 예비비로 편성, 2024년 결산 기준 법을 위반해 예비비로 편성한 액수가 무려 597억 원에 달합니다.

이미 2022년 결산과 2023년 예산에서도 같은 지적을 받았지만 고치지 않았습니다. 불법이 반복되면 범죄입니다. 시장님께서 위법 사실을 인정하고 시민들께 사과해 주시기 바랍니다.

둘째, 순세계잉여금 과다와 지방채 발행 문제입니다. 22년 606억 원이던 순세계잉여금은 23년 899억 원, 24년에는 무려 1,293억 원으로 불어났습니다. 이렇게 매년 돈이 남는데도 464억 원의 지방채를 발행해 매년 약 12억 원의 아까운 이자를 은행에 바치고 있습니다. 불법 예비비와 안 내도 될 이자를 편성하면 돈 없다고 잘랐던 수많은 사업을 다시 시작할 수 있습니다.

내년에는 최소 400억 원 수준으로 순세계잉여금을 줄이고,

900억 원으로는 빚을 갚아야 합니다. 그래야 시민 세금으로 은행 배만 불리는 일을 막고, 시민들의 삶의 질을 높일 수 있습니다. 돈을 시민을 위해 써야지 왜 은행을 위해 씁니까?

셋째, 시가 사실을 왜곡하고 시민을 속이고 있습니다. 지방기금법 제16조 개정으로 지자체는 통합재정안정화기금을 운영할 수 있습니다. 이것을 활용하면 464억 원의 지방채를 갚고, 12억 원의 이자도 줄일 수 있습니다. 김해시는 2023년에 특별회계 여유자금과 통합재정안정화기금을 활용해 높은 금리의 지방채(금융채) 456억 원을 조기 상환했습니다. 이런 사례가 있는데도 버젓이 거짓 보도자료를 내서 시민을 속이고 있습니다. 시장께서 바로잡으시기 바랍니다.

넷째, 의회와 의원을 무시한 행태에 대해서도 사과를 요청합니다. 의정부 시의원으로서 저는 시민의 이익을 위해 재정 문제를 제기했습니다. 그런데 시는 입장을 밝히지 않은 채, 마치 제가 거짓말로 공무원 사기를 꺾은 것처럼 매도했습니다. 심지어 의회 전체를 대상으로 입장을 내라는 부적절한 협박성 서한까지 보냈습니다. 이는 의회를 무시하고, 나아가서는 책임을 의회에 떠넘기려는 비열한 행위입니다.

다섯째, 저에 대한 허위사실 유포와 명예훼손도 사과하시기 바랍니다. 시는 부시장을 내세워 기자회견을 하면서 제가 "순세계잉여금을 과도하게 보유한 지자체에 교부세 삭감 패널티를 줘야 한다"고 말했다고 주장했습니다. 이는 새빨간 거짓입니다. 저는 그런 발언을 한 적이 없습니다. 보도한 기자의 녹음 파일만 확인해도 곧바로 알 수 있습니다. 거짓말로 기자회견을 해 거짓이 사실처럼 보도된 것을 바로잡고 저의 명예를 훼손한 점에 대해 공식적으로 사과하길 바랍니다. 시정하지 않는다면 법적 책임을 묻겠습니다.

저는 문제를 만들려는 것이 아니라 문제를 해결하려는 것입니다. 시장이 없앴던 복지를 원상복구해 복지를 늘리려는 것입니다. 순세계잉여금이 1,293억 원인데 빚은 464억 원, 이자만 12억 원을 내는 재정 운용, 이대로는 안 됩니다. 복지 예산은 삭감되고 시민 생활은 외면받는 일은 더 이상 방치할 수 없습니다.

끝으로 시 금고 문제, 이 문제는 정말로 심각합니다. 지난 감사 때 이미 지적했지만 아직도 답이 없습니다. 저는 앞으로 잘못된 시 금고 운영으로 시민의 손해가 얼마나 큰지 낱낱이 밝히고, 시 금고 제도 개혁을 통해 시민들의 재정주권을 되찾는데 앞장설 것입니다.

존경하는 의정부 시민 여러분! 재정의 주인은 세금을 쓰는 시장이 아니라 세금을 내는 시민입니다. 이제 재정주권 시민행동을 함께 시작합시다. 내가 낸 세금이 낭비되지 않는지, 은행만 배불리고 있지는 않은지 함께 감시합시다. 의정

부시의 재정 대참사, 집단지성, 시민의 힘으로 극복해 나갑시다.

나는 진실을 밝혔는데 시는 거짓과 음해를 반복했다. 예산팀 공무원들이 시인을 했는데도 시장은 불법을 인정하지도, 사과를 하지도 않았다. 불리하면 침묵인가? 언론도 마찬가지였다. 불법 예산 편성이 드러나고, 나에 대한 음해가 거짓이라는 것이 명백해졌는데도 제대로 보도하는 언론은 한두 개에 불과했다. 보도 자료를 보냈더니 몇몇 기자에게 기사화하지 못해 미안하다는 전화가 왔다. 무슨 사정인지 대략 짐작은 갔지만 마음에 상처가 될까봐 아무 말도 하지 않았다.

중기지방재정계획과 다른 발표

다시 또 새로운 사실이 발견되었다. 부시장은 기자회견을 통해 "특히 1,249억 원이 소요되는 민락2공공하수처리시설은 2026년 부터 본격적으로 사업비가 투입되어야 하고, 2,103억 원이 소요 되는 소각장 건설사업도 2026년부터 본격적으로 착수에 들어갈 예정입니다. 오히려 지금 모여 있는 재원도 부족해 시 재원으로 630억 원 이상의 재원을 더 마련해야 합니다. 허리띠를 더욱 졸 라매야하는 실정입니다."라고 말했다. 나는 의문을 갖지 않을 수 없었다.

민락2공공하수처리시설과 소각장은 당장 예산이 투입돼야 하는 사업이라는 것인데, 이 두 사업이 과연 그런 상황인 것인지 의문 이 들었다. 나는 이 두 사업의 지방투자사업심사보고서와 사업 계획, 사업비 확보계획을 요구하고 중기재정계획부터 들여다보 았다.

중기지방재정계획은 지방자치단체의 발전 계획과 수요를 중장기 적으로 전망하여 수립하는 5년간의 연동화 재정 계획으로, 효율적인 재원 배분과 계획적인 재정 운용을 통해 정책의 우선순위를 반영하고 재정 건전성을 확보하기 위해 매년 5년 단위로 수립하는 계획이다.

지방자치단체의 장은 행정안전부장관이 정하는 절차에 따라 계획을 수립하고 예산안과 함께 지방의회에 제출하고 회계연도 개시 30일 전까지 행정안전부장관에게 제출하도록 되어 있다.

그런데 2024년에 수립한 '2025-2029년 중기지방재정계획'에 민락2공공하수처리시설은 들어가 있지도 않고, 소각장건설사업에 필요한 시비 예산은 2026년 56억원에 불과한 것으로 나와 있었다. 이게 어찌 된 일인가? 부시장은 내년에 본격적으로 착수해야 하고 지금 있는 재원도 모자란다고 하지 않았는가? 그리고 중요 정책의 방향을 설정하고 자원 배분의 우선순위를 정하기 위한 중기지방재정계획에 들어있지도 않는 사업을 하겠다고 나선 것이 아닌가? 2,103억 원이 든다는 소각장도 중기계획에 보면 2026년에 쓸 시비는 56억 원이라고 나와 있지 않은가?

어쩌면 이럴 수가 있는가? 예산 편성과 결산의 과정은 집행부에서 일방적으로 결정하는 것이 아니다. 법률에 따른 절차를 거쳐 결정하는 것이다. 부시장이 기자회견을 통해 중기지방재정계획에도 반영하지 않은 사업을 추진하겠다고 밝힌 것은 재정 절차를 위반하고 의회의 심의 권한을 침해하겠다는 의회 무시 선언과 다를 것이 없었다.

부시장은 기자회견에서 "현재 우리 시 채무 비율은 3.41%로 전국 평균 7.57%보다 절반이나 낮은 수준입니다. 오히려 건전 재정을 유지하고 있습니다."라고 했다. 채무 비율은 그동안 큰 쟁점이 되지 않아 확인하지 못했는데, 소각장과 하수처리시설과 관련된 내용을 확인한 뒤에는 이 모든 내용이 거짓일 수 있다는 생각이 들어 모조리 조사했다. 그래서 계속해서 양호하다고 주장하는 시 채무 비율에 대해서도 확인에 나섰다. 그리고 그동안 의정부시가 기초자치단체와 비교하지 않고 부채가 많은 광역자치단체까지 포함해서 채무 비율이 높지 않은 것처럼 거짓말을 했다는 것을 발견했다.

의정부는 기초자치단체이다. 당연히 기초와 비교해야 의미가 있다. 기초자치단체 평균 채무 비율을 조사해서 의정부시와 비교해야 한다.

행정안전부가 지난해 11월 30일 '지방재정365'를 통해 발표한 '2022년 말 기준 지방자치단체 채무 현황'에 따르면 2022년 말 기준 전국 지방자치단체 채무액 총계는 39조 9,191억 원으로 이 가운데 광역자치단체의 채무액은 총 36조 4,310억 원, 기초자치단체의 채무액은 총 3조 4,881억 원으로 나타나 총계 기준 예산 대비 채무액의 비율은 7.35%였다. 그중 광역자치단체의 채무비율은 13.91%, 기초자치단체의 채무 비율은 1.24%로 큰 차이를 나타냈다.

원래 채무액은 광역이 많고, 기초는 매우 드물다. 빚을 내는 시군구는 거의 없다. 2023년 기준 기초자치단체의 채무 비율은 1.21%에 불과하다.

허위 공문

이번 재정 논쟁을 통해 있었던 일 가운데 제일 황당한 일이 벌어졌다. 그동안 나는 시청 홈페이지에 공개된 문서나 의회에 있는 책자 어디에서도 중기지방재정계획에 민락하수처리시설이 포함되어 있는 사실을 확인할 수가 없었다. 그래서 시청에 '내가 가지고 있는 것이 잘못된 것인가? 다시 제출해 달라'고 요청했다.

그런데 9월 2일, 시에서 제출한 자료에는 중기지방재정계획에 민락하수처리시설이 들어 있었다. 원래 없던 사업을 끼워서 넣은 것이다. '세상에 공문서를 위조해서 보내다니! 이렇게 겁이 없을 수가 있을까? 도대체 이런 거짓말 릴레이를 누가 주도하고 있는 것인가?'

지방재정법의 해당 조항들을 보자.

제33조(중기지방재정계획의 수립 등)
① 지방자치단체의 장은 지방재정을 계획성 있게 운용하기 위하여 매년 다음 회계연도부터 5회계연도 이상의 기간에 대한 중기지방재

정계획을 수립하여 예산안과 함께 지방의회에 제출하고, 회계연도 개시 30일 전까지 행정안전부장관에게 제출하여야 한다. <개정 2014. 5. 28., 2014. 11. 19., 2017. 7. 26.>

② 지방자치단체의 장은 제1항에 따른 중기지방재정계획(이하 "중기지방재정계획"이라 한다)을 수립할 때에는 행정안전부장관이 정하는 계획수립 절차 등에 따라 그 중기지방재정계획이 관계 법령에 따른 국가계획 및 지역계획과 연계되도록 하여야 한다. <개정 2013. 3. 23., 2014. 5. 28., 2014. 11. 19., 2017. 7. 26.>

⑥ 행정안전부장관은 제1항에 따른 각 지방자치단체의 중기지방재정계획을 기초로 매년 종합적인 중기지방재정계획을 수립하고, 국무회의에 보고하여야 한다. 이 경우 행정안전부장관은 지방자치단체의 의견을 최대한 반영하도록 노력하여야 한다. <개정 2013. 3. 23., 2013. 7. 16., 2014. 5. 28., 2014. 11. 19., 2017. 7. 26.>

⑦ 행정안전부장관은 제6항에 따라 종합적인 중기지방재정계획을 수립할 때에는 「국가재정법」에 따른 국가재정운용계획과의 연계성을 높일 수 있도록 관계 중앙관서의 장과 협의하여야 한다. <신설 2014. 5. 28., 2014. 11. 19., 2017. 7. 26.>

⑧ 중기지방재정계획을 변경하는 경우에는 제1항·제2항·제6항 및 제7항을 준용한다. <개정 2014. 5. 28.>

중기지방재정계획을 변경을 하더라도 수립과 똑같은 절차에 준용해서 변경을 해야 하는데, 의정부시는 그렇게 하지 않았다. 그냥 아무 절차 없이 내가 지적을 하니 끼워 넣어서 원래 있었던 것처럼 제출한 것이다.

이건 그냥 넘어갈 수 없다. 시장이 지시했으면 시장이 책임져야 하고 국장이 지시했으면 국장이 책임져야 한다.

특별회계 잉여금을 쓸 것이라고 했던, 민락하수처리시설사업이 중기계획에 없었다, 이것은 팩트다. 그리고 이걸 마치 있었던 것처럼 공문서를 위조해서 의원에게 제출했다. 이것도 팩트다. 의정부시가 지금 제정신이 아닌 것으로 판단할 수 밖에 없다.

황당한 시장 답변

시정 질문을 앞두고 미리 보낸 질문에 대한 답변서가 왔다.

☐ **왜 지금까지 재정 논란 관련 시장 본인이 입장을 밝히지 않았는지?**

「지방자치법」제123조에 따라 행정 사무를 총괄하는 부시장의 설명으로 충분한 사안이며, 부시장의 정당한 권한임.

☐ **지방재정법 제43조 위반을 인정하는지?**

「지방재정법」제9조의2에 따라 여유 재원이 아니면 통합재정안정화기금으로 예수·예탁하여 활용할 수 없어 특별회계 재원 확보를 위해 예비비 편성한 사항으로, 위법이 아닌 제도적 충돌로 판단함.

☐ **지방재정법 제43조 위반 금액이 구체적으로 얼마인지? (2024년 결산기준)**

2024년 결산 기준, 예산액 대비 1%를 초과한 예비비 금액은 [별첨]과 같으며, 위법이 아닌 제도적 충돌로 판단함.

□ **법률 위반 금액을 향후 어떻게 해소할 것인지?**

예비비 1% 초과 문제는 예산 편성의 기술적 문제로, 마무리 추경 전까지 개선 방안을 검토하여 실무적으로 조치할 계획이며, 위법이 아닌 제도적 충돌로 판단함.

□ **시 금고 관련 모든 자료를 공개하고 향후 있을 시민을 위한 시 금고 제도 개혁에 협력할 것인지**

정부차원의 금고 선정 자료와 이자율 공개가 시행되어 우리 시가 더 나은 조건으로 시 금고 약정을 맺을 수 있다면 적극 환영할 일이며, 정부의 정책 방향에 적극 협력할 계획임.

□ **재정 논란과 관련해 공개 사과를 할 용의가 있는지**

재정 논란은 결국 시 재정의 어려움에서 야기된 것으로, 민선 8기 이후 재정 정상화를 위한 체질개선의 과정을 거치고 있음. 공개 사과할 만한 재정 운용상의 잘못이 없음.

□ **결산 기준 2022년~2024년 순세계잉여금이 얼마인지**

2022년 606억 원, 2023년 607억 원, 2024년 1,293억 원

□ **2022년~2024년 경기도 내 의정부 재정자주도가 몇 위인지**

2022년 31위, 2023년 31위, 2024년 31위

기대할 것이 없었다. 제일 황당한 것은 '제도적 충돌'이라는 문구

였다. 이게 도대체 무슨 말인가? 어떤 제도와 어떤 제도가 충돌한다는 것인가? 어떤 법에서는 예수·예탁을 할 수 있도록 되어 있지만 어떤 법에서는 할 수 없도록 되어 있어야 제도적 충돌 아닌가? 그런데 우리 법에는 그런 것이 없다. 과거에는 할 수 없도록 되어 있었지만 지금은 할 수 있도록 되어 있을 뿐이다.

또 황당한 것이 행정사무를 총괄하는 사람이 부시장이라는 내용이다. "그럼, 시장은 왜 거기 앉아 있나?"라는 말이 목구멍까지 올라왔다.

예산액 대비 1%를 초과한 예비비도 위법이 아닌 제도적 충돌이란다. 재정 논란과 관련해서도 사과할 만한 잘못이 없다는 뻔뻔한 답변이 돌아왔다. 잉여금이 늘어난 이유는 한마디도 없이 늘어난 금액표만 날아왔고, 재정자주도가 3년 연속 꼴찌라는 것도 확인만 해 주었을 뿐, 단 한마디 개선해 보겠다는 뜻을 비치지 않았다. 이 답변서에 나는 별명을 붙여 주었다. '배째라 답변서'.

지방자치법과 행정기본법에 나와 있는 지방자치단체장의 준법 의무와 법치 행정의 원칙을 거론하지 않을 수 없다. 이런 조항까지 상기시켜 주어야 하는 의정부시의 현실이 서글프다.

지방자치법 제105조 (지방자치단체장의 준법 의무)

① 지방자치단체의 장은 법령과 조례를 준수하고, 소속 공무원과 주민을 지도·감독해야 한다.

행정기본법 제8조 (법치행정의 원칙)

"행정작용은 법률에 위반되어서는 아니 되며, 국민의 권리를 제한하거나 의무를 부과하는 경우와 그 밖에 국민생활에 중요한 영향을 미치는 경우에는 법률에 근거하여야 한다."

'제도적 충돌'은 공무원의 법률 위반에 대한 정당한 변명이 될 수 없다. 공무원은 법률 체계의 불완전성을 이유로 자의적인 해석이나 집행을 할 수 없으며, 이러한 문제가 발생했을 때는 법치행정의 원칙에 따라 올바른 절차를 통해 해결해야 할 책임이 있다. 이런 것도 모르고 시장 자리에 앉아 있다면 주민들에 의해 끌려 내려오기 전에 스스로 내려오는 것이 좋을 것이다.

하나 더 상기시켜 주어야 할 일이 생각난다. 2년 전 시장이 시의원 정진호에게 한 답변이다. 그때 나는 2023년도 제2회 추가경정예산 편성과 관련하여 시장의 역할은 무엇이라고 생각하는지를 물었다. 서면으로 온 답변이 이렇다.

지방자치단체의 장으로서 지역 발전과 시민의 복리증진을 위한 정책 결정, 예산을 배분하고 집행하는 재정 운용을 총괄하며, 재정의 효율성과 건전성을 높여 안정적으로 운용하는 것이라 생각함. 또한, 자주재원이 부족한 우리 시의 열악한 재정 상황에서 경기 여건 악화로 의존재원마저 크게 감소되어 제2회 추가경정예산 편성 시 필수적인 재원 마련을 위해 시급성이 미흡한 사업과 부서 공동경비를 삭감하여 시민 생활과 밀접한 사업예산을 제2회 추가경정예산에 담았음. 이러한 역할을 잊지 않고 금번 제2회 추가경정예산안은 어려운 경제 여건에 맞춰 예산 원칙을 지키며 편성하였으며, 무엇보다 시민을 최우선으로 생각하였다는 말씀을 드림.

의정부시는 2023년에는 재정 운용을 시장이 총괄했지만 2025년에는 부시장이 행정사무를 총괄하고 있다? 행정사무에는 재정 운용이 당연히 포함될 것이고, 그렇다면 의정부는 부시장이 시장이다. "시장은 내려와라!"라는 소리가 나오지 않을 수 없다.

2025년 9월 5일 의정부시의회 제338회 임시회에서, 비로소 김동근 시장에게 따져묻기 시작했다.

시장과의 공개 토론

시정질문을 한다고 갑자기 시장이 잘못을 인정할 거라는 생각은 하지 않았지만, 나는 동료 의원 7명의 동의를 얻어 시정질문 신청을 했다. 시장이 토론회를 받을 리는 없을 것이라는 판단에 시정질문을 통해 차분하게 하나하나 지적하면서 대안도 제시할 계획이었다. 나는 기본적인 사항부터 확인했다.

2022년도, 2023년도, 2024년도 경기도 31개 시·군·구 중에 의정부시의 재정자주도는 31위입니다. 이 통계가 맞죠?
시장 : 예 그렇게 보고받았습니다.
결산 기준 순세계잉여금은 시장님이 취임한 이후에 2022년 606억, 2023년 899억, 2024년 1293억 원으로 계속 늘어왔습니다. 이것도 맞는 것이죠?
시장 : 예, 맞는 것입니다.

그리고 팩트체크를 시작했다. 누가 거짓말을 하는지 언론이 보도를 하지 않으니 시정질문에서라도 확답을 받아야 했다.

우리 시장님이 취임한 이후에 의정부시의 재정자주도는 3년 연속 꼴등이고, 해마다 사용하지 않고 쌓아놓은 돈은 계속 늘어가고 있습니다. 이것이 사실입니다. 이제 저희 시민들이 궁금해하는 그리고 진실이 알려지지 않은 시장님의 어떻게 보면 거짓말이라고 해야 할까요, 그거 체크를 좀 하겠습니다. 의정부시는 기자회견을 통해서 '채무비율은 전국의 평균 절반 수준'이라고 발언했습니다.

나는 PPT로 부시장의 기자회견문을 보여주었다.

보시는 것과 같이 "현재 우리 시 채무비율은 3.41%로 전국 평균 7.57%보다 절반이나 낮은 수준이다, 오히려 건전재정을 유지하고 있다." 이렇게 말했습니다. 이렇게 황당한 통계가 있는지 굉장히 당황스럽습니다. 전국 평균 기준 행정안전부 지방재정경제실 자료를 보면 전국 평균 채무비율 7.57%, 맞습니다. 그런데 의정부시는 기초지자체 아닙니까? 그러면 기초지자체랑 비교를 하는 것이 상식이겠죠. 행정안전부의 자료를 보면 광역자치단체까지 포함한 전국 평균 채무비율이 7.57%입니다. 초등학생 용돈이 적은지 많은

지 비교하려면 초등학생 평균이랑 해야 하는 것 아니겠습니까? (중략) 우리나라 기초자치단체 평균의 채무비율은 아까 보신 것처럼 1.21%입니다. 그런데 의정부시의 발표에 따르면 의정부시의 채무비율은 3.41%입니다. 기초지자체 평균보다 2.8배나 채무비율이 높습니다. 어떻게 생각하십니까, 이게 팩트인 거 자체를 인정하십니까, 안 하십니까?

시장 : 전국 평균이라고 했지, 전국 기초자치단체라고 했습니까?

그것이 의도된 왜곡이라는 겁니다. 전국 평균은 7.57%가 맞다고 말씀드렸지 않았습니까? 우리가 정상적인 판단을 하려면 의정부시가 기초지자체이기 때문에 당연히 기초지자체의 전국 평균과 의정부시 채무비율을 비교하는 것이 맞지 않겠습니까?

실수로 그랬는지 아니면 의도적으로 그랬는지는 제가 모르겠습니다만, 의정부시가 주장하는 채무비율을 따지면 다른 기초자치단체보다 2.8배 높습니다. 이것이 진실이라는 것을 분명히 말씀드립니다. 통계는 거짓말을 못합니다. 의정부시는 결과적으로 의도적인 왜곡을 통해서 의정부시의 채무비율이 전국 평균보다 낮았다고 주장을 하고 있는 겁니다.

나는 이건 상식이라 생각했다. 그래서 인정할 거라 예상했다. 하지만 상식은 여지없이 무시됐다. 시장은 인정하지 않았다. 다음 질문으로 넘어갔다.

> "앞으로 들 돈이 수천억 원이다!"이렇게 의정부시는 주장했습니다. 제가 '왜 1293억 원이나 잉여금이 남는데 464억 원이나 빚을 내고 아깝게 12억 원이나 되는 이자를 주느냐'고 했더니, '특별회계 잉여금이 806억 원이고 이 돈을 쓸 데가 정해져 있어서 못쓴다'고 하면서 한 말입니다. 맞죠?
>
> 시장 : 예, 아마도 특별회계를 더 갖다 쓸 여유가 없다고 하는 그런 취지였을 겁니다.

말을 바꾼다. 분명 쓸 수 없는 돈이라고 했지 여유가 없다고 하지 않았다.

> 부시장님은 기자회견을 하면서 특히 1,249억 원이 소요되는 민락2공공하수처리시설은 2026년부터 사업비가 투입되어야 하며, 2,103억 원이 소요되는 소각장 건설사업도 착수에 들어간다고 하면서 소각장 건설을 위한 특별회계에만 시 재원으로 630억 원 이상을 마련해야 한다고 주장했습니다. 이것 또한 명확한 예산 추계가 없는 거짓말입니다. 민락공공하수처리시설 1,249억, 소각장에 2,103억 든다고 했

죠. 그 액수의 근거가 뭔지 아십니까? 없습니다.

시장 : 그럴리가요.

그렇죠. 그래서 시장님, 이 시정질문이 끝나고 전부 다 확인하셔야 하는 겁니다. 대규모 재원이 들어가는 장기사업 같은 경우는 법률에 따라서 중기지방재정계획을 세우게 되어 있습니다. (중략) 중요한 것은 이 중기지방재정계획에 민락2 공공하수처리시설은 아예 없습니다. 없는데 무엇을 근거로 1,249억 원이 들어가야 한다고 주장하시는 겁니까?

소각장 건설사업은 들어있습니다. 그런데 기자회견에서 주장한 것처럼 2,103억 원이 들어있는 게 아니라 1,164억 원이라고 쓰여 있습니다. 아무리 급하더라도 없는 돈 갑자기 3,000억이 더 필요하다 이렇게 말씀하시면 되겠습니까? 한 개는 아예 중기지방재정계획이 없어서 그냥 숫자 네 개를 던진 것에 불과하고 또 한 개는 1,000억 원 이상 차이가 납니다. 시장님, 이거 점검하셔야 됩니다.

시는 기자회견과 보도자료를 통해서 저를 굉장히 바보 같은 사람으로 만들었습니다. 일단 굉장히 유감스럽고요. 왜 순세계잉여금을 그렇게 많이 남기면서 온갖 복지사업, 민생사업 다 자르냐고 했더니 돌아오는 답은 대부분, 특별회계에서 못 쓴다 이런 얘기였습니다.

"특별회계 예산은 용도가 정해져 있습니다. 막 써버릴 수 없습니다." 이렇게 기자회견에서 말씀하셨습니다. 정말 걱정입니다. 알고 거짓말을 하는 건지 아니면 진짜 몰라서 거짓말을 하는 건지는 모르겠지만 둘 다 문제입니다.

제가 방금 시장님 답변하시는 걸 보면서 하나 크게 깨달은 게 있습니다. '시장님이 왜 저렇게 억울하다고 주장을 할까?' 시장님이 지금 주장하는 모든 것은 2020년 지방기금법이 개정되기 전의 논리입니다.

그런데 2020년 지방기금법 제16조가 개정되었습니다. 예를 들면 그동안에는 반찬 살 돈은 반찬만 사고 쌀 살 돈은 쌀만 사자는 것이었는데 일시적으로 반찬 살 돈이 없으면 쌀 살 돈을 미리 당겨서 쓸 수 있게 하자는 것이 지방기금법 제16조를 개정한 취지였습니다. 이것은 행정안전부 자료, 국회 회의록을 통해서 전부 다 확인할 수 있는 사실입니다. 재정의 칸막이를 해체해서 좀 더 탄력적으로, 그리고 전략적으로 재정을 쓸 수 있도록 하는 것이 그 취지였습니다. 결론적으로 특별회계 잉여금을 너무 많이 쌓아놓고 안 쓰는 문제를 막자는 것이 이 법의 개정 취지였고, 순세계잉여금을 쌓아놓고 의정부시처럼 안 쓰는 지자체 때문에 이 법을 개정한 겁니다.

그리고 막 쓰자는 게 아닙니다. 아까 말씀드린 것처럼 대규모, 다년도 사업은 중기지방재정계획을 짜게 법률에 되어

1. 외로운 싸움의 기록

있습니다. 이거를 짜서 다음 연도, 다다음 연도에 얼마가 들어갈지를 계획하고 그 3년차 이후에 들어갈 것은 당장 쓸 돈이 아니기 때문에 통합재정안정화기금을 통해서 특별회계 여유 재원을 일반회계에도 쓸 수 있도록 하자는 것입니다.

그런데 지금 당장 써야 하는 돈들을 편성을 안 하고 그렇지 않은 돈들을 지금 다 묶어놔 버린 겁니다. 그래서 결론적으로 의정부시는 정부가 하지 말라는 짓만 골라서 재정을 운용한 겁니다. 시장님, 지방기금법 제16조가 개정되었고 개정 취지가 이렇다는 것을 알곤 계십니까?

시장 : 당연히 알죠. 그 정도를 모르고 행정을 집행하는 사람이 누가 있겠습니까? 실제로 그 이후에 우리 의정부시에서 특별회계에서 83억 갖다 쓰지 않았습니까?

그거는 알고 하셨다고 하셨는데 제가 뒤에서 그거를, 다시 증명을 해드리겠습니다.

시장 : 그리고 아까도 제가 설명하지 않았습니까? 지금 이게 빌려왔는데 계속 한 편으로는 계속 갚아가야 하고 결국은…

시장님, 그 논의는 뒤에 있으니까 그때 하겠습니다. 잘못을 알고도 저렇게 대처하는 태도는 사실 유감이 있기는 합니다, 시장님!

이제 질의를 의정부시가 범한 3대 범죄로 전환했다.

지금부터는 시장님, 정말 주의해서 들으셔야 하고 이것을
안 이후부터는 실질적으로 관리·감독에 관해서 철저하게
조사라든지 책임자를 찾으셔야 될 겁니다. 지금 의정부시
는 총 3가지 범죄행위를 저지르고 있습니다.
첫 번째는 공문서위조입니다. 의회에 제출한 중기지방재정
계획 그리고 홈페이지에 법률로써 공개하게끔 되어 있는 중
기지방재정계획을 보면 민락하수처리시설이 없습니다. 제
가 너무 이상해서 다시, 여러 번 확인하면서 저희 지원관님
을 통해서 자료 요구를 하고 했습니다만, 최근 9월 3일에
준 자료에는 민락하수처리시설이 추가가 되어 있습니다. 명
확한 공문서위조입니다. 중기지방재정계획을 수정하려면
위원회를 거치고 절차가 있습니다. 재정법에서 규정을 하고
있습니다. 지금 당장 이틀 뒤에 시정질문이 있다고 이 중기
지방재정계획에 갑자기 공문서를 위조해서 민락하수처리
시설을 추가하면 되겠습니까? 저는 누가 상부의 지시가 있
었는지, 개인의 일탈인지 판단이 되지 않습니다. 도대체 누
가 책임이 있는 건지 그리고 어떤 조치를 할 것인지 시장님
이 감안해 주셔야 될 겁니다.
두 번째 범죄는 불법 예비비 634억입니다. 앞서 말씀드린

것처럼 법 43조에는 특별회계 순세계잉여금은 예비비 편성 의무가 없고 편성하더라도 1%를 넘지 못하도록 우리 법률은 규정하고 있습니다. 그래서 제가 5분 발언을 통해 1% 넘게 편성한 금액-상수도, 하수도 등과 같은 네 가지가 597억 원이 불법 금액이라는 것을 밝혀냈습니다. 그 이후에 자료를 요청하니까 시청은 634억 원이 불법 예산이라고 인정을 했습니다. 이는 우리 시 결산검사위원회에서도 지적된 사항입니다. 결산검사위원회 의결 6월에 한 거 아시죠?

시장 : 알고 있습니다.

문제가 있어서 우리 의회에서 6월에 그것을 제기한 겁니다. 이 불법금액을 양성화하려면 추경이나 본예산을 통해서 해야 합니다. 6월에 했기 때문에 이번 추경에 바로 잡거나 12월에 있을 3차 추경이나 본회의 때 바로 잡아야 하는 겁니다. 그런데 자꾸 시장님은 시점을 교묘하게 속이면서 마치 우리 의회가 잘못한 것처럼 말하고 있습니다. 그렇지 않습니다. 의회에서는 결산검사위원회 문건에 "예비비 편성 기준이 불법이다, 양성화해라."라고 쓰여 있습니다. 6월 30일에 우리가 의결을 했습니다. 그러면 당연히 이번 추경이나 다음 추경 때 해야 하는 것 아닙니까? 이번 추경에 하라고 제가 그렇게 지속적으로 문제제기를 한 겁니다. 그런데 바로 잡지 않아서 지금 9월이 되어 버린 겁니다. 시장님, 불법 예산 634억 원 위법한 거 인정합니까, 안 합니까? 불법입니까, 아닙니까?

시장 : 제가 아까…

설명은 충분히 아까 들었습니다. 불법입니까, 아닙니까?

시장 : 충분히 설명드렸고요. 그것에 대해서는 현실적인 제도와 규정의 불일치, 그래서 법률을 준칙행위로 보고 해서 해결할 방법을 찾고 있다고 얘기하지 않았습니까?

시장님, 저는 "불법입니까, 아닙니까?"를 여쭤보는 겁니다. 불법입니까, 아닙니까?

시장 : 세상에, 아니, 의장님, 이 자리에서 제가 취조받아야 됩니까? 이런 복잡한 사회현상을 설명하는데 이렇게…

시장이 불법으로 인정하지 않더라도 우리 법은, 법제처 유권해석입니다, 그것이 불법이라고 인정하고 있습니다. 시의회는 그것을 지적했고 행정안전부도 지적을 했고 유권해석하는 법제처도 그것이 불법이라고 인정하고 있습니다. 시장 빼고 모두가 불법이라고 하고 있습니다. 자기만 옳고 나머지가 모두 틀렸다는 그러한 정치 행위에 대해서는 제가…

시장 : 그 유권해석한 것 다시 보시죠. 그 용어를 그렇게…

제 발언이 끝나고 답변해 주시기 바랍니다. 자기는 맞고 모든 사람, 내 주변의 모든 기관이 틀렸다는 그러한 시장의 리더십에서 우리가 도대체 무엇을 기대할 수 있겠습니까?

1. 외로운 싸움의 기록

시장님, 항상 말씀하시는 것이 중앙정부든 광역정부든 재정 지원을 해야 한다고 말씀하시지 않습니까? 저런 기초적인 법리조차 인정하지 않는 시장에게 중앙정부든 광역정부든 어찌 재정지원을 하겠습니까? 우리가 재정지원이 많이 힘 들다고 한다면 시장이 저렇게 기초적인 법리조차 인정하지 않는 그 모순된 태도 때문일 것입니다.

이제 나를 둘러싼 허위사실 유포 문제로 넘어갔다.

제가 5분 발언 때도 다뤘지만 마치 제가 의정부시에 피해 가 가게끔 보통교부세를 삭감하라는 주장을 한 것처럼 했 습니다. 시장님, 새빨간 거짓말인 것에 대해서는 제가 5분 발언 때 말을 했기 때문에 알고 계실 거고요. 그 다음에 그 뒤에 쓰여 있는 말이 더 웃깁니다. 시장님이 말한 것처럼 불 법이 아니라면 페널티 받을 것을 왜 걱정합니까? 합법적이 고 아무런 문제가 없다면요. 그 다음에 시장님이 법이 조금 불합리하다 이런 식으로 얘기를 계속하셔서 제가 말씀드리 는 건데 경기 북부에서 저 법률 위반을 한 것은 의정부시와 파주시 두 군데 밖에 없습니다. 나머지 지자체는 불법을 한 겁니까? 시장님 말씀대로라면?
우리 일반 시민들은 불편해도 법을 존중하고 법을 지키며

삽니다. 그런데 시장이라고 하는 시민의 대의자이자 대표자이자 선출직 공직자라고 한다면 그것에 대한 도덕적인 관념은 일반인의 그것보다 더 높아야 합니다. 이런 기초적인 법리조차 인정을 안 하는 것, 정말 문제인 것입니다. 지금의 상황을 예로 들자면 도둑이 범죄 저지르고 법이 잘못됐다고 핑계 대는 꼴입니다. 하지만 우리 시장님은 지금 보시는 바와 같이 불법인 것을 인정하지 않기 때문에 더 이상 이거에 대한 질의는 크게 의미가 없을 것 같습니다.

예산 때문에 실질적으로 시민들의 피해가 너무나도 극심합니다. 예산 없다고 복지비 삭감하고 공공사업들 중단하고 많은 희생이 있었습니다. 제가 문제제기하니까 다행히도 몇 개는 살렸습니다. 청년 기본소득, 여성 생리대 사업 이런 거 조금 살렸습니다. 이게 도대체 저는 무슨 행위를 하는 건지 납득할 수가 없습니다. 예산으로 시의원들 길들이기 하는 겁니까, 아니면 시민들 길들이기 하는 겁니까?

애초에 중기지방재정계획을 잘 짜서 예산을 전략적으로 짜고 얼마 쓰고 또 얼마는 또 통합재정을 통해서 당장 급한데 쓰고 이렇게 계획적으로 해야 합니다. 이런 것을 하나도 하지 않았으니까 저러한 발언과 저러한 생각이 나올 수밖에 없는 상황인 것입니다. 너무나도 아쉽습니다.

시비 매칭할 돈이 없다는 이유로, 우리 도시에 산다는 그

1. 외로운 싸움의 기록

이유 하나만으로 우리만 못 받는 의정부 시민의 복지혜택도 정말 많습니다. 보시는 것처럼 의정부에 산다는 이유로 의정부만 못 받은 예산이 약 48개입니다. 예를 들면 지역화폐, 체육인 기회소득, 학교 밖 청소년 자립수당 등 방금 보신 화면에서처럼, 이렇게 많습니다. 시장의 재정 무능과 기본적인 법질서도 존중하지 않는 태도 때문에 이렇게 많은 시민들이 고통을 받고 있습니다.

돈 없다는 이유로 잘해 왔던 사업 86개도 사라졌습니다. 영상미디어센터 폐쇄, 노인문화탐방 사업, 연극제 도대회 지원, 장애인체육대회 등 이런 86개 예산이 사라졌습니다. 이 무능한 재정 운용 능력, 법질서 자체를 인정하지 않는 시장님의 그러한 태도 때문에 정말 시민들이 많은 고통을 받고 있습니다. 시장님!

시장 : 예.(웃음)

이렇게 많은 고통을 받고 있다고 말씀을 드리는데 이렇게 웃고 계실 시간입니까?

시장 : 예, 너무 웃겨서 그렇습니다, 실제로. 그렇게 일방적인 논리 구성을 해서 일방적으로 말하면 사실 제가 지금 이 자리에서 할 수 있는 것은 웃는 것 밖에 없어서 그렇습니다.

시민 분들이 잘 판단해 주실 거라고 생각하고 있습니다. 저는 PPT를 통해, 모두 공개된 자료, 시청 자료를 통해 여러분께 말씀드리고 있습니다. 정말 분노가 일어납니다, 시장님, 그런 식으로 웃으시면 안 됩니다. 청년 기본소득이나 생리대 지원사업 현장에 나가보면 그거 때문에 의정부에 살기 싫다고 하는 사람들이 있습니다.

돈 없다는 이유로 원도봉 국민체육센터, 회룡IC 민락~고산지구 연결도로같이 이렇게 지역 발전에 필수적인 투자 사업 약 19개도 중단되었습니다. 시장님, 제가 원하는 것은 다른 것이 아닙니다. 재정 분야에서 조금 놓치고 있는 게 있는데 다음부터는 잘 살펴서 의회의 의견을 존중해서 잘하겠다는 이 한마디를 시장님께 원하는 겁니다. 혹시 이런 말 하실 생각 있으십니까?

시장 : 저한테도 답변할 기회를 좀 주시겠습니다, 아니면 다 끝났습니까?

말씀하실 생각 있으십니까?

시장 : 아니, 저한테 좀 답변할 시간을 좀 주시죠, 먼저 다 말씀하시고 제가 답변드릴게요.

시간이 제한되어서, 말씀하시죠.

시장 : 먼저 말씀하세요, 나중에 얘기할게요.

그러니까 제 질의에 대해서 답변을 해 주셔야 되는 겁니다.

시장 : 예, 다 말씀하시고 그다음에 저도 총괄적으로 답변드리겠습니다.

1. 외로운 싸움의 기록

저러한 태도에서 어떤 시장의 태도 변화를 제가 기대하겠습니까? 이렇게 재정적으로 무능하니까 의정부시의 돈이 이렇게 남는데도 시장의 눈에는 보이지 않아서 이런 사태가 발생되는 겁니다. 최근에 정책협의회 때도 민생 경제 회복을 위한 민생회복쿠폰 때문에 시 재정이 어렵다 이런 식으로 망언을 합니다. 무능한 시장의 눈에는, 법을 지킬 생각이 없는 시장의 눈에는 지방기금법 제16조가 개정되어서 이렇게 우리에게 유리하게 재정을 운용할 수 있다는 그 사실 자체가 보이지 않는 겁니다. 기본적인 사실을 인정하지 않는데 어찌 제대로 된 지혜가 보이겠습니까?

마무리하겠습니다. 존경하는 시민 여러분! 저는 이러한 태도를 가진 시장의 모습을 기대합니다. 첫째, 솔직한 시장을 원합니다. 시가 이제 거짓말 좀 안 했으면 좋겠습니다. 지금 재정자주도가 경기도 31개 시·군 중에 가장 꼴등인 31위입니다. 정말 열심히 해서 이것을 한 단계라도 올리겠다고 얘기하는 모습을 보고 싶습니다. 명백한 거짓말, 명백한 불법인데도 문제제기한 시의원이 문제라고 적반하장하고 시민들의 고통 앞에 비웃고 있습니다. 이제 그러한 시장은 멈췄으면 좋겠습니다. 문제의 본질을 잘 봐주시기 바랍니다.

문제제기한 사람을 공격하고 본질을 흐트러뜨릴 것이 아니라 도대체 그 문제제기를 어떻게 하고 왜 하고 있는지, 내가 어떤 부분이 잘못 가고 있는지에 대해서 잘 봐주시기 바랍니다. 저는 시장님이 조금 잘못됐던 것 같다, 같이 잘 살펴보자고 하는 말을 했으면 좋겠습니다. 그러면 시민 모두와 시의회가 왜 그것에 적극적으로 동조하지 않겠습니까? 계속 문제가 없다고 주장하면서 계속 변명만 하고 계속 불법을 인정하지 않는 저 모습 때문에 우리 의정부시는 꼴등 신세를 면할 수가 없습니다.

둘째는 법을 지키는 시장님이 되었으면 좋겠습니다. 공문서 조작이 범죄라는 것을 좀 알았으면 좋겠습니다. "모르겠다, 담당자가 착오를 일으킨 것 같다." 이런 수준으로 넘어갈 일이 아닙니다. 굉장히 심각한 일입니다.

의회에 어떤 통보라든지 위원회의 절차 없이 중기재정계획에 특정 사업을 넣었다 뺐다 해서 자료를 제출하는 일, 이것이 아무렇지도 않게 일어나는 이 행위는 도대체 어떻게 해석해야 합니까? 그러면 법은 왜 필요하고 의회는 시민들이 왜 구성해 주셨겠습니까? 법과 의회, 시민을 무시하는 이런 행정 정말 반성해야 합니다. 책임소재를 명확하게 하고 재발 방지를 하기 위한 대책을 마련하지 않는다면 우리 도시의 미래는 어떻게 될지 심히 걱정될 수밖에 없습니다. 또한 아까 말씀드린 저에 대한 허위 사실을 유포하고 명예를 훼손한 점에 대해서도 정중한 사과를 요청드립니다. 최종 책임자는 시장입니다.

마지막으로 의정부시가 유능했으면 좋겠습니다. 사실 모든 일을 다 잘할 수도 없고 모든 분야의 박사가 될 수도 없습니다. 그렇기 때문에 의회의 의견을 존중해야 하고 시청 이외에 외부 전문가들, 시민들이 하는 말에 귀를 기울여야 하는 것입니다.

모른다고 또는 몰랐다고 범죄가 사라지는 것은 아닙니다. 공부를 해야 합니다. 저도 공부를 계속하고 있습니다. 의정부시 재정이 꼴등인 이 상황을 해결하기 위해서 정말 많은 전문가들과 많은 시민들과 재정에 관해서 계속 공부하고 있습니다. 지금 이 순간에도 법률이 또 개정되고 있습니다. 그거 하나하나 따라가기가 이렇게 힘듭니다. 제가 사실 재정을 공부하게 된 이유는 재정 위기가 터지면서 시장님이 "공무원들 월급 줄 돈 있으니까 걱정하지 말아라." 라는 그 기자회견이 저에게는 너무 충격이었기 때문입니다. 그래서 정말 돈이 없는 걸까 어쩌다가 우리 의정부시가 이렇게 됐을까 하고, 그때부터 공부를 했습니다. 연구 결과 돈이 많이 남는다는 것을 많은 재정전문가들과 함께 찾아내게 되었습니다. "잘 연구하고 협의하면 예산 회복하고 중단됐던 사업들 복구할 수 있겠구나." 그 전략을 찾아냈습니다.

잉여금을 써야 합니다. 특별회계 잉여금을 써서 통합재정에 넣어두고 급한 사업에 일단 쓰고 그다음에 중기지방재정계획을 잘 짜서 그 이후에 필요한 돈은 우리가 앞으로 만들어 나가는 재정을 해야 한다는 것을 알게 되었습니다.

시장님, 공부를 하시면 되고 많은 사람들과 토론을 하면 되고 의회의 이런 여러 의견들에 대해서 존중하면 될 일입니다. 존경하는 시민 여러분! 결론적으로 우리 모두 정치에 관심을 갖고, 재정에 관심을 갖고 시정을 함께 해결해서 대안책을 모색한다면 이렇게 좋은 방법을 찾아낼 수 있습니다. 의정부가 돈이 없는 것이 아니라, 이 상황에서 우리가 어떻게 할지는 현행 지방기금법과 지방재정법이 그 힌트를 주고 있습니다.

저도 지금까지 제가 알고 있는 지식이라는 것이 전부가 아니라는 사실 잘 알고 있습니다. 오만에 빠지지 않도록 하겠습니다. 끊임없이 더 많은 사람, 더 다양한 사람들과 논의하고 문제를 찾아내서 해결책을 만들어서 의정부시를 반드시 잘살게 만들겠습니다.

끝으로 오랜 기간 동안 내가 여러 가지 힘든 일을 겪으면서도 버틸 수 있게 해 준 분들께 감사 인사를 드렸다.

재정 문제를 제기하고 해결하는 과정에서 많은 가짜뉴스

와 음해 등등이 있었습니다. 그럼에도 제가 버틸 수 있었던 것은 우리 당원 동지들 그리고 전문가들, 시민들, 사회단체 들까지 함께 해서 이 문제 원인과 해결책을 찾는데 함께 해 주신 집단지성 덕분이었습니다. 이 자리를 통해서 정말 감사드린다고 인사드리고 싶습니다.

시 공무원께도 감사 인사를 전했다. 공무원들은 시장의 유무언의 압력 속에서도 중립을 지키면서 있는 사실 그대로 정보를 제공하려고 노력했다.

선출직 공무원이 아닌 공무원분들은 그저 지금 하던 대로 사실 그대로를 의회에 제출해 주시면 되겠습니다. 아까 있었던 공문서위조 같은 것은 크게 문제 삼지 않겠습니다. 다만 그 원인이 무엇인지 그리고 앞으로는 절대 있어서는 안 되는 일이라는 것을 꼭 말씀드리고 싶습니다.

그런데 여기서 이상한 일이 벌어졌다. 의장이 나를 자리로 돌아가게 하고 시장이 질의자 없이 일장 변명을 한 것이다.

의장 : 정진호 의원께서는 자리로 돌아가셔도 되겠습니다. 김동근 시장님, 정진호 의원 질의에 대해서 답변하시겠습니까?

시장 : 예, 답변드리도록 하겠습니다. 정진호 의원 질문은, 특별회계에 있는 돈 끌어다 써서 문제해결을 하면 되는데 왜 그러냐고 하는 것이 기본 요지입니다. 그러면서 큰 범죄를 저지른 것처럼 3대범죄 이렇게 운운합니다.

우선 중기재정계획을 우리 공직자에게 공문서위조라고 이렇게 말합니다. 그런데 중기재정계획은 사후 계획에 따라서 매년 수정하는 연동 계획이고 이거는 우리 자체 소회의만 거치면 되는 거지 의회의 승인이 필요한 것 아닙니다. 이런 식으로 공직자들을 공문서 위조한 범죄자라고 몰아가는 것, 정말 제가 아까 답변 안 드린 건 그런 상황 속에서 답변하면 서로 입씨름밖에 더하겠습니까? 그렇게 하시면 안 되는 겁니다.

그리고 또 특별회계 634억 원이 남았다고 하는 거. 정확히 얘기하면 일반회계는 하나도 남은 것이, 일반회계는 순세계 잉여금이 지금 0.2% 정도 있었습니다. 1%보다 훨씬 더 적죠. 나머지는 특별회계 돈인데 특별회계 돈 그렇게 갖다 쓰라고 하는 것 아닙니다. 특별회계는 정말 여유가 있을 때 그러니까 예를 들면 앞으로 5, 6년 후에 이렇게 써도 좋은 돈 이런 것 있으면 특별한 재정안정기금을 통해서 이렇게 쓰라고 하는 겁니다. 저도 제발 돈 좀 여유 있었으면 좋겠습니다. 저라면 왜 그 돈 가지고 청년 기본소득 주고 여성

생리대 주고 이런 거 안 하려고 하겠습니까? 이거를 이런 식으로 이렇게 논리를 하면 안 되는 것입니다.

법에서는 "가능하면 지켜주세요."라고 하는 법 규정이 정말 많이 있습니다. 현실적으로 그래서 이런 부분들을 제도적으로 어떻게 바꿔갈 것인가 하는 것들이 계속 노력하게 되는데 이거를 범죄라는 프레임을 가지고 이렇게 정의합니다. 이거는 정말 지나쳐도 너무 많이 지나친 겁니다.

그리고 우리 정 의원에 대해서 허위사실유포라고 이렇게 얘기하는데 우리 시가 한 얘기는 아마 언론에 보도된 이야기였을 겁니다. 파이낸셜뉴스 8월 14일자 이렇게 되어 있네요. "돈 남아돌면 교부세 줄여야"라고 하는 제목에 정진호 민주당 시의원은 교부세 산식과 순세계잉여금은 어느 정도 연동해야 한다고 생각하면서 보통교부세를 더 달라고 하는 것은 앞뒤가 안 맞는다. 보통교부세 산식과 연동해서 순세계잉여금 비율이 높은 지자체에 교부세를 덜 배정하면 이렇게 쌓아놓고 쓰지 않는 문제가 해결될 것이라고 이런 표현에 대해서 지적을 했었을 거라고 생각합니다. 이런 부분들에 대해서 물론 서로 이렇게 논쟁하고 하는 것들에 대해서는 좋은 방법으로 잘 해결해 가려고 하고자 하는 것은 맞다고 생각합니다. 하지만 이렇게 일방적인 논리를 가지고 마치 범죄집단처럼 이렇게 몰아가는 것 이거를 어떻게 수

긍할 수 있겠습니까?

저는 그래서 이 부분에 대해서는 분명히 의장님 그리고 시의회에 제안하고 싶습니다. 이 문제에 대해서 시의회에서 전문가 누구를 추천하고 그리고 또 우리 집행부에서도 전문가를 추천해서 제삼자가 검증하도록 해 보면 어떻겠습니까? 이 문제는 제가 보기에는 이거는 의회의 의견이 중요하지, 의원 개인의 의견이 중요하기보다는 의회의 의견이 중요한 사안입니다. 그러니까 이 부분에 대해서는 앞으로를 위해서라도 저는 제삼자가 이 문제를 검증해서 이것에 대해서 앞으로 어떻게 방향을 설정하는 게 좋겠다고 이렇게 정리하면 어떨까 싶습니다.

의장 : 답변 다 하셨습니까?

시장 : 예.

의장 : 시장님께서는 자리로 돌아가셔도 되겠습니다. 보충질문 하실 의원 계십니까? 「의정부시의회 회의 규칙」제66조의2 제4항에 따라 본질문을 한 의원이 우선하여 보충질문을 하도록 하겠습니다. 정진호 의원께서는 발언대로 나와 주시기 바랍니다. 준비가 되셨으면 답변 시간 포함 10분 이내로 보충질문해 주시기 바랍니다.

죄송합니다. 제가 아까 일문일답 시간이 남아서 들어갔으면 안 됐었는데 들어가서 죄송합니다, 답변 들었어야 했는데.

일단 첫 번째 중기지방재정계획 있지 않습니까, 시장님? 그 거 지금 이 자리에서 답변하려고 하지 마시고요. 법률에 쓰 여 있거든요. 그냥 그렇게 하는 게 아니라 시에 있는 위원회 가 하나 있을 겁니다. 지방재정위원회인가 뭔가 있을 겁니 다. 법률에 그대로 쓰여 있습니다. 그거 거친 다음에 의회 의 절차를 거쳐야 하는 겁니다. 과천 같은 경우는 중기지방 재정계획 변경안을 의회에 상정한 다음에 다시 한 겁니다. 시장님, 그거 이 자리에서 또 법률 위반의 소지가 있는 말 씀 하지 마시고 정확하게 법률을 확인한 다음에 하시기 바 랍니다. 저도 확인하고 그 질의를 드린 거였습니다.

두 번째는 아까 그 특별회계 잉여금 관련해서 또 말씀을 드 리는데 도대체 제삼자의 전문가가 왜 필요한지 잘 모르겠 습니다. 법제처에서 유권해석을 해서 불법이라고 했고, 행 정안전부에 직접 확인해 보시면 됩니다.

의원의 발언을 꼭 들으시고 존중해달라는 말씀 다시 한번 드립니다. 지난 5분 발언 때 그 사례로써 제가 김해시 통합 재정안정화기금 운용계획 변경안을 말씀드렸습니다. 우리 사례랑 똑같습니다. 상·하수도특별회계 잉여금으로 지방채 다 갚았어요. 지난번에 5분 발언을 잘 안 들으셨기 때문에 아마 그런 질문을 하신 것 같습니다.

세 번째는 기자회견을 통해서 허위사실 유포하신 것 있잖

아요. 그것 또한 제가 5분 발언에서 말씀드렸습니다. 그 기사를 인용한 것 같은데 그 기자한테 녹음파일을 달라고 해서 확인하고 말하라는 겁니다. 아무 기사나 가져다가 기자회견이라는 걸 통해서, 공적 행위를 통해서, 공적 지위인 부시장을 통해서 아무 사실을 막 말해도 되겠습니까, 사법적으로 책임지실 예정입니까? 도대체 무슨 말씀을 하시는지 모르겠습니다. 그 사법적 처리에 대해서 실제로 제가 검토를 한번 해 보겠습니다. 시장님, 방금 시장님의 그 발언 때문에 부시장님을 굉장히 큰 위기에 빠뜨린 겁니다. 부시장님이 그 기자회견 하고 싶어서 하셨겠습니까? 부시장님 지금 취임한 지 두세 달도 안 됐습니다. 그 두세 달 동안 의정부시의 모든 재정 문제점을 어떻게 알겠습니까?

재정전문가들, 대통령한테 자문하는 참모들도 계속 확인하면서 하는 것을 두세 달 만에 어찌 부시장님이 알고 그렇게 기자회견을 하시겠습니까?(중략) 제가 자꾸 시의 총괄책임자는 시장님이라고 강조드리는 거고, 제가 계속 시장님의 답변을 기다린 겁니다. 애꿎은 부시장님이나 국장님, 과장님은 무슨 죄입니까?

그리고 어떤 제안을 하실 때는 법과 절차를 존중해 주시기 바랍니다. 시장님 이전에도 여기 시정질문에서 갑자기 무슨 협의회 던지신 적 있죠. 시청만 공공기관이 아니라 시의회도 공공기관입니다. 공공기관이 공적 행위를 할 때는 제도를 통해서 법과 절차라는 것을 지켜야 되는 겁니다. 그런 부분을 유의해 주시기 바랍니다. 이상입니다.

의장 : 수고하셨습니다. 정진호 의원께서는 자리로 돌아가셔도 되겠습니다. 정진호 의원님께서 보충질문을 하셨는데 시장님께서 답변하시겠습니까?

시장 : 자꾸 이렇게 논쟁하는 것들이 시민들께 좋게 보일 것 같지는 않지만 그래도 몇 가지 답변은 좀 드리도록 하겠습니다. 제가 아까 의회의 승인 사안이 아니라고 한 것은 우리 담당부서에도 확인해서 저한테 준 자료를 근거로 해서 얘기했으니까 이 부분에 대해서는 다시 한 번 저희 시의회하고 같이 조사를 해 보도록 해서 최종 결론을 낼 수 있도록 하자고요.

그리고 아까 법제처 질의에 대해서 말씀하셨는데 그 내용들에 대해서는 우리 예비비를 1% 두지 않는다고 엄격하게 해서 하는 것은 일반회계를 중심으로 이렇게 하게 됩니다. 그거는 제가 아까 그 취지를 계속 설명해 드렸는데 이걸 마치 범죄행위 이런 식의 표현을 하는 것은 이건 시민들에게 너무 과한 표현이라고 생각되어 집니다.

그리고 또 의원님이 아까 얘기한 허위사실이라고 표현했었던 부분들에 대해서는 의원님의 페이스북을 통해서 있었던 글들입니다. 제가 한번 이 부분에 대해서 읽어봐도 되겠습니까? "지자체가 순세계잉여금을 최대한 쓸 수 있도록 쌓아놓은 돈 비율이 높은 지자체에는 중앙정부가 직접 강력한 페널티를 주시기 바랍니다." 이렇게 쓰고 있습니다.

저는 이런 문제, 이런 문제의 시시비비 따져서 하는, 이제는 그 단계 넘어가서, 한번 뭐가 잘못인지에 대해서 서로의 주장이 이렇게 부딪힐 때는 제3의 전문가들을 양쪽에서 추천하는 분들, 같이 논의 가능하지 않겠습니까? 그렇게 정리하면 되지 않겠습니까? 그래서 한번 제안을 드려보는 것입니다. 그리고 저 역시 왜 곳간에 돈이 잔뜩 쌓여 있는데 쓰지 않으려고 하겠습니까? 제 임기 중에 저도 많은 분한테 혜택 드리고 싶습니다. 그리고 좀 투자 적기에 적실하게 투자해서 의정부 좀 변화시켜 보고 싶습니다. 의정부 재정 자립도 제발 높게 해 보고 싶습니다. 더 이상 아파트만 짓지 않고 좋은 기업 좀 유치해서 우리 재정자주도 좀 높여 보고 싶습니다.

그런 방법 그런 방향 속에서 아마 제도와 현실이 다를 수도 있고 여러 가지 표현이 다를 수도 있을 것입니다. 그럴 때 그것을 완충하는 방법이 입법 취지이고 그리고 여러 기관들이 협의를 해서 결론을 내게 되는 것입니다.

예산과 관련해서는 분명 그래서 집행부와 의회가 합의해서

1. 외로운 싸움의 기록

이 예산의 적정성을 따지도록 법이 그렇게 되어 있는 겁니다. 예산의 편성을 집행부에 맡기고 심의를 의회에 맡기고, 그리고 결산을 통해서 그것을 법적으로 확인해 주는 절차를 거치는 이유가 무엇이겠습니까?

그리고 이런 문제를 집행부와 시의회를 통해서 논의하면 되는 것이지, 이것을 왜 그렇게 시민들이 혼란스럽게 그것을 대외적으로 말하는지 저도 이해가 안 됩니다. 제가 왜 먼저 나서지 않느냐고 계속 반복해서 물으십니다. 이런 문제야말로 사실 팩트 확인만 하면 되는 사항 아니겠습니까? 이거를 그렇게 SNS를 통해서 계속 반복해서 이 문제를 제기해서 많은 사람들이 혼란스럽게 해야 할 필요가 뭐 있겠습니까? 일반 생업이 바쁜 분들이 어떻게 이 내용들을 세세하게 논리적으로 따라가면서 알 수 있겠습니까? 정말 이 문제는 시 집행부하고 시의회가 서로 무엇이 잘못인지 실제로 하나하나 체크해서 확인하면 되는 그런 사안들입니다. 한번 잘 검토하고 그리고 이런 사안들을 통해서 저는 의정부시 재정에 대해서 더 건전한 방향으로 가는 그런 방향이 되기를 기대합니다.

회의는 한차례 정회를 한 다음 속개되었다. 김현채 의원이 질의권을 얻어서 시정질문을 이어갔다. 나는 시장의 뻔뻔한 거짓말을 바로잡으려, 의장에게 시장의 답변에 재질문을 할 기회를 달라고 했지만 받아들여지지 않았다. 항의의 표시로 나는 퇴장을 했다.

행정감사에서 의정부시 재정 문제를 제기한 지 3개월 만에야 드디어 시장과 시정질문을 통해 토론할 기회를 가졌다. 질의 답변을 할 기회를 충분히 주지 않아 아쉬운 점도 있었지만 나름대로 성과도 있었다. 시장이 이 문제를 어떤 시각에서 보고 있는가 하는 것을 알았다는 것이다. 시장에게는 재정 운영의 문제가 시 살림살이가 아니라 정치적으로 해석되면서, 아무리 잘못을 저질러도 잘못을 인정할 수 없는 정치적인 문제로 변질되어 있었다.

의정부시는 2021년, 2022년, 2023년, 2024년 4년 연속 경기도 31개 시군 중 재정자주도 꼴등, 즉 31위를 했다. 또 결산 기준 순세계잉여금은 2022년 606억원, 2023년 899억원, 2024년 1,293억원으로 계속 불어나고 있다. 시장 취임 이후 의정부시의 재정자주도는 꼴찌이고, 사용하지 않은 잉여금은 폭증했다는 것이 분명한 사실이다. 이 문제에 대한 제대로 된 해명도, 어떻게 하겠다는 대안도 없다.

거짓을 말하고도 전혀 반성이 없다. 이 부분은 숫자로 확인할 수 있는데도 인정하지 않았다. 의정부시는 기초자치단체로, 채무비율을 비교하려면 전국 기초자치단체와 해야 한다. 그런데 광역이 포함된 전체와 비교해서 전국 평균 7.57%보다 절반 수준이라고 우긴다. 할 말이 없다. 전국 기초자치단체 평균 채무비율은

1.21%다. 따라서 기초자치단체인 의정부시의 채무비율 3.41%는 평균보다 2.8배나 높은 수준이다. 시장은 "언제 기초자치단체 평균이라고 했냐, 전국 평균이라고 했지."라고 했다. 듣고 있는 내 얼굴이 붉어질 지경이었다.

앞으로 수천억 원이 든다는 주장도 거짓이라는 것이 드러났는데 인정하지 않았다. 의정부시는 민락2공공하수처리시설 1,249억 원, 소각장 건설 2,103억 원이 필요하다고 했다. 하지만 중기지방재정계획을 확인해보니 민락2공공하수처리시설은 아예 없었고, 소각장은 2,103억 원이 아니라 1,164억 원으로 기록돼 있었다. 근거 없는 발표와 1천억 원이나 부풀린 주장이었다. 시장은 "그럴 리가요?" 라는 무책임한 한 마디 이외에 어떤 답변도 없었다. 재정의 총괄 책임자, 시정의 총괄 책임자가 부시장이라는 답변서의 내용이 빈말이 아니었다. 시장은 아무 보고도 받지 못하고 있었을까? 아니면 모르는 척 하는 것일까?

특별회계 잉여금은 못 쓴다고 하더니 이제는 2020년 지방기금법 개정으로 특별회계 잉여금도 일반회계 가용 자원으로 활용할 수 있게 되었다는 것을 알고 있었다고 한다. 알고 있었지만, 돈이 없어서 못했다고 한다. 불법으로 편성한 특별회계 순세계잉여금 634억 원이 적은 돈인가? 이 돈을 통합계정에 넣어놓고 쓰면 될 것 아닌가? 누굴 이제 1, 2, 3, 4 배우는 유치원생으로 알지 않는 한 저렇게 뻔뻔할 수는 없을 것이다.

꼴등 만들어놓고 웃음이 나옵니까?

절망했다. 과연 진실을 알린다는 것이 이 의정부에서 가능하기는 한 것일까? 힘을 낼 수가 없었다. 그냥 접을까도 생각했다. 하지만 다시 힘을 냈다. 진실에 접근할 기회를 빼앗긴 시민을 위해 내가 좌절하면 우리 시민들의 재정에 관한 주권을 가져올 기회는 영영 사라질 것이다. 의정부시의 여당인 국민의힘 의원들은 내용도 모르고 시장을 비호하는 데 앞장서고 있다. 야당인 민주당 일부 의원도 뭘 그렇게 끈질기게 나서냐, 그만하라는 식이다. 재정 문제에 대한 관심이 부족한 것은 말할 것도 없다. 여기서 그칠 수는 없다. 끝까지 간다. 의정부시가 정신을 차리고 제대로 제정을 운영할 때까지 순세계잉여금을 비롯해 잠자는 돈을 깨워서 잘랐던 복지예산, 공공사업을 다시 재개하고 시민을 위한 새로운 사업에 예산을 편성할 때까지 끝까지 간다. 9월 8일 페이스북에 글을 올렸다. 제목은 〈꼴등 만들어놓고 웃음이 나옵니까?〉

김동근 시장, 정말 끈질깁니다. 거짓이 탄로나도 배째라 식

입니다. 시민에 대한 최소한의 예의도 없습니다. 질문하는데 실실 웃질 않나, 법은 가급적 지키라는 거라는 해괴한 소리를 하지 않나, 대학생 용돈과 초등학생 용돈을 비교해 놓고 그게 뭐 잘못된 거냐는 식입니다. 김동근 시장은 저의 시정질문에 답변을 하면서 정말 상상을 초월하는 태도와 행태를 보였습니다. 내년 선거를 어찌하시려고 저러나, 제가 다 걱정되었습니다. 재선을 포기한 게 아니라면 저렇게 답변할 수 없습니다.

의정부시는 2022년, 2023년, 2024년 3년 연속 경기도 31개 시군 중 재정자주도 꼴등, 즉 31위입니다. 또 결산 기준 순세계잉여금은 2022년 606억 원, 2023년 899억 원, 2024년 1,293억 원으로 계속 불어나고 있습니다. 시장 취임 이후 의정부시의 재정자주도는 꼴찌이고, 사용하지 않은 잉여금은 폭증했다는 것이 분명한 사실입니다. 이 문제에 단 한 마디 사과도 잘하겠다는 다짐도 없습니다.

이제 김 시장의 3대 거짓말, 다시 확인시켜 드립니다. 첫째, 채무 비율이 전국 평균보다 낮다? 거짓입니다. 의정부시는 현재 채무 비율이 3.41%로 전국 평균 7.57%보다 절반 수준이라고 했습니다. 그러나 7.57%에는 광역자치단체까지 포함된 수치입니다. 기초자치단체 평균 채무 비율은 1.21%입니다. 따라서 기초자치단체인 의정부시의 채무 비율 3.41%

는 평균보다 2.8배나 높은 수준입니다. 시장은 "언제 기초
자치단체 평균이라고 했냐, 전국 평균이라고 했지?"라고 답
했습니다. 듣는 제가 민망합니다.

둘째, 특별회계 사업에 앞으로 수천억 원이 든다는 주장,
순 거짓입니다. 의정부시는 민락2공공하수처리시설 1,249
억 원, 소각장 건설 2,103억 원이 필요하다고 했습니다. 하
지만 중기지방재정계획을 확인해보니 민락2공공하수처리
시설은 아예 없었고, 소각장은 2,103억 원이 아니라 1,164
억 원으로 기록돼 있었습니다. 그 기록대로 한다고 해도 무
려 2,200억 원이나 부풀렸습니다. 시장은 "그럴 리가요" 라
고 답했습니다. 도대체 시장실에 앉아 이런거 안 챙기고 뭐
하는지, 시장실에 CCTV라도 달아야 할 판입니다. 재정의
총괄책임자 맞습니까?

셋째, 특별회계 잉여금은 못 쓴다? 새빨간 거짓입니다.
2020년 지방기금법 개정으로 특별회계 잉여금도 일반회계
가용 자원으로 활용할 수 있도록 길을 열어놓았습니다. 그
런데도 의정부시는 1,293억 원을 남겨놓고 464억 원 빚을
내서 12억 원의 이자를 낭비했습니다. 시민 복지예산은 줄
이고 은행만 배불린 것입니다. 시장은 아직도 이 법이 개정
됐는지를 모르는지, 지방기금법 16조 개정 이전의 논리로
반박했습니다. 빠르게 변화하는 시대, 과거 지식만으론 대

　　　　　1. 외로운 싸움의 기록

응하기 어렵습니다. 제발, 공부 좀 하세요!

시장은 거짓말을 멈추고 사실을 인정해야 합니다. 잉여금을 활용해 빚을 갚고 잘라낸 복지와 민생 예산을 복구해야 합니다. 재정 정보를 전면 공개해 시민이 직접 감시할 수 있도록 해야 합니다. 재정의 주인은 세금을 낸 시민입니다.

남겨둔 돈, 잘못된 빚, 엉터리 이자, 제가 끝까지 김동근 시장의 거짓말에 대해 사과를 받아내고 잘못된 재정 운영을 시민과 함께 바로잡겠습니다.

재정 꼴등 의정부, 시장은 아무렇지도 않은가 봅니다. 제가 질문하는 동안 실실 웃기도 했습니다. 제가 왜 웃느냐 물으니, 웃겨서 웃는답니다. 재정자주도 꼴등, 돈 없다고 복지예산 삭감, 돈 있는데 빚내서 혈세 12억 원 낭비, 중기지방재정계획 급조하기, 그게 그렇게 우습습니까? 계속 웃으십시오. 제가 정말 우스운 꼴이 뭔지 분명히 보여드리겠습니다. 언제까지 웃을 수 있는지 시민과 함께 끝까지 가겠습니다.

노조 방문, "6천억 원"

9월 16일, 의정부시 공무원노조에서 내 사무실을 방문했다. 김형 태 노조위원장, 배영철 수석부위원장 등이 찾아온 것이다. 의정 부시 공무원의 명예를 실추시키는 것 아니냐는 항의성 방문을 할 목적이었을 것이다.

나는 차분히 증거와 숫자를 들어 설명을 했다. 그리고 혹시 문제 를 제기하는 과정에서 공무원들의 마음을 상하게 한 일이 있으 면 양해를 구한다고 말씀드렸다.

노조 지도부는 미리 준비한 말도 제대로 못 한 듯 했다. 오히려 자신들이 너무 민망하다는 반응이었다.

노조 관계자의 말로는 자료를 고쳐서 낸 지방중기재정계획과 홈 페이지에 공개된 것을 비교해보니, 무려 6천억 원이 차이가 났다 고 했다. 나는 하수처리시설과 소각장만 비교했는데, 이분들은 전체를 비교해본 모양이었다.

진실을 위한 투쟁은 끝나지 않았다. 부정하고 왜곡할수록 오히 려 진실은 더욱 큰 빛으로 드러날 것이다. 나는 어둠은 결코 빛 을 이길 수 없다는 것을 믿는 청년이다.

요점
정리
2

‘순수하게 남은’ 돈 1,293억 원

‘순세계잉여금’, 내 ‘외로운 싸움의 기록’에 가장 많이 등장하는 낱말이다. 그런데 아마도 얼른 그 뜻이 이해되지는 않을 것이다. 재정 용어 자체가 너무 불친절하기 때문이다.

민주주의는 대표자를 선출하는 데서 끝나는 게 아니다. 그가 일을 잘하는지 못하는지 감시하는 것까지가 민주주의다. 그건 어떻게 알 수 있을까? 객관적인 수치로 파악할 수 있는 방법 중 하나가 ‘돈을 어떻게 쓰는가’, 즉 재정 문제를 들여다보는 것이다.

재정에 대해 시민들이 관심을 가지면 우리의 세금이 누구를 위해 어떻게 쓰이는지 알 수 있다. 예산 낭비를 막고 더 많은 서비스를 받을 수 있다. 그런데 재정 용어 자체가 너무 어려우니 다들 알려고 하기 전에 먼저 포기한다. 그래서 어려운 용어를 좀 쉽게 설명해가면서 의정부시 정부와 펼쳤던 논쟁의 요점을 설명해보려 한다.

순세계잉여금이란 무엇일까? 아래 표를 보자. ‘세입’은 시가 받은 돈이다. 시민이 낸 세금과 중앙정부나 광역지자체로부터 받은 보조

2. 요점 정리

금으로 이루어진다. '세출'은 시가 쓴 돈이다. 세입에서 세출을 빼고 남은 돈이 '잉여금'이다. 그런데 이 잉여금은 어떻게 구성되나?

우선 보조금 중 쓰고 남은 돈이나 시비를 매칭하지 못해 중앙정부나 광역지자체에 돌려줘야 하는 돈이 있다. '보조금실제반납금'이다. 그리고 올해에 다 쓰지 못해서 남은 돈과 장기사업에 쓸 돈이라 남은 돈이 있다. '이월금'이다. 이 두 가지를 뺀 나머지, 즉 최종적으로 순수하게 남은 돈이 '순세계잉여금'이다.

세입	세출	잉여금
의정부시가 받은 돈	의정부시가 사용한 돈	남은 돈
1조 7,252억 원	1조 4,829억 원	2,423억 원

다음연도 이월액	952억 원
보조금실제반납금	178억 원
순세계잉여금	1,293억 원

그렇다면 순세계잉여금은 왜 발생하는 것일까? 세수 증가와 세출 감소가 그 이유다. 세수 증가는 예상보다 세금이 더 많이 걷혀서 생기고, 세출 감소는 쓰기로 한 돈을 다 못 썼기 때문에 발생한다. 그러니 순세계잉여금이 많이 발생할수록 살림을 잘 못했다고 볼 수 있을 것이다.

그러면 이 순세계잉여금은 어떻게 써야 할까? 외부 기관으로부터 빌린 돈, 즉 빚을 갚아서 지자체의 재정 안정화를 꾀하거나, 다음 회계연도의 세입으로 반영해서 새로운 사업을 하는 재원으로 활용할 수 있다.

의정부시의 순세계잉여금은 2020년 약 1,368억 원이었다가 2021년에 약 1,197억 원, 2022년 약 606억 원으로 감소세를 이어갔으나, 현 시장 취임 뒤인 2023년에 293억 원이 증가했고 2024년에는 결산 기준 1,293억 원으로, 최고점이었던 2020년 수준으로 급증했다. 이것은 2024년 예산현액[1] 1조 7,081억 원의 7.6%, 세출결산액[2] 1조 4,829억 원의 약 8.7% 수준이다.

[의정부시 순세계잉여금 총액 추이]

(단위 : 백만원)

구분	2020	2021	2022	2023	2024
순세계잉여금	136,765	119,691	60,635	89,937	129,331
전년대비 증감		-17,074	-59,056	29,302	39,394

자료 : 의정부시 연도별 결산서

순세계잉여금이 늘었다는 말은 무슨 뜻일까? 의정부시가 세입 추계와 세출 집행을 잘못했다는 말이다. 들어올 세금을 적게 들어올 것으로 예측한 데다가, 집행하고 남은 돈이 많아지면 순세계잉여금이 계속 늘어나는 것이다.

1 올해 예산액에 전년도 이월액을 더한 금액. 실제 각 과목의 경비를 지출할 수 있는 한도를 나타낸다.
2 1년 동안 실제로 지출한 예산의 총액

그럼 순세계잉여금의 발생을 줄인다는 것은 무슨 뜻일까? 그만큼 쓸 돈이 늘어난다는 의미다. 즉, 보다 적극적으로 예산을 편성해 주민을 위한 복지사업을 더 많이 할 수 있다는 뜻이다.

돈 없다고 사라진 사업들

살펴본 바와 같이 의정부시의 순세계잉여금은 2023년부터 크게 늘었다. 그런데 시는 그동안 재정이 부족하다는 이유로 많은 복지사업을 삭감하거나 공공사업을 축소 또는 포기해 왔다. 그래서 나는 시의원으로서 문제를 제기한 것이다.

내가 이런 사업을 순세계잉여금으로 다 할 수 있는데, 왜 안 했냐고 주장하는 것은 아니다. 또 순세계잉여금을 다 써버리자고 말하는 것도 아니다. 시의 재정 여력이 부족하긴 하지만 그래도 순수하게 남은 돈의 규모가 세출결산액 대비 8.7%는 너무 많으니, 최대한 세입 추계를 정확하게 하고, 순세계잉여금을 최대한 줄여서 시민들에게 더 많은 혜택이 돌아가도록 하자는 것이다.

재정 부족을 이유로 사라진 사업들이 많다. 물론 효과가 적거나 타 사업과 중복되거나 하는 여러 가지 이유로 정리해야 할 사업도 있다. 하지만 시민이 꼭 필요로 하고, 시에서도 필요하다고 생각하는 사업들이 재정이 부족하다는 이유로 축소되거나 없어지는 것은 문제가 많은 것 아닌가?

아래에 의정부시가 제출한 자료에 근거해 없어진 공공사업을 정리해 보았다. 19개 정도 사업이 축소되거나 전액 삭감된 것으로 나타났다.

[2024년 취소된 공공투자사업]

(단위: 억 원)

번호	사업명	총사업비	국비	도비	시비 부담액 (2024년)
	합계	14220	6014	1315	859
1	도봉산~옥정 광역철도 건설	6782	4999	1071	162
2	바둑전용 경기장 건립	396	49	49	100
3	고산 공공도서관	252	30	10	70
4	반다비 국민체육센터	177	53	-	80
5	호원권역 복합체육센터	217	30	-	70
6	원도봉 국민체육센터	181	30	-	-
7	녹양 복합체육센터	222	59		
8	고산동 주민센터 건립	143	-		5.7
9	녹양동 주민센터 건립	123			41
10	호원동 종로 1-25 호선	226			44
11	국도 3호선~서부로 연결(회룡IC)	350	175		71
12	국도 39 호선 송추길 확장	661	275	83	50
13	용현동 대로 3-12 호선	183	-		91
14	장암역~동의정부 IC 연결도로 개설	2050	-		-
15	민락~고산지구 연결도로 개설	556	-		-
16	화물 및 버스공영차고지	424.9	110.5	52	0.5
17	GTX 의정부역 환승센터	844	58	40	52
18	캠프에세이온 레포츠 공원 조성	308	96	-	-
19	녹양 생활지원복합센터 건립	124	49	10	22

또, 국비나 도비의 도움 없이 시비를 가지고 자체적으로 하던 사

업 중 2023 회계년도 대비 2024년에 사라진 사업은 다음 표와 같다. 모두 92개 정도가 된다. 수요가 없어 사업을 중단한 '토마토농가 기자재지원'이나, 타 사업과의 중복 때문에 지원을 중단한 일자리경제과의 '감정노동자 인식개선' 사업처럼 예산 지원을 중단한 것이 타당한 사업도 있다.

하지만 '우수공예품 개발업체 지원', '의정부시 일자리 박람회', '지역예술단체 활동지원', '초등학생 입학축하금 지원', '직업계고 신입생 진로캠프 지원'처럼 필요성이 인정되지만 예산 부족을 이유로 중단한 안타까운 사업들이 상당히 많다는 것을 알 수 있다. 이런 사업들은 큰 사업도 아니고 재정 추계를 정확하게 하고 순세계잉여금을 적극적으로 예산에 편성해 썼다면 얼마든지 살릴 수 있는 사업이었다는 점에서 안타까운 마음을 금할 수 없다.

[2023·2024회계연도 대비 사라진 시비 사업]

번호	부서명	세부사업명	비고
1	감사담당관	청렴시민감사관 직무역량 강화 워크숍 지원(2024년)	행사성 사업으로 예산 미편성 (비예산 교육으로 대체)
2	감사담당관	자체감사 결과 우수공무원 국내연수(2024년)	예산 부족으로 직원 포상금 미편성
3	감사담당관	자율적 내부통제 우수부서 포상(2024년)	예산 부족으로 직원 포상금 미편성
4	감사담당관	인권 증진 교육(2023년)	내부 공무원 대상 사업으로 예산
5	감사담당관	청렴시민감사관 제보(건의) 보상금(2024년)	미편성(비예산 교육으로 대체)
6	감사담당관	계약심사 관련 대규모 공사현장 견학(2023년)	예산 부족으로 예산 미편성
7	감사담당관	일상감사 및 현장관리 유공자 포상(2024년)	예산 부족으로 직원 포상금 미편성

2. 요점 정리

8	감사담당관	6급 이상 공무원 자체 청렴도 평가(2024년)	운영 우선순위를 고려하여 예산 미편성
9	감사담당관	청렴모니터링 운영(2024년)	운영 우선순위를 고려하여 예산 미편성
10	감사담당관	청렴 상시 자기학습 운영(2024년)	운영 우선순위를 고려하여 예산 미편성
11	감사담당관	청렴문화 확산 홍보물 제작(2024년)	운영 우선순위를 고려하여 예산 미편성
12	시민소통과	국내 자매도시 우호교류 추진	예산상의 이유로 미시행
13	시민소통과	국제업무지원	예산상의 이유로 미시행
14	시민소통과	국제우호교류 조형물 유지보수	예산상의 이유로 미시행
15	시민소통과	의정부영상미디어센터 운영	2023. 12. 31. 센터 운영 종료
16	일자리경제과	감정노동자 인식개선사업	타부서 유사 사업 중복
17	일자리경제과	외국인노동자 일상회복 지원	코로나19 키트 제공사업으로 단발성 사업
18	일자리경제과	힐링프로그램 운영	타부서 유사 사업 중복
19	일자리경제과	전통시장 노점 카드단말기 지원사업	사업수요 부족
20	일자리경제과	우수공예품 개발업체 지원	예산부족으로 인한 지원 중단
21	일자리경제과	의정부시 일자리 박람회(2023. 5. 10.)	시 재정위기에 따른 예산 삭감
22	일자리경제과	긴급일상회복 일자리사업	위드코로나 방역체계 전환에 따른 지원목적 달성
23	일자리경제과	지역방역 일자리사업(2022.1.24.~4.29.)	방역체계 강화를 위한 일자리제공 목적 달성
24	도로조성과	녹양동 도시계획도로(소로2-3, 양한3호선) 개설	실시설계 중 현장 여건에 의해 도로개설 추진 불가로 용역 중지
25	도로조성과	상직지구(중로2-호선, 소로2-상직1호선) 개설	예산 편성 요구 미반영 (2025년 예산에 반영)
26	도로조성과	산곡동 겸용통제지구(소로2-겸은7호선) 개설	예산 편성 요구 미반영
27	도로조성과	산곡동 종로3-1호선 교량개설	예산 편성 요구 미반영
28	도로조성과	자일동 금곡지구(소로2-1호선) 개설	예산 편성 요구 미반영
29	도로조성과	호원동 종로1-73호선(3차 구간) 개설	예산 편성 요구 미반영
30	도로조성과	호원동 대한천리교 옆(중로1-25호선) 개설	예산 편성 요구 미반영
31	복지정책과	사회복지사업의 효율적 추진(모두의 운동장)(2024년)	비예산 사업으로 추진 (기존 구비 물품 활용)
32	복지정책과	복지업무 유공자 포상(2024년)	미추진
33	복지정책과	사회복지의 날 기념행사(2024년)	경기도 주최 사회복지의 날 기념행사를 의정부에서 추진
34	복지정책과	사회복지종사자 선진지 국외연수(2024년)	미추진
35	복지정책과	지역사회보장협의체 성과보고회(2024년)	경기사회복지공동모금회 예치금 (상급기관 부서 포상금)으로 대체
36	복지정책과	지역사회보장협의체 워크숍 및 성과보고회(2024년)	경기사회복지공동모금회 예치금 (상급기관 부서 포상금)으로 대체
37	노인복지과	효문화 장려지원, 효만화 공모전	재정 부족

38	노인복지과	경로당 일선지도자 문화탐방	재정 부족
39	장애인복지과	여성장애인 출산비 지원(시비 추가)	2024·25년도 국비사업만 추진, 시비 추가 미편성
40	문화예술과	지역예술단체 활동지원(예술단체 지원사업)	재정위기 대응으로 인한 2024년 예산 미편성
41	문화예술과	지역예술단체 활동지원(생활예술인 경연대회)	재정위기 대응으로 인한 2024년 예산 미편성
42	문화예술과	지역예술단체 활동지원(전국무용제 경기도대회)	재정위기 대응으로 인한 2024년 예산 미편성
43	문화예술과	지역예술단체 활동지원(대한민국국제 경기도대회)	재정위기 대응으로 인한 2024년 예산 미편성
44	문화예술과	지역예술단체 활동지원(의정부 대보름 잔치)	재정위기 대응으로 인한 2024년 예산 미편성
45	문화예술과	시민참여형 문화자원 발굴사업	재정위기 대응으로 인한 2024년 예산 미편성
46	문화예술과	전통민속 발굴계승 사업	재정위기 대응으로 인한 2024년 예산 미편성
47	문화예술과	우리고장 문화유적 견학	재정위기 대응으로 인한 2024년 예산 미편성
48	문화예술과	향토전시관 운영	재정위기 대응으로 인한 2024년 예산 미편성
49	교육청소년과	장애인 평생학습도시 운영	2024년 장애인 평생학습도시 운영 사업 공모 미참여
50	교육청소년과	성인문해교육 지원사업	2024년 성인문해교육 지원 사업 공모 미선정
51	교육청소년과	초등학생 입학축하금 지원 사업	시 재정상황의 악화되어 긴축재정 기조하에 2024년부터 중단
52	교육청소년과	직업계고 신입생 진로캠프 지원	특정학교를 위한 일회성 프로그램 사업의 지원은 불가
53	교육청소년과	청소년지도위원 워크숍	시 재정위기로 인해 편성하지 못함
54	교육청소년과	청소년유해환경감시단 워크숍	시 재정위기로 인해 편성하지 못함
55	청년정책과	(2023)청년정책 자문단 구성 및 운영	청년정책위원회 및 청년협의체 활동으로 대체
56	청년정책과	(2023)청년예술인 홍보지원	문화예술과 청년문화예술패스 사업으로 대체(중복사업)
57	체육과	시민레포츠마켓 개최	1회성 행사로 2024년도 예산 미편성
58	체육과	전국단위 및 도단위 체육대회 개최	2024년도 예산 미편성
59	체육과	종목별 체육단체 활성화 지원	2024년도 예산 미편성
60	체육과	4개국 바둑 신예 단체전	2022년도 일회성 사업
61	체육과	KB 바둑리그 참가 지원	2024년도 예산 미편성
62	체육과	스타와 함께하는 농구자선경기	2024년도 예산 미편성, 한기범희망나눔 자체행사 진행
63	체육과	전국 및 도단위 생활체육대회 개최	재정위기로 인한 예산 미편성
64	체육과	도지사기(배) 및 도의장기(배) 생활체육대회 출전	재정위기로 인한 예산 미편성
65	체육과	의정부시 씨름왕 선발대회 및 단오제 행사	재정위기로 인한 예산 미편성
66	체육과	생활체육 자체 리그전 지원	재정위기로 인한 예산 미편성

2. 요점 정리

67	체육과	전국장애인체육대회 출전	재정위기로 인한 예산 미편성
68	체육과	장애유형별 체육대회 출전	재정위기로 인한 예산 미편성
69	체육과	경기도 어울림 체육대회 출전	재정위기로 인한 예산 미편성
70	체육과	시장배 장애인생활체육대회 개최	재정위기로 인한 예산 미편성
71	체육과	의정부시장배 전국장애인탁구대회 개최	재정위기로 인한 예산 미편성
72	체육과	의정부시장배 장애인배드민턴대회 개최	재정위기로 인한 예산 미편성
73	체육과	의정부시장배 한마음 어울림 수영대회 개최	재정위기로 인한 예산 미편성
74	체육과	의정부시장배 어울림 보치아대회 개최	재정위기로 인한 예산 미편성
75	체육과	전국어울림마라톤대회 개최	재정위기로 인한 예산 미편성
76	체육과	장애인체육회 종목별 체육(가맹)단체 활성화 지원	재정위기로 인한 예산 미편성, 종목가맹단체 협회비 지원
77	체육과	의정부시장배 어울림 테니스대회	재정위기로 인한 예산 미편성
78	도서관과	전시홍 운영(2024년)	시 긴축재정에 따른 전시 축소 운영
79	도시농업과	토마토농가 기자재 지원(2023년)	수요 없음
80	도시농업과	상자텃밭 분양사업(2024년)	마음텃밭사업으로 통합
81	도시농업과	찾아가는 원예활동 사업(2024년)	도비사업으로 통합
82	맑은물운영과	2023년 상수도 경영평가 유공 공무원 국외연수	예산 절감
83	맑은물운영과	2023년 상수도 공무직 우수 근로자 국외여비	예산 절감
84	맑은물운영과	2022년 지방공기업 경영평가(하수도) 컨설팅 용역	일회성 용역
85	맑은물운영과	2023년 하수도 경영평가 유공 공무원 국외연수	예산 절감
86	맑은물운영과	2023년 하수도 공무직 우수 근로자 국외여비	예산 절감

국비나 도비가 지원되었지만 시비를 확보하지 못해 중단된 사업은 재정의 일부를 국가와 광역자치단체가 지원하는 것으로 결정되었는데도, 즉 전체 사업비의 상당 부분이 확보되었는데도 반납한 사업으로 재정 운용의 부실을 여지없이 드러내는 대목이 아닐 수 없다.

물론 국·도비를 확보했다고 해서 무조건 시비를 매칭하고 사업을 추진하란 법은 없다. 시행 과정에서 중복성이 드러났다거나 주민이 원치 않거나 사업 신청자가 없는 사업을 억지로 할 필요는 없다. '특별교통수단 도입 지원사업'처럼 매칭 비율을 줄여 특별교통수단의 교체 대수를 축소하는 경우도 있고, '초등 돌봄교실 과일간식 지원사업'처럼 경기도가 사업에 참여하지 않아 시비를 매칭할 필요가 없어진 불가피한 경우도 있다. 수요가 적고 사업 효과가 떨어지는 '경기미 구매차액 지원사업'을 반납한 것은 적절한 조치라고 할 수 있다.

이 밖에 도비 사업비가 배정되지 않은 사업이나, 인터넷 매체와 SNS가 발달해 종이 소식지를 이용하는 농민이 거의 없는 까닭에 사업 자체의 실효성이 떨어지는 '농업소식 및 정보제공 사업' 같은 경우도 매칭을 하지 않는 것이 타당한 것으로 볼 수 있다.

하지만 시비를 매칭하지 못해 국·도비를 반납했거나 사업비를 확보하지 못한 사업들 중 시민의 복지나 의정부시의 발전을 위해 반드시 필요했던 사업들도 많다. 중소상공인의 매출을 높일 수 있는 '지역화폐 발행지원', '체육인 기회소득 지급', '국내 전시회 참가기업 지원', '경기 청년기본소득 지원' 같은 사업들이 대표적이다.

이 가운데 경기 청년기본소득은 만 24세가 된 청년들에게, 태어난 달을 기준으로 하여 분기별로 25만 원씩의 기본소득을 지급하는 사업인데, 시가 재정 악화를 이유로 시비를 편성하지 않아 중단됐으나 내가 "같은 경기도 청년인데 의정부에 산다는 이유만으로 지원을 받지 못하는 것이 말이 되느냐"고 강력히 건의하여 다시 지급된 바 있다. 중단됐을 때 못 받았던 청년들까지 소급해서 지급받았으니, 하마터면 의정부 청년들은 100만원이나 되는 혜택을 받지 못하는 어이없는 일이 발생할 뻔했던 것이다.

이밖에 '농민기본소득'은 사업 대상자의 자격 요건을 완화하면서 필요한 예산이 증가했다는 이유로 지급되지 못했고, '여성청소년 생리용품 지원'도 결국 저소득층 대상으로만 하는 것으로 결정나 많은 여성청소년이 수혜를 받지 못하는 일이 발생했다.

이런 사업들을 다 합쳐 봐야 2백억 원 안팎의 예산만 있으면 충분하다. 그런데 2024년 결산 기준 의정부시의 순세계잉여금이 1,293억원이다. 물론 이 돈을 다 쓸 수는 없다. 하지만 적어도 절반 수준, 즉 600억 원 규모는 재원으로 활용해서 시민을 위해 꼭 필요한 사업에 편성하는 것이 바람직했다는 것이 나의 변함없는 소신이다.

2023년과 2024년에 국비와 도비를 확보했지만 시비를 확보하지 못해 사라진 사업은 다음과 같다.

[2023·2024회계연도 대비 시비 확보 실패로 사라진 국·도비사업]

번호	부서명	세부사업명	구성	사업액(천원)	시비 매칭 실패 이유
1	일자리경제과	지역화폐 발행지원(군특지원)	국비	-	시비 부족으로 미매칭
2	도로조성과	국도3호선(평화로)~서부로 연결 나들목 개설	국비	-	예산 편성 요구 미반영
3	시민안전과	민간건축물 내진보강 지원	국비·도비	-	시비 미편성으로 인해 '25년 제1회 추경에 시비 편성 후 집행 예정
4	시민안전과	노후 민방위 경보단말기 교체	도비	-	시비 미매칭
5	체육과	2024 체육인 기회소득 지급	도비·시비	-	시비 미매칭으로 미실시
6	체육과	장애인생활체육지원(교실사업)	도비	-	시비 미매칭으로 미실시
7	도서관과	작은도서관 무더위 혹한기 쉼터(2024년)	도비	-	시 긴축재정에 따른 사업 미실시
8	도서관과	작은도서관 운영 지원사업(2024년)	도비	-	시 긴축재정에 따른 사업 미실시
9	도시재생과	공동주택 재정비 컨설팅 사업	도비	-	시비 미매칭으로 사업 미실시
10	철도교통과	특별교통수단 도입 지원	도비	-	매칭 비율 축소로 특별교통수단 교체대수 축소(명시이월하여 25년 집행 완료)
11	도시농업과	초등 돌봄교실 과일간식 지원(2023년)	국비	-	일몰 사업(경기도 미실시)
12	도시농업과	경기미 구매차액 지원(2023년)	도비	-	낮은 수요와 사업효과 미진
13	도시농업과	여성·노약자 농업용 보험관리(2024년)	도비	-	낮은 수요와 사업효과 미진
14	도시농업과	기능성 양봉 생산기술 보급시범(2024년)	도비	-	도비 사업 미배정
15	도시농업과	축산물 전문판매점 지원(2024년)	도비	-	사업효과 미미
16	도시농업과	스마트ICT 양봉기술을 이용한 꿀벌 육성시범(2024년)	도비	-	도비 사업 미배정
17	도시농업과	말산업 청년인턴 취업지원(2024년)	도비	-	시 재정여건에 따른 사업 취소
18	도시농업과	위기청소년 힐링승마(2024년)	도비	-	시 재정여건에 따른 사업 취소
19	기업경제과	지역산업 마케팅(국내 전시회 참가기업 지원)	도비	12,000	-
20	청년정책과	경기 청년기본소득 지원사업	도비	5,524,000	2024년 4분기에 다시 살아나나, 3분기 청년들은 혜택 받지 못함
21	도시농업과	농업소식 및 정보제공	도비	3,200	각종 매체(인터넷, SNS 등)의 발달로 종이 소식지 중단
22	도시농업과	지역농산물 먹거리보장 지원사업	도비	122,000	경로식당 및 희망회복센터에 지원되고 있어 타 사업과 중복
23	도시농업과	농민기본소득	도비	2,700,000	사업대상자 자격요건 완화로 인한 필요 예산 증가 예상
24	도시농업과	농업용관리기 등 소형농기계 지원사업	도비	28,900	대부분 도시농으로 자부담 구매 유도
25	도시농업과	친환경 생태보전 재배장려금	도비	720	친환경 농가 소득보전사업으로 유사사업 지원

2. 요점 정리

26	도시농업과	친환경 등 우수농산물 영유아 공공급식 시범	도비	73,200	참여실적 저조
27	도시농업과	농촌인력중개센터 운영 지원사업	국비	80,000	농협자체사업으로 운영
28	도시농업과	농촌지도자 능력개발(2023) 농촌지도자회원 역량강화교육(2024)	도비	2,000	기존 시비사업(농업인 학습활동 지원)과 중복되어 사업의 효율적 추진을 위해 통합 운영
29	도시농업과	농촌지도자회원 활동지원(2024)	도비	3,500	전국대회 참가 지원비로서 예산액 대비 단체 참가 규모가 저조할 것으로 예상
30	도시농업과	4-H회원 육성지원(2023) 4-H회원 과제교육(2024)	도비	10,000	사업의 효율적 추진을 위해 기존 사업(학교4-H 육성)으로 통합 운영
31	도시농업과	농촌생활활력화(2023) 생활개선회 학습활동지원(2024)	도비	10,000	사업의 효율적 추진을 위해 기존 사업(생활개선회 육성)으로 통합 운영
32	도시농업과	생활개선회 활동지원사업(2024)	도비	4,500	예산 규모를 축소하여 별도 시비사업으로 편성 예정
33	도시농업과	길고양이 급식소 지원	도비	2,000	적합한 대상지 선정의 어려움으로 격년제로 운영 예정
34	도시농업과	유기 유실동물 구조 보호지원	국도비	3,600	요건에 부합하는 대상이 한정적으로 사업 신청률 저조
35	도시농업과	돌봄취약가구 반려동물 의료서비스 등 지원	도비	8,000	사업수혜자 형평성에 따른 민원 발생으로 격년제로 운영 예정
36	도시농업과	사회공익 승마사업	도비	4,620	승마체험의 필요성이 낮아 예산 미편성
37	교육청소년과	장애인 평생학습도시 운영	국비	200,000	공모사업으로 시비 매칭비율 미확보
38	교육청소년과	인성함양 프로그램 운영	도비	7,000	경기도 일몰사업
39	교육청소년과	시군 민주시민교육 사업 지원	도비	15,000	경기도 일몰사업
40	교육청소년과	경기평생학습동아리 지원	도비	10,000	시비 매칭비율 미확보로 도비 미교부
41	교육청소년과	청소년 전통무예 체험활동 지원사업	도비	50,000	예산 부족으로 사업 중단
42	교육청소년과	공공청소년수련시설 이용 활성화 지원 사업	도비	11,900	예산 부족으로 사업 중단
43	교육청소년과	여성청소년 생리용품 보편지원	도비	1,793,844	저소득층 대상으로만 지원 결정(국비보조사업)
44	교육청소년과	학교 밖 청소년 자립지원 수당	도비	7,250	학교 밖 청소년 프로그램 운영 사업에서 자립지원 프로그램 시행 중
45	주택과	소규모 공동주택 안전점검 용역	도비	31,000	추가로 안전점검 필요 시 주택과 소관 공동주택 안전관리 재능기부단 활용
46	건강증진과	만성질환 사업기획 및 건강조사 전문가 FMTP	국비	2,860	2024년 교육과정 참석보류
47	건강증진과	지역 보건사업 우수사례 발굴 교육	국비	1,940	2024년 교육과정 참석보류
48	생태하천과	24년 경기도 도람복원사업(녹양천 상류부)	도비	207,000	소하천유지보수공사 시행에 따른 미실시
	합계			10,930,034	

특별회계 순세계잉여금 806억 원

그렇다면 의정부시의 순세계잉여금은 왜 이렇게 많은 것일까? 1장에서도 언급했듯, 특별회계 순세계잉여금이 너무 많기 때문이다. 2024년 순세계잉여금 1,293억원 가운데 일반회계에서 발생한 몫이 37.7%인 487억 원이고 특별회계에서 발생한 것은 62.3%인 약 806억 원이었다.

앞서 순세계잉여금은 초과세수와 집행잔액으로 결정된다고 했는데 1,293억원 중 초과세입금, 즉 세수 추계를 잘 못해서 발생한 돈은 170억 원이었고, 집행잔액이 1,123억 원(86.8%)으로 대부분을 차지했다.

특히 특별회계에서 발생한 순세계잉여금을 들여다보면, 세입금은 마이너스 26억 원으로 결손이 발생했지만, 집행잔액이 832억 원이나 되어서 의정부시 전체 순세계잉여금 증가의 가장 큰 원인을 제공하였던 것이다.

의정부시의 최근 5년간 결산 기준 순세계잉여금 발생 추이를 보면, 2022년과 2023년에는 일반회계 발생분이 차지하는 비율이 특별회계 발생분보다 높았다. 2024년 결산과는 양상이 많이 달랐던 것이다.

[2020~2024 의정부시 순세계잉여금 일반·특별회계 구성]

(단위:백만원)

구분	2020		2021		2022		2023		2024	
	금액	구성	금액	구성	금액	구성	금액	구성	금액	구성
합계	136,765	100.0%	119,691	100.0%	60,635	100.0%	89,937	100.0%	129,331	100.0%
일반회계	47,959	35.1%	57,308	47.9%	49,050	80.9%	60,698	67.5%	48,736	37.7%
특별회계	88,806	64.9%	62,383	52.1%	11,585	19.1%	29,239	32.5%	80,595	62.3%

자료 : 각 연도 의정부시 결산서

그런데 분석 기간 동안 발생한 특별회계 발생분 순세계잉여금을 발생 원인별로 정리하면 2020년과 2021년에는 공영개발특별회계에서 발생한 몫이 가장 컸고, 2022년 이후에는 폐기물처리시설특별회계의 세출 전체를 예비비로 편성하면서 규모가 확대되었으며, 2024년에는 하수도특별회계의 순세계잉여금 규모가 가장 컸다는 것을 알 수 있다.

[2020~2024 의정부시 특별회계 순세계잉여금 구성]

(단위:백만원)

특별회계	2020			2021			2022			2023			2024		
	순세계잉여금	초과세입	집행잔액	순세계잉여금	초과세입	집행잔액	순세계잉여금	초과세입	집행잔액	순세계잉여금	초과세입	집행잔액	순세계잉여금	초과세입	집행잔액
상수도	15,457	-4,385	19,812	6,565	-2,522	9,087	3,550	-1,710	5,259	5,827	79	5,748	8,677	1,366	7,290

하수도	11,941	-1,988	13,929	6,784	1,183	5,601	3,631	-995	4,624	2,266	-5,277	2,794	31,829	-5,031	36,860
공영개발	40,923	-3,075	43,997	38,604	35,405	3,199	-1,565	-5,204	3,639	3,491	-1,543	5,034	4,635	2	4,632
교통사업	7,033	5,411	6,492	6,015	446	5,569	619	311	308	7,209	2,084	5,125	8,292	961	7,331
폐기물	14,465	94,781	14,370	3,764	-1,401	3,766	4,133	-	4,133	9,812	3,065	9,809	19,675	21,955	19,653

이처럼 특별회계 순세계잉여금 발생 원인에 연도별로 무슨 일관된 경향이 있는 것도 아니다. 2020년 상수도·하수도·공영개발 특별회계에서는 세수결손이 발생했고 반면, 폐기물처리시설 특별회계에서는 대규모의 초과세입이 발생했다. 개별 특별회계의 연도별 집행잔액 규모나 초과세수에서 다양한 변동성이 보이고 있는 것이다. 이것은 한마디로, 시의 재정 운영이 계획성과 일관성을 확보하기에 매우 어려운 세입과 집행 구조를 가지고 있다는 것을 뜻한다.

그런데 여기서 중요한 것은 이 특별회계의 순세계잉여금을 다른 용도로 사용할 수 있는가 하는 점이다. '외로운 싸움'의 초기에 의정부시는 "사용할 수 없다"고 일관되게 주장하면서 나를 공격했다.

내가 "이미 2020년부터 지방기금법이 개정되어 사용할 수 있도록 되었다"고 반박을 하니까, 그때부터는 "일반회계 재원으로 끌어올 특별회계 순세계잉여금이 적다", 즉 "특별회계 조성 목적에 맞게 써야 하므로 끌어올 수 없다"며 입장을 바꿨다. 과연 일반 회계나 다른 용도로 예산을 가져올 수 없을 정도로, 특별회계 사업에 급박하게 돈을 투자해야 하는 상황이었을까?

이 점은 뒤에 다루기로 하고 일단 '특별회계 순세계잉여금은 다른 용도로 사용할 수 없다'는 초기 의정부시의 허위 주장에 대한 반박부터 해야겠다.

2020년, 지방기금법 제16조가 개정되었다. 개정 이유가 바로 특별회계 잉여금 때문이었다. 많은 자치단체에서 특별회계로 돈을 묶어놓은 채 재정이 부족하다고 중앙정부에 손을 벌리니, 정부가 법률을 개정해서 특별회계 여유 재원도 일반회계 가용 자원으로 활용할 수 있도록 길을 열어놓은 것이다. 방법은 특별회계의 일부를 '통합재정안정화기금'이라는 통합계정에 맡겨 놓고 다른 용도로 사용할 수 있도록 하는 것이다.

앞서 말했던 것처럼 재정에는 너무 어려운 용어가 많이 등장한다. '통합재정안정화기금'이라는 것이 무엇인지 살펴보자. 통합재정안정화기금은 쉽게 말해, 지자체의 '공용 비상금 통장'이다. 매년 특별회계나 기금에서 쓰고 남은 돈을 한데 모아 두었다가, 경기가 나빠 세금이 잘 안 걷힐 때, 갑자기 큰 재난이나 긴급한 복지사업비가 필요할 때, 또는 지방 재정을 더 효율적으로 굴려야 할 때 꺼내 쓸 수 있도록 만든 공동의 안전장치가 바로 통합재정안정화기금인 것이다.

가정으로 비유하면, 각 식구가 따로따로 통장을 갖고 있다가 당장 쓰지 않을 일부 돈을 모아 '가족 비상금 통장'을 만들어 두는 것과 비슷하다. 통합재정안정화기금이라 하면 어려운 말 같지만, 여윳돈을 모아 두는 '지자체 공동 비상금'이라고 이해하면 된다.

특별회계 순세계잉여금 불법 예비비 634억 원 ▌

그렇다면 왜 의정부시는 이렇게 많은 특별회계 순세계잉여금을 발생시킨 것일까? 2022년과 2023년에는 일반회계 발생분의 비율이 더 높았는데, 2024년에는 그 반대였다. 나는 의문이 들었다. 이유가 무엇일까?

사실을 명확히 규명하기 위해 재정 전문가의 도움을 얻었다. 우선, 결론적으로 의정부시는 예비비를 1% 이상 편성할 수 없도록 한 지방재정법 제43조를 위반하고 있었다. 특별회계 예비비를 법률이 정한 것 이상으로 대거 편성했던 것이다.

이 불법 예비비 편성 문제는 이미 몇 차례 지적을 받았다. 2023년, 나라살림연구소가 리포트를 내어 의정부시가 특별회계 예비비를 법정 기준보다 초과 편성해서 지방재정법을 위반했다고 지적한 바 있다. 국회에서도 논란이 되었고 중부일보를 비롯한 언론에서도 2023년 7월 30일 의정부시의 지방재정법 위반 사실을 지적했다.

예비비는 예산편성을 할 때 말 그대로 예측할 수 없는 행정수요에 대비하기 위해 '예비'해 두는 매우 제한적으로만 허용하는 비용이다.

지방의회의 예산심의권은 '의회(예산심의) - 집행부(예산편성)'의 이원대립형 구조로 구성된 우리나라 지방자치의 핵심 요소이다. 주민의 대표기관이 지역 재정을 민주적으로 통제하는 수단인 것이다. 여기서 가장 중요한 장치가 바로 '예비비 상한제'다.

예비비를 많이 편성하면 단체장이 의회 승인 없이도 사실상 자유롭게 예산을 집행할 수 있기 때문에, 지방자치 본래의 취지인 주민자치와 민주적 재정 운용에 반하는 결과를 가져오게 된다.

그동안 많은 자치단체가 특별회계 예비비를 과다 편성해 왔는데, 이것은 아직 사업 계획을 수립하지 못한 가용 재원을 회계 안에 묶어두기 위한 수단으로 남용되어, 재정의 칸막이를 더욱 높게 쌓고 자금 운용을 경색시킨 요인으로도 작용해 왔다.

예비비 상한제는 한정된 지방 재정을 효율적으로 운용하고 주민들의 세금이 투명하고 계획적으로 사용되도록 보장하는 제도적 장치다. 또한 단체장의 자의적 재정 운용을 방지하고 지방의회를 통한 민주적 재정 통제를 실질화한다는 점에서 결코 훼손될 수 없는 원칙이다.

요컨대 예비비를 많이 편성하는 것은 집행부인 지방자치단체가 예산심의를 하는 의회를 무시하고 의회의 예산심의권을 침해하는 행위다. 그래서 정부는 특별회계든 일반회계든 예비비를 전체

회계의 1% 이내에서만 편성할 수 있도록 법률로 규제하고 있는 것이다.

지방재정법 43조는 일반회계와 교육비특별회계에만 예비비 편성 의무를 부과하고 이 경우도 예산의 1%를 넘지 않도록 규정하고 있다. 그밖의 특별회계는 예비비 편성 의무가 없고, 편성하더라도 1%를 넘어서는 안되도록 규정하고 있다. 그런데 의정부시는 이 규정을 명백히 위반한 것이다. 김동근 시장은 위반 사실을 겸허하게 인정하지도 않고 있으며, 그래서 어떻게 이 문제를 해결할지도 아직까지 밝히지 않고 있다. 시민단체가 지적을 해도, 정부로부터 여러 차례 시정하라는 공문을 받았는데도, 그리고 시의원이 지속적으로 문제제기를 하면서 불법적인 상태를 해소하라고 해도 사과도 않고 대안도 제시하지 않고 있다. 참으로 그 고집이 안타까울 뿐이다.

결론적으로 의정부시 2024년 결산 특별회계의 순세계잉여금은 지방재정법을 위반하면서 과도하게 예비비를 편성한 결과이다. 1,293억 원 전체 순세계잉여금 중 불법 예비비 약 635억 원을 빼면 의정부시의 순세계잉여금은 658억 원으로 줄어든다. 즉 의정부시가 특별회계 중 불법 예비비로 편성한 돈을 통합재정안정화기금에 넣어 다른 복지사업이나 돈이 없다고 일시적으로 중단한 사업에 활용했을 경우 600억 원 정도의 사업을 더 할 수 있었으며, 순세계잉여금도 2022년 수준인 600억 원대로 줄여 매우 효율적인 재정 운용을 할 수 있었을 것이다.

특별회계 예비비 과다 편성은 과도한 순세계잉여금을 발생시키므로 재정 효율성 관점에서 반드시 지양되어야 한다.

의정부시는 2024년 결산 기준으로 19개 특별회계 중 14개 특별회계에 대해 약 655억 원의 일반예비비를 편성했다. 이 가운데 각 회계 예산현액의 1% 상한을 초과한 특별회계는 13개이고 금액은 약 635억원이다. 위반액 규모는 하수도특별회계(약 290억원), 폐기물처리시설특별회계(약 195억원), 상수도특별회계(약 57억원), 교통사업특별회계(약 56억원) 순이다. 불법으로 편성된 예비비를 모두 빼면 실제 합법적인 예비비는 20억여 원에 불과하다.

특별회계 순세계잉여금의 지방채 상환 재원 활용 |

내가 '외로운 싸움'을 통해 지속적으로 지적한 의정부시 재정 운영의 문제 가운데 하나는, '1,293억 원이나 순세계잉여금이 있는데, 464억 원의 지방채를 발행하고 12억 원의 이자를 낸다는 점'이었다. 이 과정에서 특별회계 순세계잉여금을 활용해서 빚을 갚을 수 있는지가 쟁점이 되었다. 내가 순세계잉여금을 적극 활용해서 빚을 갚으라고 계속 주장했기 때문이다.

내가 문제제기를 하자 의정부시는 지방채 발행과 관련된 입장을 밝히는 자료를 보내왔다. 시는 지방채 발행의 필요성을 적극적으로 주장하고 난 뒤, 지방채 상환의 기본 원칙이라며 아래와 같은 문장을 덧붙여 놓았다.

> 특별회계는 특정한 세입으로 특정한 세출에 충당하기 위해서 설치하는 것으로 그 목적에 부합하지 않는 용도로의 잉여금 사용은 원칙적으로 금지됨.
>
> 특별회계 순세계잉여금은 회계독립 원칙, 목적 재원의 특정성, 엄정

관리주의 등의 재정원칙에 따라 해당 특별회계 내에서 그 설치 목적에 맞게 사용되어야 하는 것이 기본 원칙임.

따라서 지방채 상환 역시 원칙적으로 해당 채무를 부담한 회계의 재원으로 상환하는 것이 기본임. 즉, 일반회계에서 발행한 지방채는 일반회계 재원으로, 특별회계에서 발행한 지방채는 해당 특별회계 재원으로 상환함.

그러나 이러한 원칙으로 여유재원이 있음에도 적기에 활용하지 못하는 비효율이 발생함.

이런 비효율을 개선하기 위해 지방재정법과 지방기금법이 2020년 6월에 개정되었다는 것을 전혀 모르고 있었다. 아니 알고 있었는데 모르는 척 한 것일까?

'정진호의 외로운 싸움'이 진행되는 동안 더불어민주당 모경종 의원이 우군을 자처하고 나섰다. 청년 지방의원의 합동 기자회견도 주선해 주었고, 직접 행정안전부에 '지방자치단체의 순세계잉여금 관리 방안'과 '특별회계 잉여금 증가에 대한 행정안전부 입장'을 문의했다. 모경종 의원실이 행정안전부로부터 받은 답변에 따르면, 행안부도 특별회계 순세계잉여금을 활용해서 지방채를 상환할 수 있다는 점을 밝히고 있다. 답변서 내용 전문을 옮긴다.

○ 우리 부는 자치단체 순세계잉여금 감축을 위해 지방재정 신속집행

등을 적극 추진 중으로, 그 결과 지자체 순세계잉여금*이 지속 축소되고 있습니다.

*순세계잉여금 규모 : ('21) 31.5조 → ('22) 31.2조 → ('23) 25.1조

○ 자치단체 일반회계와 특별회계 예산집행을 독려하기 위해 ①재정집행 우수 지자체에 재정 인센티브를 지급하고 있고, ②보통교부세 산정 기준에 불용률을 반영하고 있습니다. 또한, ③지방재정분석* 평가지표에 '이·불용액비율'을 포함하여 예산편성의 적절성과 집행의 적시성을 분석·평가하고 있습니다.

* 「지방재정법」 제55조 및 동법 시행령 제65조 근거

○ 아울러, 자치단체의 순세계잉여금을 체계적으로 활용하기 위해 지방채 상환 및 통합재정안정화기금 적립 등의 사용 절차 법정화*를 추진하고 있습니다.

* 「지방회계법」 개정안 소관위 심사 중('25.2.19.)

○ 다만, 최근 일부 지자체에서 특별회계 잉여금이 증가한 것으로 나타났으나, 전체 특별회계 순세계잉여금* 총액은 지속적으로 축소되고 있음을 알려드립니다.

*특별회계 순세계잉여금 규모: ('21) 6.7조 → ('22) 6.4조 → ('23) 5.5조

한편, 지방회계법 제19조에서는 '결산상 잉여금 중 이월금과 타 법률에 따라 용도가 정해진 금액(보조금반납금 등)을 제외한 금액에 대해 지방채 원리금 상환에 사용할 수 있다'고 규정하고 있다. 여기서 말하는 "결산상 잉여금 중 이월금과 타 법률에 따라 용도가 정해진 금액(보조금반납금 등)을 제외한 금액", 이것이 바로

순세계잉여금이다.

> 지방회계법 제19조(결산상 잉여금의 처리) 지방자치단체는 회계연도마다 세입·세출 결산상 잉여금(剩餘金)이 있을 때에는 다음 각 호의 어느 하나에 해당하는 금액을 뺀 잉여금을 그 잉여금이 생긴 회계연도의 다음 회계연도까지 세출예산에 관계없이 지방채의 원리금 상환에 사용할 수 있다.
> 1. 다른 법률에 따라 용도가 정하여진 금액
> 2. 「지방재정법」 제50조에 따른 이월금

김해시가 대표적인 사례이다. 2023년, 김해시는 시의회에 '김해시 통합재정안정화기금 운용계획 변경안'을 제출한다. 변경 사유는 "상수도 및 하수도 공기업 특별회계의 여유자금을 통합재정안정화기금으로 예탁한 뒤, 다시 일반회계로 예탁하여 높은 금리의 지방채(금융채)를 조기 상환하고자 함."이라고 되어 있다. 김해시는 일반회계 금융채 456억 원이 있었는데 3.1% 이자를 받는 공기업특별회계 정기예금 통장을 헐어서 4.6% 이자를 주는 일반회계 금융채를 갚았다. 법 개정 취지에 정확히 들어맞는 재정 운영이다. 김해시 안의 수입 계획과 지출 계획은 다음과 같다.

□ 수입 계획

농공단지조성사업특별회계 예수금 수입 : 11억 3,938만 원

공영개발사업특별회계 예수금 수입 감액 : 111억 3,494만 원

상수도공기업특별회계 예수금 수입 증액 : 100억 원

하수도공기업특별회계 예수금 수입 증액 : 250억 원

□ 지출 계획

기반시설특별회계 예수금 원금 및 이자 상환 : 8억 2,943만 원

일반회계 예탁금 증액 : 450억 원

일반예금 감액 : 101억 8,325만 원

김해시는 상·하수도 공기업의 여유자금을 모아 일반회계에 넣고, 이 자금을 활용해 이자율이 더 높은 기존 지방채를 갚아 이자 부담을 줄인 것이다.

의정부시는 2024년 343억 원, 2025년 121억 원의 지방채를 발행해 현재 총 464억 원의 지방채가 있다. 특히 이 가운데 일부는 금융기관의 자금을 차입한 것으로 정부자금에 비해 상대적으로 고금리가 불가피하다. 2024년 차입한 정부 자금 역시 이자율이 3.43%로 다른 시기에 비해 높은 금리가 적용되고 있다. 2025년 3분기 적용 공공관리기금 금리는 예수기간 7년 이상 10년 이하 기준 2.573%의 이자율을 적용하고 있다.

의정부시가 밝힌 지방채 원리금 상환 일정을 보면, 2025년부터 2029년 또는 2039년까지 원리금 상환액 합계는 일반회계 521.6억 원, 특별회계 48.8억 원 등 모두 570.4억 원이다.

이것은 차입 규모인 464억 원에 비해 106.4억 원 증가한 것인데 이 돈이 앞으로 이자 등으로 의정부시가 해당 지방채에 대해 지불하게 되는 추가 부담이라 할 수 있다. 순세계잉여금을 활용해서 보다 적극적으로 지방채 상환 일정을 앞당기고 지방채를 절반으로 줄인다면 이자로 나갈 돈 50억 원을 확보하고 이 돈을 다른 정책사업에 효율적으로 활용할 수 있을 것이다. 이런 제안을 적극 검토하지 않고, 애써 외면하려하니 답답할 따름이다.

[의정부시 지방채 발행현황]

(단위 : 억원, %)

사업명	발행액	이자율	상환조건 (거치/상환)	차입처(자금성)
총계(12건)	547			
2024년도(5건)	343			
도봉산~옥정 광역철도 건설 부담금	150	2.5	2/5	지방재정공제회(지역개발기금)
바둑훈련공기장 건립사업	100	3.43	5/10	기획재정부(공공자금관리기금)
고산 공공도서관 건립사업	50	3.43	5/10	기획재정부(공공자금관리기금)
원머루 도시개발사업	20	3.0	3/2	경기도(지역개발기금)
정자말 도시개발사업	23	3.0	3/2	경기도(지역개발기금)
2025년도(7건)	204			
추동근린공원 무장애 행복길 조성사업	6	3.85	3/5	
백석천 수해방지사업	18	3.85	3/5	
의정부 병원건립	12	3.85	3/5	NH농협은행 의정부시지부(융자기금)
용현산업단지 복합문화센터 건립	56	3.31(안)	5/10(안)	NH농협은행 의정부시지부(융자기금)
국도39호선(송추~장암) 확장사업	55	3.31(안)	5/10(안)	
중금로 국지도 개설공사	28	3.31(안)	5/10(안)	
변전소 이전 및 송전선로 지중화사업	29	3.31(안)	5/10(안)	

*시의회 승인 내용. (안) 표기가 된 항목은 집행되지 않았음.

2. 요점 정리

의정부시가 금융기관 차입 자금에 대해 중도상환수수료 면제를 약정했기 때문에 저금리 정부 자금으로 바꿔탈 가능성을 확보한 것은 그나마 다행한 일이다. 하지만 남아도는 돈이 있는데 애써 빚을 내는 재정 운영은 앞으로 절대 지양해야 할 일이다.

순세계잉여금을 비롯한 가능한 가용 재원을 확보하고 금융기관에서 빌린 이자가 높은 지방채부터 빨리 갚아서 이자 부담으로 인한 재정 지출을 적극적으로 줄여나갈 필요가 있다. 지금이라도 늦지 않았다. 의정부시는 법령을 위반하며 특별회계 예비비를 편성한 것을 정상화시키고 지방기금법 제16조에 근거해서 지방채를 상환하고 불필요한 이자 부담을 없애야 할 것이다.

의정부시 특별회계의 과도한 예비비와 이로 인한 과다한 규모의 순세계잉여금을 통합계정을 활용해 지방채 조기상환 재원으로 활용해야 한다.

통합계정을 통한 예수·예탁 과정에서 이자가 발생하지만, 이는 통합계정이 예수하는 회계 또는 기금에 이자를 지급하고 예탁하는 회계나 기금에 이자를 지급하는 회계간·기금간 내부거래를 통해 발생하는 것으로, 외부 금융기관으로의 이자 비용 지출은 발생하지 않는다.

잉여금을 보유하고 있는 회계 또는 기금이 통합계정에 예탁한 자금을 현재 지방채를 발행한 회계가 예수해 지방채 상환 재원으로 적극 활용하는 것이 충분히 가능하고 합법적인 것이다. 실제

로 통합계정을 회계·기금의 가용 재원으로 거시적 차원에서 공공
자금관리기금처럼 활용하고 있는 다수의 지자체 사례가 있다.

경기도 A시의 2025년 통합계정 기금 운용계획에 따르면 2024년
말 기준 해당 기금의 조성 규모는 약 1,293억 원이며, 2025년말
조성 목표액은 1,369억 원이다. 이 계정의 지출 계획을 보면, 폐
기물시설특별회계, 옥외광고발전기금, 청사시설 주변지역 주민지
원기금 등 다수의 기금을 예수하고 일반회계에 예탁 운용 중이
라는 것을 알 수 있다.

의정부시 재정 개혁 방안

1. 세입관리체계 정비

의정부시의 세입 여건은 수년간 경기도 내 재정자주도 순위에서 최하위인 31위를 기록할 정도로 열악한 상황이다. 그리고 최근 세입 결산 규모도 매우 가시적인 수준에서 감소세를 보이고 있다. 이러한 상황에서 징수지표마저 부진한 상황이어서 징수관리 체계를 대대적으로 점검할 필요가 있다.

자체 세입 가운데 지방세 수입의 징수율이 90.3%로 부진한 수준이다. 체납 관리 전담팀을 구성하거나 체납 정보 통합관리시스템을 구축하는 등의 점검이 필요하다.

임시적 세외수입[1] 징수액은 감소세가 뚜렷하고 징수율도 49.3%로 매우 저조한 수준이다. 세외수입을 부과하는 부서별로 실적 관리시스템을 운영하고 체납액 관리와 연계하는 것이 필요하다. 다른 지역의 우수한 체납관리시스템도 벤치마킹할 필요가 있다.

---

1 일시적·비정기적으로 발생하는 수입. 재산매각수입, 부담금, 과징금 및 과태료와 기타수입 등으로 구성된다.

체납징수 업무는 세목(지방세, 세외수입 등)에 따라 관리 주체가 상이하여 중복 관리, 누락, 비효율이 발생하는 경우가 많다.

고질·고액 체납자가 증가하는데도 반복적인 체납자에 대한 일관된 관리가 부족하고, 강제징수·재산조사 대응이 미비한 상황이다. 통합징수시스템 구축과 데이터 분석을 기반으로 한 체납대응시스템을 강화하는 것이 매우 중요하다. 체납 정보의 통합관리를 통해 징수 효율성을 높이고, 체납 유형별 대응 전략 수립으로 고질·상습 체납을 해소하는 것이 중요하다.

아래와 같은 전국적인 체납징수 우수사례에 대한 학습을 통해 의정부 실정에 맞는 징수 강화 대책을 마련할 필요가 있다.

경기도 안산시

- 체납징수과 설치 : 지방세·세외수입 통합관리 전담조직 설치
- 고액체납자 전수조사, 차량번호판 영치팀, 현장징수반 운영
- 2023년 체납징수 실적 500억 원 돌파

전도 전주시

- 체납통합징수시스템 운영, 부서별 세외수입 체납을 세정과로 이관해 일원화 관리
- 스마트고지서, 문자알림 등으로 납부 편의 제고

경남 창원시

- 징수전담인력 운영, 체납 전문요원 10명 선발하여 동별 징수 강화
- 체납 유형 분석 기반 DB 운영으로 상습체납 대응 강화

서울시

- '서울체납관리단' 운영
- 사회복지사, 법률가, 조사요원 등으로 구성된 민관합동 체납대응 조직 설치
- 생계형 체납자에 대해서는 복지 연계 상담, 분납 유도
- 고의적 체납자는 부동산·금융자산 조회 후 압류 및 공매 조치 강화

3. 세입 추계 정확성 제고

의정부시 재정을 분석해 보면, 매년 세입을 추계하는 과정에서 과소추계와 세수결손이 동시에 나타나고 있다. 이는 결과적으로 예산 운영의 불확실성을 높이고, 불필요한 순세계잉여금의 과다 발생 또는 재정 집행 차질로 이어지는 문제를 낳고 있다. 따라서 의정부시가 재정 개혁을 추진하는 데 있어 가장 시급하고 중요한 과제 중 하나는 세입 추계의 정확성을 높이는 것이다.

무엇보다 전년도 결산 실적 반영을 강화하는 것이 필요하다. 세입 추계는 단순히 올해의 경기 전망이나 세율 적용에 의존할 것

이 아니라, 과거의 실적 데이터를 체계적으로 반영해야 한다. 가령 세입 항목별로 최근 3개년 결산액의 평균치를 산출하고, 이를 토대로 과학적·경험적 추계를 병행하는 방식을 도입할 수 있다. 이렇게 하면 특정 연도의 특수한 상황으로 인한 왜곡을 줄이고, 보다 안정적으로 세입을 전망할 수 있다.

또한 계절별·분기별 세입 패턴을 분석해 월 단위 추계의 정교성을 높이는 것도 중요하다. 예를 들어 취득세나 등록세와 같은 항목은 부동산 거래량에 따라 특정 계절에 집중되는 특성이 있으며, 지방소득세는 연말정산 및 분기별 납부 패턴에 따라 변동성이 크다. 따라서 이러한 패턴을 반영한 월별 추계 모델을 구축하면, 세입 편차를 조기에 예측하고 대응할 수 있게 된다.

아울러 의정부시 재정 운영 전반에 적용할 수 있는 세수 추계 가이드라인을 수립하는 것도 필요하다. 이를 통해 모든 세입 담당 부서가 동일한 기준과 절차에 따라 추계를 수행하도록 하고, 부서별 세입 추계 책임제를 운영하여 추계 과정의 책임성을 높일 수 있다. 단순히 세입 목표를 부여하는 차원을 넘어, 추계 결과와 실제 징수 실적을 비교·분석하고 그 정확성을 정량적으로 평가하는 체계를 마련할 수 있는 것이다.

한편, 추계 정확도에 대한 평가지표를 개발하여 과소추계나 세수결손이 반복적으로 발생하는 부서에 대해서는 일정한 제도적 패널티를 부여하는 방안도 검토할 수 있다. 반대로 정확한 추계와 적극적인 세원 관리로 세입 안정성에 기여한 부서와 담당자에게는 인센티브를 제공하는 방식으로 균형을 맞출 수 있다.

이와 같은 세입 추계 정확성 제고 방안이 실현된다면, 의정부시는 매년 예산 편성과 집행 과정에서 불확실성을 크게 줄일 수 있을 것이다. 나아가 안정적인 세입 기반 위에서 전략적인 투자와 사업 추진이 가능해져, 재정건전성을 확보하는 동시에 시민에게 보다 신뢰받는 재정 운영을 실현할 수 있을 것이다.

4. 보통교부세 확보 노력

의정부시의 재정에서 보통교부세는 매우 중요한 재원이다. 그러나 교부세는 단순히 중앙정부의 재정조정 차원에서 자동적으로 확보되는 것이 아니라, 지자체의 자체 노력과 정확한 자료 제출 여부에 따라 차이가 발생한다. 특히 교부세 산정 과정에서의 오류나 불이익은 곧바로 의정부시 재정 여건의 악화로 이어지기 때문에, 교부세 확보를 위한 체계적이고 적극적인 노력이 절실하다.

첫째, 자체 노력에 대한 페널티 해소가 필요하다. 교부세 산정 과정에서는 각종 평가항목별로 지자체의 자체 노력 여부가 반영되는데, 목표치를 달성하지 못하면 곧바로 감점이나 불이익으로 이어진다. 따라서 의정부시는 평가항목별 세부 목표치를 명확히 설정하고, 이를 월별로 점검할 수 있는 관리 체계를 구축해야 한다. 이를 통해 연말에 가서야 부족한 점을 확인하는 것이 아니라, 연중 상시적으로 달성 현황을 관리함으로써 불필요한 감점을 예방할 수 있다. 또한 성과 달성이 미흡한 항목은 즉시 보완 대책을 마련해 추진해야 한다.

둘째, 교부세 통계 관리의 정확성을 확보해야 한다. 보통교부세는 지자체가 제출하는 각종 통계자료를 바탕으로 산정되는데, 자료 제출 과정에서 오류가 발생하면 교부세가 줄어드는 결과를 낳는다. 따라서 의정부시는 교부세 신청 과정에서 활용되는 통계자료를 사전에 꼼꼼히 검증하는 시스템을 마련해야 한다. 통계오류가 발견될 경우에는 즉시 정정하여 반영되도록 하는 것도 중요하다. 특히 부서 간 협조 체계를 강화하여 세입·세출 관련 모든 통계가 일관성과 신뢰성을 가질 수 있도록 해야 한다.

이와 같은 노력이 제도적으로 뒷받침된다면 의정부시는 교부세 산정 과정에서 발생하는 불이익을 줄이고, 안정적으로 재정을 확보할 수 있다.

안정적인 교부세 확보는 단순히 재원 확충에 그치지 않고, 의정부시가 중앙정부와 재정적 신뢰 관계를 구축하는 데에도 중요한 의미를 가진다. 결국 보통교부세 확보 노력을 강화하는 것은 재정 건전성을 높이고 시민을 위한 투자 여력을 넓히는 핵심적인 재정 개혁 과제라고 할 수 있을 것이다.

의정부시는 재정 여건이 수도권 내 타 지자체에 비해 넉넉하지 못한 편이다. 산업 기반의 취약성으로 인해 자체 세입 확충에도 한계가 있다. 따라서 한정된 재원을 어떻게 관리하고 활용하느냐가 의정부시 재정건전성과 도시 발전의 성패를 좌우한다. 이 과정에서 중요한 역할을 하는 제도가 바로 통합재정안정화기금이다.

통합재정안정화기금은 쉽게 말해 지자체의 공용 비상금 통장이다. 매년 특별회계나 개별 기금에서 쓰고 남은 돈, 불용액, 순세계잉여금 등을 한데 모아 두었다가 필요할 때 꺼내 쓸 수 있도록 마련된 장치다. 가정으로 비유하면, 가족 구성원들이 각각의 저금통을 갖고 있다가 당장 쓰지 않을 일부를 모아 가족 비상금 통장을 만드는 것과 같다. 이처럼 남는 돈을 한곳에 모아 두면, 재정이 갑자기 부족할 때 유연하게 대응할 수 있고, 여유 재원을 놀리지 않고 효율적으로 활용할 수 있다.

광명시도 통합재정안정화기금을 활용해서 여유 재원을 운용하고 있다. 지금 당장 쓰지 않는 일반회계·특별회계와 기금에서 모두 1,309억 원의 예수금을 만들어 통합재정안정화기금에 717억 원을 예탁, 구름산지구 도시개발사업 특별회계로 활용했다. 통합재정안정화기금으로 예수한 특별회계는 장기미집행특별회계 70억 원을 비롯해, 생활폐기물처리시설설치특별회계 238억 원, 도시교통특별회계 369억 원, 기반시설특별회계 402억 원, 중소기업육성기금 65억 원, 도시주거환경정비기금 38억 원, 체육진흥기금 65억 원, 성평등기금 18억 원 등이다. 광명시는 2026년에는 공기업특별회계의 여유 재원을 통합재정안정화기금으로 편입해서 예산을 편성할 예정이다.

의정부시는 지금까지 이러한 재원이 충분히 전략적으로 운용되지 못했다. 각 회계와 기금이 분절적으로 관리되다 보니, 실제로는 유휴자금이 발생해도 적극적인 활용이 어려웠다. 또 일부 기금은 단기적으로는 여유가 있어도 장기적 지출 계획 때문에 묶여 있어, 다른 분야로 전환하는 데 한계가 있었다. 결과적으로 전체적으로는 여유가 있음에도 특정 분야에서는 재원 부족 문제가 발생하는 비효율이 반복되어 왔다.

따라서 의정부시는 통합계정을 통한 자금의 총괄 관리 체계를 더욱 강화할 필요가 있다. 우선 각 회계 및 기금의 가용 재원을 모두 통합계정을 통해 관리함으로써, 어느 곳에서는 남고 어느 곳에서는 부족한 불균형을 해소할 수 있다. 단순히 '돈을 모아 둔다'는 수준을 넘어, 시 전체 재정을 하나의 '통합재정 풀(pool)'로 운영하는 것이다.

이 과정에서 중요한 역할을 하는 것이 기금운용심의위원회다. 단순히 형식적으로 운영하는 것이 아니라, 외부 전문가와 시민 대표, 시의회 관계자 등을 포함해 전문성과 투명성을 높이고, 정기적으로 운용 상황을 점검하도록 해야 한다. 분기별·반기별로 자금 운용 성과를 평가하고, 유휴자금의 단기 투자나 예금 운용 등을 통해 추가 수익을 창출하는 방안도 병행할 수 있다. 이를 통해 통합재정안정화기금을 단순히 '돈을 모아 두는 통장'이 아닌, 효율적이고 생산적인 자금 운용 플랫폼으로 발전시킬 수 있다.

또한 예수·예탁 제도를 보다 적극적으로 활용할 필요가 있다. 예수란 각 회계와 기금에서 발생한 여유자금을 받아 두는 것이고, 예탁은 이를 통합계정에 실제로 맡겨 두는 것을 말한다. 지방기금법상 이러한 과정은 내부거래로 보아 별도의 이자 비용이 발생하지 않는다. 즉, 한 회계에서 다른 회계로 돈을 옮겨도 외부로 빠져나가는 이자가 없으므로, 내부적으로 자금을 돌려쓰는 것이 가능하다. 이는 재정유동성을 높이고 시 전체의 자금 활용도를 극대화하는 중요한 장치다.

더 나아가 의정부시는 통합재정안정화기금을 단순히 '비상금'에 머무르게 해서는 안 된다. 단기적으로는 세수 부족, 재난 발생, 긴급 복지사업 등에 투입할 수 있지만, 중장기적으로는 기업 유치나 신산업 육성 등 미래 성장 기반을 마련하는 데 전략적으로 활용할 수 있어야 한다. 예컨대 통합계정에서 일정 규모의 자금을 출연하여 투자유치 모태펀드를 조성하면, 중소벤처기업과 혁신기업을 의정부에 유치하는 강력한 인센티브로 활용할 수 있다. 이는 단순한 재정 안정성을 넘어 도시의 자족기능 강화와 지역

경제 활성화로 직결된다.

결국 의정부시의 재정 개혁은 단지 세출을 줄이거나 세입을 늘리는 문제에 그치는 것이 아니다. 보유 자원을 얼마나 전략적으로, 그리고 효율적으로 관리하느냐가 핵심이다. 통합재정안정화기금 통합계정을 통한 자금 관리 효율화는 그 출발점이다. 총괄관리, 심의위원회의 전문적 운영, 예수·예탁 제도의 적극 활용, 그리고 전략적 투자 연계까지 이어질 때, 의정부시는 한정된 재원을 가장 효과적으로 활용하는 모범적 재정 운영 모델을 제시할 수 있을 것이다.

6. 특별회계 정비

의정부시의 재정 개혁은 다수의 특별회계를 통합·흡수·정리하고, 남는 재원은 통합재정안정화기금 통합계정을 통해 총괄 관리하는 방식으로 추진하는 것이 가장 바람직하다. 이것이 '외로운 싸움'을 전개한 나의 결론이다.

의정부시는 현재 상·하수도, 의료급여, 도시개발사업, 건축안전, 도시재생, 경전철사업, 교통통사업, 발전소주변지원사업, 폐기물처리시설, 원머루도시개발, 정자말도시개발, 캠프라과디아개발 등 매우 다양한 특별회계를 운영하고 있다.

특별회계는 특정 목적사업에 필요한 재원을 안정적으로 확보하고 집행하기 위해 도입된 제도이지만, 그 수가 지나치게 많아지면 여러 부작용이 발생한다. 무엇보다 특별회계를 너무 많이 설치하면 예산 체계를 복잡하게 만들어 전체 재정 규모나 구조를 한눈에 파악하기 어렵다. 또 특정 목적에만 예산 사용을 제한해 재정의 경직성을 심화시킨다. 각 특별회계의 여유 재원이 분절적으로 관리되면서 자금 활용이 비효율적으로 이뤄지는 문제도 나타날 수 있다. 현재 의정부시가 그렇다고 할 수 있다.

따라서 의정부시는 과다하게 설치된 특별회계를 정비하여 유사·중복된 기능을 가진 회계는 통합하고, 소규모 또는 한시적으로 운영되는 특별회계는 일반회계로 전환하는 등 구조 개편을 추진할 필요가 있다. 예를 들어, 지구별로 별도 운영 중인 재정비특별회계는 사업 목적이 유사하고 예산 규모도 분산되어 있으므로 '도시재정비특별회계'라는 단일 회계로 일괄 통합하는 것이 바람직하다. 특히 규모가 매우 작아 독립적 관리 필요성이 낮은 회계는 일반회계로 흡수해 관리 효율을 높이는 것이 적절하다.

정비 과정에서는 단순한 통합에 그치지 않고, 앞서 여러 차례 지적했듯이 특별회계별로 발생하는 유휴 재원을 통합재정안정화기금 통합계정에 예탁하여 총괄 관리하는 방식도 병행해야 한다. 지방기금법이 정한 예수·예탁 제도를 활용하면, 회계 간 자금 이동을 내부거래로 처리해 불필요한 이자비용 발생을 막을 수 있다. 이렇게 통합된 자금을 거시적으로 관리하면 재정 유동성이 크게 향상되고, 시급한 사업이나 전략적 투자에 재원을 신속히 투입할 수 있게 된다.

이러한 특별회계 정비는 회계 수를 줄이는 작업을 넘어, 의정부시 재정 운영의 패러다임을 바꾸는 중요한 개혁 과제이다. 유사·중복 회계의 통합, 소규모 회계의 일반회계 이관, 개발성 특별회계의 구조화, 그리고 여유 재원의 통합관리까지 이루어진다면, 의정부시는 재정의 경직성을 완화하고 자금 활용의 효율성을 극대화할 수 있다. 궁극적으로는 재정의 투명성과 이해도를 높이고, 안정적이고 유연한 재정 운용을 통해 시민을 위한 투자 여력을 키우는 효과를 가져올 수 있을 것이다.

의정부시는 현재 농협을 시 금고로 지정해 세입 재원을 예치하고 있는데, 약정금리와 세부 계약 내용은 공개되지 않고 있다. 나라살림연구소의 추정에 의하면 1.8% 수준에 불과한 것으로 보인다.

반면, 같은 농협으로부터 차입한 지방채의 이자율은 3.85%에 달한다. 결과적으로, 낮은 이율로 돈을 맡겨 두고서 높은 이율로 돈을 빌리는 불합리한 구조에 놓여 있는 것이다. 이는 곧 시민 세금이 불필요하게 손실되고 있다는 뜻이다. 만약 의정부시가 서울 영등포구나 전남 영광군처럼 3% 이상의 예금 금리를 확보했다면, 매년 수십억 원에서 최대 100억 원 규모의 이자 수익을 얻을 수 있었을 것이다.

이 문제는 의정부시만의 사안이 아니라 전국 지방자치단체에 공통적으로 존재하는 구조적 문제다. 2023년 전국 지자체 세입결산액은 516조 원 규모로, 각 지자체가 지정한 금고 은행에 막대한 세입 재원이 예치·운용되고 있다. 그런데 지자체들은 은행의 영업기밀이라는 이유를 들어 약정금리 공개를 회피하고 있다. 국민 세금으로 조성된 공공자금을 맡기는 계약의 조건이 시민에게 공개되지 않는 현실은 투명성과 신뢰성 측면에서 심각한 문제다. 국민의 알 권리는 특정 은행의 영업기밀보다 앞서는 공익적 가치다. 이 문제는 반드시 개선되어야 한다.

행정안전부 역시 지방 기금별 이자 수입을 포함한 정보를 체계적으로 공시하지 않고 있으며, 국회의 공식 자료 요구에도 관련 데이터를 제공하지 않고 있다. 이는 지방재정 관리의 투명성과 중앙정부 차원의 관리·감독이 충분히 이루어지지 않고 있다는 것을 말해준다.

실제로 2022년 전국 지방자치단체의 기금 조성액 합계는 56.4조 원이었으나, 당초 기금 운용 계획상 이자 수입은 5,997억 원으로 수익률이 고작 1.06%에 불과했다. 같은 시기 시중은행의 자금조달비용지수(COFIX)는 연평균 3.75% 수준이었음을 고려하면, 지방 기금 이율은 턱없이 낮다고 볼 수 있다.

나라살림연구소의 보고서에 따르면 2023년에도 전국 243개 지자체 공공예금의 평균 금리는 1.62%에 머물렀다. 최고 금리가 4.7%에 달한 곳이 있었던 점을 감안하면 지역별 격차와 협상력 차이도 크다고 한다.

만약 전국 지자체가 일제히 금고 금리를 1% 포인트만 높여도 최소 1.1조 원 이상의 이자 수입을 추가로 확보할 수 있다. 또한 기금 운용 수익률을 4.7% 수준으로 끌어올린다면 2조 원 이상의 재정이 새로 확보될 수 있다.

의정부시는 올해 12월 새로운 시 금고 계약 체결을 앞두고 있다. 이 기회를 놓치지 말아야 한다. 반드시 시 금고 운영 개혁을 추진해야 한다.

구체적으로는 첫째, 경쟁입찰을 의무화해야 한다. 특정 금융기관 독점을 막고, 보다 유리한 조건을 끌어내기 위해 건전한 경쟁을 보장해야 하는 것이다.

둘째, 시중금리 수준의 예금 이율 확보를 목표로 협상 기준을 명확히 해야 한다. 금융기관의 제안에 수동적으로 따를 것이 아니라, 전국 평균과 우수사례를 벤치마킹해 최소목표금리를 설정하고 협상력을 강화할 필요가 있다.

셋째, 시 금고 약정 계약서를 전면 공개해야 한다. 예금 금리, 평균잔액 기준, 협력사업비 내역, 이자 수입 규모, 시 금고 은행의 관내 지정 후원금 내역 등 모든 관련 정보가 시민에게 투명하게 공개될 때 비로소 세금 운용에 대한 시민의 신뢰도를 높일 수 있을 것이다.

나아가 행정안전부는 전국 지자체의 금고 운영 현황을 통합관리하고, 금고 평균잔액·이자수입·협력사업비 내역 등을 정기적으로 공시하는 시스템을 마련해야 한다. 이렇게 하면 지자체별 금고 이율과 운용 성과를 비교할 수 있게 하고, 지방재정 전반의 투명성과 효율성을 높일 수 있을 것이다.

결국 의정부시가 추진해야 할 시 금고 운영 개혁의 핵심은 투명성과 경쟁성, 그리고 수익성 확보라고 할 수 있다. 낮은 금리로 자금을 맡기고 높은 금리로 부채를 지는 구조는 더 이상 용납될 수 없다. 시 금고 운영의 개혁은 단순히 재정 기술적 문제가 아니라 시민 세금의 가치와 직결된 문제이며, 지역 재정자립도를 높일 수 있는 중요한 개혁 과제다.

3

모두의
승리를
위해

시민예산제를 제안하다 |

대한민국 헌법 제1조는 "대한민국은 민주공화국이고, 모든 권력은 국민으로부터 나온다"라고 선언하고 있다. 이 조항은 단순한 법률 문구가 아니라, 나라를 움직이는 근본 가치와 원리다. 헌법이 정한 것처럼 국민은 나라의 주인이며, 그 뜻과 요구가 국정 전반에 반영되어야 한다. 그러나 많은 사람들이 실제 생활에서 이 원칙이 잘 지켜지지 않는다고 느낀다.

예를 들어, 어떤 시민은 '내가 살고 있는 지역에 주차장이 부족한데, 내가 낸 세금은 전혀 다른 곳에 쓰인다'고 느낀다. 또 다른 시민은 "세금은 꼬박꼬박 내는데, 불경기 때문에 장사가 안 되고 생활이 점점 어려워진다. 그런데 정부나 지자체가 왜 경기 부양에 나서지 않는지 답답하다"라고 말한다.

이런 답답함이 누적되면 정부와 지자체에 대한 불신은 커지고, '내가 참여해도 달라질 게 없다'는 회의감이 번진다. 촛불과 응원봉을 들어 정권을 교체해도 내 삶이 나아지지 않는다면, 헌법 제1조의 문구는 결국 공허한 메아리에 불과할 것이다.

이러한 문제는 중앙정부뿐 아니라 의정부시 같은 기초자치단체에서도 똑같이 나타나고 있다. 의정부시는 최근 몇 년간 심각한 재정 위기를 겪고 있다. 2023년, 재정자주도는 경기도 31개 시군 가운데 최하위를 기록했다. 수많은 복지사업과 공공사업을 돈이 없다는 이유로 중단했다. 부족한 재정을 메우기 위해 464억 원의 지방채까지 발행했다. 시민들은 당연히 삶에서 재정 위기를 체감할 수밖에 없다.

그런데 문제는 단지 재정 부족에 있지 않다. 재정 운영 자체가 비효율적이고 불투명하다는 점이 더 큰 문제다. 의정부시는 지나치게 많은 특별회계를 설치해 예산 구조를 복잡하게 만들었고, 특정 목적에만 예산을 묶어 두어 재정의 경직성을 심화시켰다. 심지어 특별회계 예비비를 600억 원 넘게 불법적으로 편성했음에도, 누구도 이를 적극적으로 해결하려 들지 않았다.

특별회계 여유자금을 통합계정에 넣어 다른 용도로 활용할 수 있는 제도조차 제대로 이해하지 못하고 있다는 사실은 행정 내부에 재정 전문가가 없다는 사실을 적나라하게 보여준다.

이렇게 된 데에는 자주 보직을 바꾸는 인사제도 문제도 크다. 한 부서에서 1~2년 근무하다가 다른 부서로 옮기는 순환보직 구조에서는 결코 전문성을 쌓을 수 없다. 행정은 재정 전문가를 길러내지 못하고, 의회는 예산 심사와 감시를 본업으로 하면서도 전문 인력이 없어 집행부를 견제하는 데 한계가 있다.

3. 모두의 승리를 위해

시민도 재정을 너무 어렵다고 생각한다. 결국 행정도 의회도 시민도 재정을 제대로 알지 못한 상태로 시가 정보를 독점한 채 불투명한 재정 운영을 반복하고 있는 것이다.

재정 개혁은 단순히 세입을 늘리거나 세출을 줄이는 문제로 해결되지 않는다. 몇 가지 근본적인 전제가 먼저 갖춰져야 한다.

첫째, 재정 전문가 육성이다. 특정 부서에서 장기간 근무할 수 있는 인사 제도를 마련해 경험과 지식을 축적해야 한다. 그래야 특별회계 관리, 세입 추계, 기금 운용 같은 복잡한 재정 문제를 제대로 다룰 수 있다.

둘째, 시의회의 철저한 감시다. 시의회가 집행부를 견제하고 감시하는 것은 본래 임무다. 그러나 현재처럼 재정 전문성이 부족하다면 그 역할을 제대로 수행할 수 없다. 예산 분석과 편성 경험을 가진 인력을 보강해 집행부를 감시해야 한다. 필요하면 재정 전문가의 자문 시스템을 갖춰야 할 것이다.

셋째, 시민의 관심과 참여다. 시민이 내가 낸 세금이 어디에 쓰였는지를 알 수 있어야 하고, 재정 낭비를 감시하며 필요할 때는 적극적으로 요구할 수 있어야 한다. 시민의 알 권리와 참여권이 보장되지 않는 한, 재정은 늘 관료적 관성 속에 경직되고 불투명하게 운영될 것이다.

이 세 가지, 즉 행정의 재정 전문가 육성, 의회의 감시 강화, 시민의 참여는 의정부시 재정 개혁의 필수 조건이다. 그리고 이러한 전제조건을 하나로 묶어낼 수 있는 제도가 바로 '시민예산제'다. 시민예산제는 본예산 편성 과정에 시민이 직접 참여하고 의견을 반영하는 제도다. 지금까지는 시장과 공무원이 주도하는 '시장 중심 예산'이었다면, 이제는 시민과 함께하는 '시민 중심 예산'으로 전환해야 한다.

시민예산제를 도입하면 전년도 예산 평가가 자연스럽게 이뤄진다. 공직자는 왜 특정 사업에 돈을 썼는지 시민 앞에서 설명해야 하고, 시민은 이를 토대로 토론을 거쳐 의견을 낸다. 이 과정에서 정책의 문제점과 개선점을 찾아내고, 도시의 미래 방향에 대한 시민적 합의를 이끌어 낼 수 있다.

그러나 현실은 여전히 멀다. '추경, 본예산, 잠정예산, 순세계잉여금' 같은 용어는 어렵고, 정부는 〈예산안 및 기금운용계획안 사업설명자료〉와 같은 기본 자료조차 비공개한다. 국회의원 보좌진을 통해서나 얻을 수 있다면, 국민의 알 권리는 사실상 보장되지 않는 셈이다. '지방재정365' 같은 사이트가 있지만, 일반 시민이 이해하고 활용하기는 쉽지 않다.

그래서 필요한 것이 바로 '예산 주권'이다. 예산 주권이란 "국민이 세금의 주인인 만큼 예산의 주인도 국민"이라는 당연한 상식이 현실이 되는 것이다. 지금까지의 나라가 "기획재정부의 나라,

대통령의 나라, 여당의 나라"였다면, 이제는 "국민의 나라"가 되어야 한다. 이를 구체적으로 추진하는 것이 바로 '예산주권행동 프로젝트'다. 국민이 예산을 공부하고, 서로 설명해 주고, 필요한 사업에 쓰이도록 함께 행동하는 프로젝트를 추진해야 한다.

다음은 시민예산제 정착으로 기대되는 여러 긍정적 효과들이다.

과거에 대한 생산적 평가

과거를 탓하는 정쟁이 아니라, 시민이 직접 정책을 평가해 실질적 문제를 찾을 수 있다.

현재의 구조 조정

불필요한 지출은 줄이고 꼭 필요한 곳에 집중적으로 투자해 재정의 효율성을 높일 수 있다.

미래의 선택과 집중

미군 반환 공여지 개발, 의정부 역세권 개발, 전략산업 육성 등의 방향을 시민 논의를 통해 정할 수 있다.

정치 갈등 완화

청년기본소득 사례처럼 사후 갈등이 아니라, 사전 합의로 불필요한 갈등을 줄일 수 있다.

예산은 그냥 '돈'이 아니라 '계획'이다. 그러나 지금까지는 예산이

'의정부시장의 돈'처럼 쓰여 왔다. 시민의 세금으로 운영되는 지자체라면 예산의 주인도 시민이어야 한다. 시민의 목소리가 반영되지 않는 예산은 헌법 제1조의 '국민이 주인'이라는 선언을 무의미하게 만든다.

의정부시는 불투명한 회계, 재정 전문가 부족, 시민 참여 부재라는 삼중고로 위기를 겪고 있다. 이제는 시민예산제를 도입해 예산 주권을 실현해야 한다. 시민예산제는 과거를 평가하고, 현재를 바로잡으며, 미래를 함께 설계하는 제도다. 의정부시가 재정 위기를 극복하고 민주공화국의 지방정부로 거듭나기 위해서는 반드시 이를 도입하고 정착시켜야 한다.

의정부 시민예산제 운영 방안

그러면 의정부시에 시민예산제를 정착시키고 운영하기 위해 필요한 것은 무엇인가?

첫째, 권역별 시민결산제의 체계화다. 지금까지 결산은 시청과 의회가 스스로 평가하는 셀프 평가 수준에 머물러 왔다. 앞으로는 권역별 시민 모임을 통해 1년 간의 살림살이를 시민이 직접 평가하는 구조로 전환해야 한다. 이를 위해 결산 자료를 누구나 쉽게 이해할 수 있도록 숫자 나열이 아니라 인포그래픽이나 그래프 같은 시각 자료로 제공하고, 복잡한 재정 용어나 제도를 일반 시민들이 알 수 있도록 하는 교육을 지원해야 한다. 또한 비교·분석 자료를 함께 제공해 생산적인 논의가 가능한 기반을 마련할 필요가 있다.

둘째, 권역별 예산 토론회의 정례화가 필요하다. 기존의 결과 보고 중심 업무 보고회는 시민이 수동적으로 청취하는 형식에 불과했다. 이제는 예산을 아젠다로 삼아 시민과 함께 토론하는 방식으로 바꾸어야 한다. 권역별 특성을 반영한 토론 주제를 사전에 설정하고 연간 운영 계획을 수립하여 정례적으로 개최하는 토론회가 필요하다. 토론회에는 시장과 공무원 역시 일방적 보고자가 아니라 시민과 동등한 토론자로 참여해야 하고, 근거 있는 논의가 이루어지도록 사전에 정책안과 재정 자료를 시민에게 배포해야 한다. 정보공개가 없는 참여는 들러리만 양산할 뿐이다. 투명한 정보공개가 실질적인 참여로 이어지고 국민주권의 기반이 된다.

셋째, 도시전략회의의 제도화가 필요하다. 도시의 장기 발전 방향을 결정하는 데에는 시장이나 행정만으로는 한계가 있다. 시장, 국회의원, 도의원, 시의원 등 모든 선출직 공직자가 참여하는 협의체를 설치하여, 시민예산제와 시민결산제를 통해 도출된 결과를 바탕으로 구체적인 실행 계획을 논의해야 한다. 이 협의체에서 국회의원은 법 개정과 국비 확보를, 도의원은 조례 제정과 도비 확보를, 시의회는 예산 심사와 협조를, 시장은 행정 집행과 지원을 맡는 등 각자의 권한 범위 안에서 명확한 역할을 분담해야 한다. 특히 국비·도비 등의 확보와 관련 법령 개정 등 실질적인 실행 과제를 중심으로 논의해야 한다.

넷째, 예산 공개와 참여를 위한 디지털 플랫폼 구축이 필수적이다. 시민예산제가 진정한 제도로 자리 잡으려면 누구나 쉽게 예산 정보를 확인할 수 있어야 한다. 이를 위해 온라인 예산 플랫폼을 구축하여 본예산, 결산, 중기재정계획 등을 한눈에 확인할 수 있도록 하고, AI를 도입해 시민이 질문하면 사업의 예산 규모, 사용 목적, 집행 현황 등을 쉽게 설명해주는 시스템을 마련해야 한다. 나아가 온라인에서 시민이 직접 제안하고, 토론하고, 투표할 수 있는 참여 기능을 강화함으로써 오프라인 참여와 병행되는 디지털 기반의 참여 구조를 만드는 것이 바람직하다. 나는 이를 실천하기 위해 직접 청년들과 함께 '시민재정 시스템'을 만들었다. '외로운 싸움'을 '함께하는 승리'로 승화시키고자 한 것이다. 이 시스템을 전국적으로 발전시키는 것이 의정부시의 재정 개혁은 물론 대한민국의 시민 재정 주권을 실현하는 지름길이라고 나는 믿는다.

다섯째, 시민예산제를 뒷받침할 제도적 기반과 교육 지원이 필요하다. 시민예산제 운영 조례를 제정해 제도의 안정성과 지속성을 확보하고, 행정부 내에 시민 참여를 전담 지원할 수 있는 조직을 설치해야 한다. 또한 권역별로 '재정학교', '시민예산캠프' 등을 운영하여 시민의 예산 이해와 토론 역량을 높이는 일이 병행되어야 한다.

여섯째, 위험 요소에 대한 대비도 필요하다. 과거에 대한 평가가 정치적 비판으로 흐르지 않도록 객관적 지표를 마련해야 하며, 외부 전문가 참여도 보장되어야 한다. 또한 시민의 참여 불균형을 막기 위해 무작위 추출, 계층별 할당제, 다국어 지원 같은 장치도 필요하다.

일곱째, 성과를 측정하는 체계도 갖춰야 한다. 참여율·만족도·시민 제안 예산 반영률 같은 단기적 성과, 예산 절감 효과와 시민 신뢰도 등 중기적 성과, 재정자주도 개선·채무비율 감소·인구 증가·사회적 신뢰 증진 같은 장기적 성과 들을 측정하고 관리할 수 있는 시스템을 구축해야 한다.

이밖에, 재정위기 상황에서도 운영할 대비책도 마련해야 하며, 정치적 갈등을 건설적 토론으로 전환하는 숙의 문화도 뒷받침되어야 한다.

이렇게 해서 시민예산제가 현실화하면 공직자는 재정 운용에 대해 설명할 의무를 지게 된다. 무엇보다 예산 집행의 이유와 근거를 시민에게 설명해야 하게 되며, 이는 행정과 시민 간의 지속적인 소통 구조로 이어질 것이다.

시민의 의견이 정책 전반에 체계적으로 반영되면 정책은 현실 적합성과 수용성을 확보하게 되고, 이는 곧 지역 발전의 추진력으로 작용하게 될 것이다. 우선순위와 역할분담을 명확히 한 가운데 도시의 자산을 총동원하여 우리 의정부가 성장 도시로 도약할 수 있게 되는 것이다. 민주성과 효율성이 충돌하는 것이 아니라 서로를 강화하는 방식으로 조화를 이루어, 재정민주주의와 정책 효율성을 동시에 실현할 수 있게 되는 것이다.

또한 시민예산제는 협력적 거버넌스를 구축하는 데 기여할 수 있다. 중요한 정책을 둘러싼 갈등이 사후 충돌로 이어지는 것이 아니라 사전 협의의 장에서 논의되기 때문에, 불필요한 정치적 대립을 예방하고 갈등비용을 최소화할 수 있는 것이다. 시민과 의회의 의견을 반영해 합의된 정책 결정이 나온다면, 중앙정부와 광역단체로부터 협력과 재정적 지원을 이끌어내는 일도 한층 수월해질 것이다. 이는 지역 정책이 정치적 소모전에 휘말리지 않고 안정적으로 추진되는 기반이 될 수 있다.

나는 시민예산제가 의정부시가 전략적 성장 동력을 확보하는 데 결정적인 역할을 할 것으로 믿는다. 시민 참여를 통해 확정된 정책 방향은 행정적 정당성과 시민적 지지를 동시에 담보할 수 있으므로, 지역의 정치적 자원을 체계적으로 결집할 수 있다. 그리되면 우리 의정부시는 명확한 우선순위와 역할분담을 기반으로 성장 지향적 도시 경영을 실현할 수 있는 동력을 얻게 될 것이다. 결국 시민예산제는 단순한 제도가 아니라 민주주의를 실현하는 구체적 장치다. 지금까지 예산은 정부와 지자체의 돈처럼 여겨졌지만, 본래 세금을 낸 시민의 돈이며 곧 시민의 계획이다. 예산이 제대로 작동하려면 그 계획을 세우는 과정부터 시민이 참여해야 한다. 뒤에서 살펴볼 포르투알레그레의 실질적 성과, 바르셀로나와 파리의 혁신, 아이슬란드의 교훈들이 모두 의정부시에 중요한 길잡이가 될 수 있을 것이다.

정진호의 예산편성 5대 원칙

시민예산제가 성공하려면 시민과 행정이 예산편성의 큰 원칙을 정해야 한다. 주민자치 경험이 아직 취약한 상황에서 시민예산제를 전면적으로 도입할 경우, 자칫 지역별·이해집단별로 민원성 사업을 경쟁적으로 요구하고 결국 힘센 세력이 예산을 독점하는 문제가 발생할 수 있다.

따라서 예산편성의 몇 가지 원칙에 대해 시민과 행정과 의회가 합의하는 절차가 필요하다. 나는 이런 문제를 시민단체, 주민자치회, 시와 시의회가 협의체를 만들어 충분히 논의하고 대타협 형식의 가칭 '시민예산협정'을 체결해서 해결할 수 있다고 본다.

여기서는 내가 생각하는 시민예산 편성의 몇 가지 원칙을 제시하고자 한다. 훗날 시민예산협정을 위한 회의가 열리면 발제한다는 생각으로 간단히 정리해 보았다. 더 좋은 의견들이 이어졌으면 하는 마음으로 공개한다.

내가 생각하는 시민예산협정의 키워드는 △약자 우선, △시민 이익, △시민 주도, △지속 가능, △즉시 집행이다.

첫째, 약자 우선의 원칙이다. '재정은 사회 전체의 균형을 유지하는 공적 자원'이라는 관점에서 가장 우선해야 할 원칙이라 생각한다. 정치의 궁극적 목표는 결국 사회적 약자를 줄이는 것이 아니겠는가?

경쟁에서 뒤처지거나 보호가 필요한 계층을 우선 지원하는 것은 단순한 배려가 아니라 사회적 정의의 실현이다. 저소득층, 장애인, 아동과 노인, 돌봄이 필요한 계층에 대한 지원은 길게 보면 사회 전체의 비용을 줄이고 공동체의 성장을 담보하는 주춧돌이라고 생각한다.

둘째, 시민 이익 우선의 원칙이다. 재정은 특정 집단의 이익이 아니라 시민 모두를 위한 공적 자원으로 활용되어야 한다. 따라서 시민 전체의 삶의 질을 향상시키고 공동체적 이익을 극대화하는 것이 예산편성의 우선 기준이 되어야 하지 않을까?

시민예산제 운영 과정에서, 정책사업이 시민 전체 또는 다수의 공공이익으로 귀결되는지를 꼭 검증하는 것이 필요하다.

셋째, 시민 주도의 원칙이다. 재정 운영은 시 공무원이나 시의회뿐만 아니라 시민이 참여하고 주도하는 구조로 전환해야 한다.
시민의 요구와 의견이 반영될 때 예산은 실효성과 정당성을 높일수 있다. 시민예산제, 공론화 과정, 투명한 예산 공개를 통해 시민이 주인 역할을 할 수 있도록 해야 한다.

넷째, 지속 가능의 원칙이다. 어쩌면 재정 운영의 효율성을 높이기 위해 가장 중요한 원칙이라 할 수 있을 것이다. 당장의 성과나 시장의 임기 중 치적 쌓기에 매몰된 예산은 장래에 더 큰 부담으로 돌아온다. 경제·사회·환경적으로 지속 가능한 사업을 주민의 동의와 협력을 바탕으로 추진하는 것이 중요하다.

이런 원칙이 없다면, 기후위기 대응, 지역균형발전, 미래세대를 위한 장기적인 투자사업은 손도 댈 수 없을 것이다.

다섯째, 즉시 집행의 원칙이다. 아무리 좋은 정책이라도 집행이 지연되면 정책 효과는 반감된다. 의정부 예산에 집행률이 낮은 사업이 많다. 이것은 즉시 집행의 원칙으로 예산이 편성되지 않고, '우선 확보'의 욕심으로 예산을 편성했기 때문이다. 준비가 다 되어 있어 실제로 신속한 집행이 가능하고 현장에서 바로 효과를 낼 수 있는 사업 중심으로 예산을 편성해야 한다. 이렇게 해야 예산의 불용액과 이월액을 최소한으로 줄이고, 긴급한 수요에 즉각 대응할 수 있을 것이다.

'약자 우선'은 정의와 형평성의 가치, '시민 이익'은 공공성과 공정성의 가치, 그리고 '시민 주도'는 민주성과 투명성의 가치를 담고 있다. '지속 가능'은 책임성과 효율성의 가치를, '즉시 집행'은 실효성과 실행력의 가치를 담보한다. 이 다섯 가지 예산 편성의 원칙이 함께 작동한다면 시민이 중심인 재정, 미래지향적인 재정 운영이 가능할 것이다.

유사 제도와 비교

내가 구상한 시민예산제는 기존의 주민참여예산제나 서울시 시민숙참여산제와는 본질적으로 다른 지향점을 가지고 있다. 주민참여예산제나 서울시 시민참여예산제가 '일부 예산 참여'와 '참여 규모 확대'에 방점이 있다면, 내가 제안하는 시민예산제는 예산 전반의 전면적 시민 참여, 과거·현재·미래를 잇는 순환적 구조, 정책 방향까지 시민과 함께 결정하는 통합적 모델이라는 점에서 근본적 차이가 있다.

가장 큰 차이는 적용 범위와 패러다임의 전환이다. 주민참여예산제는 대체로 전체 예산의 1% 이내 일부만을 대상으로 하고, 서울시 시민참여예산제 역시 시민 제안 사업 중심으로 확장되는 구조다. 반면 의정부시에 도입하고자 하는 시민예산제는 연간 전체 예산(약 1조5천억 원)을 전면적으로 시민 참여 구조에 편입시킨다는 점에서 근본적 전환을 지향한다. 단순히 일부 항목에 대한 의견 수렴이 아니라, 시장 중심에서 시민 중심으로 예산편성의 패러다임 자체를 바꾸려는 시도인 것이다.

[의정부 시민예산제 vs 주민참여예산제 vs 서울시 시민참여예산제]

구분	의정부시 시민예산제	주민참여예산제	서울시 시민참여예산제
핵심의제	• 시민주도 편성체계 구축 • 결산평가-예산토론-전략협의 3단계 연동 • 시장중심에서 시민중심 예산으로 패러다임 전환	• 법정 참여수단(공청회·간담회·설문·공모)을 통한 예산과정 주민참여	• 신규사업 제안과 기존 계속사업 숙의 • 시민·이해당사자·전문가의 심화된 협의를 통한 예산체계 구현
예산규모	• 전체 예산(연 1조 5천억원) 전면 적용	• 예산 일부(보통 1% 내외)	• 2019년 1,300억 • 2021년 9,300억원으로 확대(별도 제안형 700억 원)
주요쟁점	• 과거평가의 객관성 확보 • 전략사업 선정의 민주적 합의 • 의회·집행부 협력체계 구축 • 선출직 간 역할조정	• 지자체별제도설계와 운영방식의 편차 • 참여 대표성 확보 • 시민교육 홍보체계	• 대규모 숙의운영에 따른 절차 체계화와 효율성 향상 • 대표성 관리와 통합심사 체계
개선추진	• 시민결산 정보공개 표준화	• 다양한 참여기구 운영체계 확립	• 분야별 숙의체계와 민관협의회 구성
과제	• 예산토론회 정례화 일정 수립 • 도시전략협의 설치와 선출직 역할담당 명문화, 협력적 갈등조정 메커니즘 구축관련 조례 등 정비	• 참여방법 다원화와 표준 매뉴얼 적용을 통한 운영 내실화	• 참여자 규모와 숙의횟수 목표설정 • 단계적 확대를 위한 중장기 로드맵 수립
기대효과	• 재정운용 설명책임의 강화를 통한 민주성과 효율성의 조화 • 협력적 거버넌스 구축과 상호기반 협력 확보 • 통합적 정치자원 활용을 통한 전략적 성장 동력 확보	• 재정민주주의와 투명성 및 책임성 향상, 주민생활과 밀착된 현실적 수요의 정책반영, 행정신뢰도 증진과 시민참여 의식 제고	• 시정 전 분야에 걸친 체계적 숙의기반 확립 • 시민참여의 양적 확대와 질적 심화를 통한 공론화 기반 강화
고려사항	• 시민참여 역량 개발과 합의 도출 과정 관리 필요 • 대규모 참여프로그램 운영에 따른 효율성 관리 필요	• 소규모 생활밀착형 사업 중심으로 한정되어 구조적 개혁이나 대규모 투자 의사결정에 대한 영향력 확대 필요	• 참여자 대표성 확보와 절차 효율성 간의 균형 • 지속적인 운영비용 관리와 숙의 품질 향상 과제
성공요소	• 시민결산 평가의 객관성 확보 • 재정정보의 시민친화적 시각화 • 법령개정과 재정확보의 연계계획 구체화 • 전략사업 선정과정의 투명성과 사후평가 체계화	• 전 과정 표준화를 위한 매뉴얼 기반 운영체계 확립 • 참여자 대표성 보강을 위한 제도적 장치 마련 • 지속적 시민교육을 통한 참여역량 강화	• 심사절차 통합과 간소화를 통한 운영 효율성 제고 • 민관협의회의 균형적 구성과 전문성 유지 • 연차별 목표공개와 성과점검 체계 강화

쟁점과 과제에서도 뚜렷한 차이가 드러난다. 주민참여예산제는
주로 제도 설계와 운영 방식의 편차, 대표성 확보 문제를 해결하
는 데 초점이 맞추어져 있으며, 서울시 시민참여예산제는 대규
모 참여 확대와 절차적 체계화에 중점을 두고 있다. 그러나 시민
예산제는 과거 재정 정책에 대한 객관적 평가, 전략산업 선정의

민주적 합의, 의회와 집행부의 협력적 거버넌스 구축 등 한 단계 더 구조적인 문제 해결을 목표로 삼고 있다. 즉, 단순한 예산 집행 참여를 넘어 정책 전반을 시민과 함께 평가하고 미래 전략까지 결정하는 과정을 제도화하려는 것이다.

기대효과 역시 차별적이다. 주민참여예산제는 투명성 강화와 민주적 의식 제고에 주안점을 두고, 서울시 모델은 시민 참여의 양적 확대와 공론화 기반 강화에 방점을 둔다. 이에 비해 시민예산제는 재정 운용에 대한 공직자의 설명 책임 강화, 시민과 행정·의회 간의 협력적 거버넌스 정착, 나아가 지역 정치 자산을 통합적으로 활용하는 전략적 성장동력 확보까지 포괄하고 있다고 볼 수 있다. 이는 재정민주주의를 실현하는 동시에 도시의 미래 성장전략을 시민의 참여를 기반으로 수립하겠다는 보다 종합적이고 도전적인 목표가 될 것이다.

마지막으로 성공 요소를 보면, 주민참여예산제와 서울시 제도가 주로 참여 방식의 체계화, 대표성 강화, 절차적 효율성에 초점을 맞추는 것과 달리, 의정부시 시민예산제는 시민결산제와 같은 제도적 장치로 과거 재정에 대한 투명한 평가를 제도화하고, 전략산업 선정 과정까지 시민적 합의로 이끌어내려는 점이 핵심적인 차별성이다.

나의 의정부시 시민예산제 구상은 기존 참여예산제도의 한계를 뛰어넘는 포괄적 모델로서 혁신적 가치를 지니고 있다. 시의 재정위기 상황을 시민 참여를 통한 근본적 변혁의 기회로 전환하려는 접근 방식은 위기 대응형 거버넌스의 새로운 패러다임을 제시하는 것으로 의미가 크다.

세계적인 우수 사례

사실 세계 여러 도시가 대대적인 시민 참여를 통해 큰 변화를 경
험해 왔다. 가장 널리 알려진 사례는 브라질 포르투알레그레다.
이 도시는 1989년부터 의무 경비를 제외한 모든 사업예산을 시
민이 직접 결정하게 했고, 그 결과 25년 동안 6천 건이 넘는 사업
이 추진되었다. 식수보급률은 80%에서 98%로, 하수시설 이용
률은 46%에서 85%로 개선되었고 실질적인 생활 여건의 향상을
이뤄냈다.

스페인 바르셀로나는 'Decidim Barcelona(바르셀로나는 우리가 결
정한다)'라는 온라인 플랫폼을 운영하여 시민이 제안하고 토론하
며 투표로 예산을 결정하게 했다. 청년과 이주민, 소수자까지 참
여할 수 있도록 다국어 지원과 오프라인 워크숍을 병행한 결과,
참여의 폭이 넓어지고 집행 과정까지 투명하게 모니터링할 수 있
는 시스템이 자리 잡았다.

프랑스 파리 역시 매년 2억 유로 이상, 전체 시 예산의 5%를 시
민이 직접 배분하도록 했는데, 온라인 플랫폼과 오프라인 투표

를 병행해 시민 접근성을 높였다. 낭트도 지속가능성을 주제로 다양한 시민 의견을 수렴해 왔다. 이처럼 디지털 기반과 오프라인 숙의를 결합한 모델은 참여의 폭을 넓히는 동시에 투명성과 신뢰성을 높이는 성과를 보여주었다.

아이슬란드의 사례도 시사점이 크다. 2008년 금융위기 이후 이 나라는 헌법 개정을 시민이 직접 참여해 추진했다. 무작위로 뽑힌 시민들이 기본 가치를 토론하고 온라인 플랫폼을 통해 전 국민이 의견을 제시했으며, 최종안은 국민투표에서 압도적 찬성을 받았다. 하지만 정치권의 저항으로 좌절되었다. 이는 시민 참여만으로는 충분하지 않고 제도권 정치와의 정합성이 필수적이라는 교훈을 남겼다.

내가 제안하는 도시전략회의, 즉 시장과 국회의원, 도의원, 시의원이 함께 모여 역할을 분담하는 협의체는 바로 이러한 국제적 교훈을 반영한 장치라 할 수 있다.

시민재정 플랫폼

의정부 재정 논란의 본질은 단순히 '돈이 남았다, 빚을 냈다'가 아니다. 더 깊은 뿌리는 시민이 알 수 없게 감춰진 밀실 구조에 있다. 정보를 공개한다고 말하지만, 실제로 시민이 마주하는 것은 수백 쪽 PDF, 난해한 회계용어, 행정편의적 분류체계다. 읽을 수 없는 것은 '공개된' 정보가 아니다. 이 깜깜이 구조 속에서 시민은 세금이 어디에 쓰였는지 알 수 없고, 권력자는 그 무지를 핑계 삼아 무책임과 무능을 정당화해 왔다.

내가 '시민재정시스템'을 제안한 이유는 바로 이 악순환을 끊기 위해서였다. '외로운 싸움'을 '모두의 승리'로 만들고 싶었다. '모르면 가만있으라'는 비공개 행정을 끝내고, 시민이 직접 보고 묻고 제안하고 감시하는 플랫폼을 만들어야 '시장 재정'을 '시민 재정'으로 만들 수 있다는 확신을 가지고 시작한 것이다.

내가 여기까지 이른 과정은 결코 단순하지 않았다. 청년기본소득 폐지, 공공체육관 건립 취소, 지역화폐 삭감 같은 생활의 후퇴를 시민과 함께 경험했고, "왜 돈이 남는데 빚을 내느냐", "왜 순세계잉여금은 시민에게 돌아오지 않느냐"는 질문을 의회에서 반복해 왔다.

처음엔 외로운 문제제기처럼 보였지만, 댓글과 전화, SNS 공유, 동료 의원들의 연대가 뒤따랐다. 나는 깨달았다. 이 길은 개인의 싸움이 아니라 시민과 함께 가는 길이라는 것을. 그래서 재정민주주의를 '선언'하는 데서 멈추지 않고, 시민이 재정의 주권자임을 '행사'할 수 있는 시스템을 만들겠다고 결심했다.

시민재정시스템의 핵심은 두 단어로 압축된다. '투명성'과 '참여'. 먼저, 투명성은 형식적 공개가 아니라 시민이 이해하는 공개를 뜻한다. 플랫폼에 들어가면 "편성됐지만 집행되지 않은 돈", "쌓여만 가는 잉여금", "이자로 새는 비용" 같은 항목을 클릭 몇 번으로 한눈에 볼 수 있다. 숫자는 표와 그래프로 번역되고, 사업별·동별·분야별 비교를 즉시 할 수 있도록 했다.

다음으로 참여다. 시민은 플랫폼에서 예산을 제안하고, 삭감·중단으로 인한 피해를 제보하고, "왜 우리 동네 도로는 지연되나", "순세계잉여금은 어디로 갔나" 같은 질문을 Q&A 보드에서 서로 묻고 답할 수 있다. 무엇보다 집행 모니터링 대시보드를 통해 사업의 진행률과 집행률이 실시간으로 공개된다. 행정안전부의 시스템과 연동해서 이런 서비스를 제공할 수 있었다. 편성의 구호가 집행의 결과로 이어지는지 시민이 직접 확인할 수 있는 것이다.

궁극적으로는 모든 행정 재정 정보를 오픈 API[1]로 제공해 시민·개발자·연구자가 데이터를 가공·활용할 수 있게 만들 것이다. 정적인 PDF 시대를 끝내고, 데이터가 시민의 손에서 살아 움직이도록 하겠다는 뜻이다.(국회 입법박람회를 통해 직접 부스를 만들어 입법 제안도 했다.)

이 시스템은 시민 개발자, 청년, 연구자, 활동가가 모여 집단지성으로 개발했다. 누구는 예산 시뮬레이터를, 누구는 빚 상환 계산기를, 또 누군가는 복지사업 모니터링 도구를 만들었다. 코드와 데이터가 열려 있기 때문에 가능한 방식이다. 나는 집단지성이 민주주의를 다시 살리는 과정을 목격했다.(아무 대가 없이 참여해 준 청년들에게 이 지면을 빌어 너무나도 고맙다는 인사를 전한다.)

나는 이 시스템을 얼음 바다로 제일 먼저 뛰어드는 퍼스트 펭귄처럼, 시행착오를 감수하며 새로운 길을 연다는 각오로 만들었다. 한 도시의 실패와 성공은 그대로 다른 도시의 교훈이 되고, 복제와 확산은 더 쉬워질 것이다. 의정부에서 시작된 시도가 전국의 시민재정 주권운동으로 퍼질 수 있도록 했으면 하는 염원을 담아 시스템을 만들었다.

시민재정시스템의 구체적 내용은 네 개의 층위로 작동한다.

첫째, 시민 제안-토론-우선순위화가 가능한 예산 제안 모

---

[1] 누구나 사용할 수 있도록 공개된 프로그래밍 인터페이스. 외부 개발자나 사용자가 웹 서비스나 애플리케이션의 기능을 자유롭게 활용할 수 있도록 지원한다.

둘. 세금의 주인인 시민이 "이런 사업에 돈을 써 달라"고 요구할 권리를 제도화한다.

둘째, 피해 제보 기능. 복지 삭감·사업 중단이 남긴 생활의 상처를 기록·공유함으로써, '숫자 뒤의 사람'을 의사결정 과정에 참여시키는 것이다.

셋째, Q&A와 전문가 응답. 시민끼리 토론하되, 필요할 경우 의원과 전문가가 함께 답변해 집단 지식의 질을 높이기 위해 만든 코너다.

넷째, 집행 대시보드와 오픈 API를 통해 집행률·진도율을 시각화해 보여주고, 원천 데이터를 기계가 읽을 수 있는 표준 API로 개방해 누구나 2차 서비스를 만들 수 있게 한다. 여기에 생성형 AI를 결합하면 "우리 시 빚은 얼마야?", "작년 잉여금은 어디에 썼어?" 같은 자연어 질문에 바로 답하고, 사업설명서·성과지표를 자동 요약·비교해 시민의 이해 시간을 획기적으로 줄여준다.

나는 디지털이 민주주의의 새로운 언어이자 권력의 독점 정보를 시민의 공공 자산으로 환원하는 도구가 될 수 있다는 것을 보여주고 싶었다.

공공 영역에서의 진정한 AI 시대는 국민 누구나 정부 발행 데이터를 활용해 혁신적인 시스템을 만드는 것에서 시작할 수 있다고 확신한다. 이를 위해서는 정부가 데이터를 오픈 API 형태로 공개해 누구나 쉽게 활용할 수 있도록 해야 한다. 정부가 나서서 생태계를 조성해야 하는 것이다.

현재 대부분의 공공데이터는 PDF나 엑셀 문서로만 제공되어 직접 처리하기 어렵다. 그러나 개별 데이터를 오픈 API로 제공하면, 국민 누구나 이를 자유롭게 조합해 새로운 모델을 만들 수 있다. 단순한 HTTP 요청만으로 예산, 결산, 집행 내역 등을 즉시 가져올 수 있는 것이다.

나는 이런 방식으로 의정부시 시민재정 시스템을 만들었다. 여러 재정 데이터를 결합해 시민들이 직관적으로 예산 사용 현황을 파악하고, 재정 정책에 직접 참여할 수 있는 기반을 마련했다. 이는 행안부의 '지방재정365'에서 집행 현황을 오픈 API 형태로 공개했기에 가능했던 것이다.

현재 정부 발행 공공데이터 중 무엇을 오픈 API 형태로 공개하고 있는지는 알 수가 없다. 개별적으로 홈페이지를 들어가 일일이 확인해야 한다. 행안부가 오픈 API형태로 집행 현황을 공개한 것을 발견한 것 자체가 기적이었다.

그래서 만약 정부가 발행하는 모든 공공데이터를 API 형태로 공개한다면, 누구나 자동화된 데이터 파이프라인을 만들고 실시간 대시보드를 운영할 수 있을 것이다. 이렇게 하면 아마 국민이 주도하는 어마어마한 혁신이 시작될 수 있을 것이다. 정부가 발행하는 공공데이터 전체가 오픈 API 형태로 공개되어 진정한 국민 주권 AI시대가 열리기를 희망한다.

내가 만든 의정부 시민재정 시스템은 재정 분야에 집중하고 있지만, 최종 목표는 의정부형 공공 AI를 개발하는 것이다 내가 만약 시장이 된다면 이 분야에 대해 예산을 집중적으로 투자할 예정이다. 10월 중 공개할 시민재정시스템은 시민들에게 그 가능성을 증명하는 과정이라고 할 수 있다. 특히 앞으로 조달청 데이터를 활용해 관급공사의 가격 합리성과 계약 투명성을 확보하고, 실시간으로 복지 수급 대상자를 파악해 필요한 시민에게는 빠르게 지급하고 부정수급자는 걸러내는 일에도 집중할 계획이다.

시민재정시스템의 기대 효과는 크게 세 가지다.

첫째, 민주성과 효율성의 조화를 가져온다. 공직자는 예산의 목적과 근거를 시민 앞에서 설명해야 하고, 시민 의견은 편성·집행·평가 전 과정에 체계적으로 반영된다. 그 결과 정책은 현실 적합성과 수용성을 확보하고, 행정은 더 빠르고 똑똑하게 움직인다. 민주주의가 효율을 갉아먹는 게 아니라, 민주주의가 효율성을 창조하는 것이다.

둘째, 협력적 거버넌스를 만들 수 있다. 갈등은 사후 충돌이 아니라 사전 토론에서 다뤄져 불필요한 소모를 줄이고, 시민·의회가 합의한 안건은 중앙정부·광역단체의 협력과 재정 지원을 끌어내기 쉬워진다.

셋째, 전략적 성장동력 창출의 원동력이 된다. 시민 참여로 확정된 우선순위 위에 정치 자원을 체계적으로 배치하면, 지금처럼 단발성 사업을 산발적으로 벌이는 데에서 벗어나 명확한 우선순위와 역할분담에 근거하여 성장 지향적으로 도시를 경영하는 일이 가능해질 것이다. 그 과정에서 '잉여금이 쌓이는데도 빚을 내는 거꾸로 재정'은 사라지고, 빚이 필요하다면 미래 인프라에 투자하는 정상 재정으로 복귀할 수 있다. 은행 이자 대신 청년·교육·문화·복지로 돈이 흐르고, "돈이 없는 게 아니라 우선순위가 시민을 향하지 않았던" 과거를 완벽하게 바꿀 수 있다.

무엇보다 이 시스템은 시민이 주인인 새로운 정치 시대를 연다. 예산을 둘러싼 토론이 활발해지고, 제안과 제보가 축적되며, 시민은 유권자를 넘어 정책의 공동 설계자가 된다. 내가 시작한 "내돈내놔" 시민 참여 캠페인은 그 상징이다.

어느 날 갑자기 잘려버린 예산, '돈이 없어' 미뤄진 사업, 보이는 곳에만 투입된 지출을 시민이 신고하고 논의하며, 제대로 쓰이지 않는 예산을 되찾는다.

결국 시민재정시스템은 한 도시의 IT 프로젝트가 아니다. 그것은 재정민주주의 선언의 실천 도구이며, 오픈 데이터와 AI가 뒷받침하는 디지털민주주의의 실험장이다. 재정이 투명해지면 낭비가 줄고, 낭비가 줄면 복지가 늘고, 복지가 늘면 삶이 바뀐다.

이 간단한 공식이 도시 혁신의 출발점이다. 의정부에서 시작한 퍼스트 펭귄의 도전은 시행착오를 겪더라도 다른 도시가 따라올 수 있는 표준을 만들 것이다. 그리고 언젠가 우리는 자연스럽게 이렇게 말하게 될 것이다. "예산은 시장실의 문서가 아니라, 시민 모두의 계획이다." 그때 비로소 헌법 제1조의 문장이 지역의 일상 속에서 완성되는 현장을 감격적으로 마주하게 될 것이다.

국회 입법박람회에서의 제안

나는 의정부시 시민재정시스템을 지난 9월 23일과 24일 이틀간 열린 국회 입법 박람회에서 선보였다. 부스를 신청해서 운영했는데, 부스 명칭이 '내돈내놔 의정부시 시민재정시스템 사전공개' 였다. 우원식 국회의장님, 이관후 국회 입법조사처장님, 박혁 연구위원님, 정창수 나라살림연구소 소장님, 박동완 브레인파크 대표님, 이왕재 재정정책자문관님, 김보미 강진군 의원님, 유신욱 보좌관님, 이광희 당직자님 등을 비롯해 많은 분들이 와 주시고 관심을 가져주셨다. 특히 염태영 의원님, 신정훈 의원님과는 부스에서 깊은 토론을 이어갔다. 시민 재정시스템의 미래와 제도 개선 방향에 대해 함께 논의할 수 있었던 소중한 시간이었다.

이날 전시는 의정부 시민 여러분께 시스템을 정식으로 공개하기 전 다양한 피드백을 받고 시스템을 보완하는 과정이었다.

입법박람회에서 나는 정부 발행 공공데이터를 전면적으로 오픈 API로 공개할 것을 제안했다. 지금 정부·지자체의 공공데이터 공개는 대부분 PDF·엑셀 같은 정적 파일이라 시민·기업·연구자·AI

가 즉시 활용하기 어렵다. 일부 API가 있지만 핵심 정보는 표준화되지 않았고 기관마다 분절되어 있다. 그래서 중앙·지방 정부가 법령·예산·결산·행정 정보를 원칙적으로 오픈 API로 제공하도록 의무화하고, 국가 차원의 표준 포맷·갱신주기·메타데이터까지 포괄하는 품질관리 체계를 만들자고 제안했다.

이를 통해 시민·스타트업·학계가 자유롭게 데이터를 활용해 예산 모니터링, 민원 응대, 도시문제 해결 등 시민 참여형 혁신 서비스를 만들 수 있다고 본다.

입법박람회 부스에 우원식 국회의장이 방문해 시민재정시스템에 대한 설명을 듣고 있다.

시민
속으로
4

설문조사원 정진호

나는 내년 지방선거에서 의정부 시장에 도전하는 문제를 진지하게 검토하고 있다. 하지만 한 도시의 행정을 책임지는 시장이라는 자리는 개인의 의지만 가지고 할 수 있는 자리가 아니다. 시민이 함께해야 한다.

시장의 자격은 시민의 역량을 결집시키는 능력에서 나온다. 의정부의 미래는 특정 정치인의 머릿속에서 나오는 것이 아니라, 시민 한 분 한 분의 지혜와 참여 속에서 함께 만들어가는 집단지성의 결과물이어야 하는 것이다.

그러므로 시장을 준비하는 사람이 제일 먼저 해야 할 일이 있다. 시민들의 이야기를 들어야 한다. 목표를 시장으로 정하고 듣는 것은 그냥 담소를 나누는 것과는 다르다. 이런 생각으로 나는 지난 5월부터 '100인 인터뷰'를 시작했다. 아쉬운 것은 당초 계획과 달리 의정부시와 재정 문제를 둘러싼 '외로운 싸움'을 하느라 100인을 다 채우지 못하고 53명에 그쳤다는 점이다. 하지만 나름대로 의미가 있었다. 인터뷰에서는 다른 대화도 많이 했지만,

주로 아래 여섯 가지 질문을 공통적으로 던졌다.

첫째,   30대 청년이 시장을 맡는 것에 대해 어떻게 생각하는가.

둘째,   시장은 꼭 의정부 출신이 해야 하는가.

셋째,   시장이 어떤 문제부터 해결해야 하는가.

넷째,   미군 반환 공여지가 많은데 어떤 시설을 원하나.

다섯째,   왜 시민은 참여에 관심이 별로 없는가.

여섯째,   의정부는 어떤 도시이며 어떤 도시로 가야 하는가.

형식적인 설문조사가 아니었다. 한 명 당 최소 30분 이상 만나서 대화를 하는 '1인 심층 면접'이라고나 할까? 시장에서 장을 보는 주민, 산책길에서 마주친 어르신, 퇴근길 직장인, NGO에서 일하는 활동가부터 학부모까지, 최대한 자연스런 분위기에서 마음속 이야기를 그대로 듣는 자연스런 대화 형식으로 인터뷰를 했다. 대화는 녹음하거나 기록으로 남겼고, 하나하나 분석했다.

인터뷰를 통해 나는 의정부 시민들이 지금 무엇을 고민하고, 어떤 미래를 원하는지 생생히 들을 수 있었다. 그리고 시민들의 목소리를 직접 들으며, 의정부가 안고 있는 문제들이 행정기관의 보고서나 통계 수치로 확인할 수 있는 것이 아니라는 사실을 새삼 깨달았다. 53명은 결코 적은 인원이 아니었다.

분명한 것은, 이번 인터뷰를 통해 의정부의 미래는 한 사람이 만들어가는 것이 아니라, 시민이 직접 참여하고 함께 결정해 나가는 과정에서 만들어진다는 점을 더욱 확신하게 되었다는 사실이다. 나는 이번 시민 인터뷰를 단순한 보고서로 취급하지 않을 것이다. '시민 모두가 시장'이라는 마음으로 함께 참여하는 의정부를 만드는 지침서로 활용할 것이다.

'설문조사원 정진호'가 진행한 인터뷰에는 다양한 배경을 가진 시민들이 바쁜 시간을 쪼개서 응해 주었다. 연령별로 보면 20대가 7명, 30대가 11명, 40대가 8명, 50대가 15명, 60대가 7명, 그리고 70대 이상이 5명이었다. 30대에서 50대에 걸친 중장년층이 절반 이상을 차지했는데, 이는 이 연령대가 실제 시정 참여와 연결될 수 있는 경험과 문제의식을 많이 가지고 있다는 것을 말해주는 것으로 보인다.

성별 분포는 남성이 25명, 여성이 28명으로 비슷했다. 다만 주부, 문화예술인, 지역 활동가 등 여성 참여자들의 의견이 두드러졌다는 점은 눈여겨볼 만하다. 생활 현장에서 체감하는 불편과 바람이 그대로 반영되었고, 복지와 문화 영역에서 특히 깊이 있는 지적과 제안이 많았다.

직업군도 다양했다. 공무원, 시의원, 주민자치회장 등 공공부문 관계자가 15명가량 참여했고, 디자이너·기획자·보험사·건축사 같은 전문직·사무직이 10명 정도였다. 치킨집·택시운전·부동산·정육점 같은 자영업자와 상인도 12명쯤 되었고, 연극인·성악가·발레리나 출신·유튜버 등 문화예술·체육 분야 인사들이 약 15명 참여했다. 또 교육·환경·복지·시민네트워크 등 시민단체 활동가들이 20명 가까이 참여하여 지역사회의 문제의식을 활발히 전해주었다. 이 밖에도 청년, 인플루언서, 학생 등 기타 참여자도 8명 있었다.(이상 직군 중복 인원 포함)

종합하면 공공부문 관계자부터 상인과 자영업자, 청년 활동가, 문화예술인, 시민단체 대표까지 폭넓은 분포를 보였는데 특히 시민단체 활동가와 문화·예술·체육 분야 참여자가 많아, 의정부의 정체성, 문화 인프라, 복지와 시민참여의 중요성에 관한 논의가 많이 나왔다. 또한 중장년층의 참여가 많았고 여성 참여자의 목소리가 강하게 반영되어, 생활 현장의 목소리와 문제의식이 두드러졌다.

사실, 이번 인터뷰는 내가 처음으로 설문조사원이 되어서 진행한 인터뷰였다. 초보 조사원의 첫 번째 설문조사! 하지만 나름 심층적으로 분석해 보았다. 여기에 의정부의 여론이 있고 미래가 숨어 있기 때문이다.

30대 청년이 시장을 맡는다?

시민들은 30대 청년이 시장을 맡는 것에 대해 어떻게 생각하고 있을까? 새대교체와 혁신, 청년 정책, 미래지향적인 시정을 펼칠 수 있다는 긍정적인 면이 많다고 했지만, 행정 경험, 정치적 협상, 안정적인 지도력이 걱정된다는 의견도 많았다.

30대 시장은 기성 정치세력과 차별화된 신선함과 도전정신을 상징하므로, 젊은 세대의 정치참여는 지역사회 발전의 동력이 될 수 있고, 청년 일자리, 교육, 주거 문제 등 또래 세대가 직면한 현실을 피부로 알고 있어 이를 정책에 더 잘 반영할 수 있다는 장점이 있으며, 디지털 전환, 친환경 에너지, 글로벌 연계 같은 새로운 의제를 적극 수용할 수 있는 유연성이 높을 것으로 생각하고 있었다.

하지만 시정은 복잡한 예산, 법령, 이해관계자 조율을 포함하므로 경험 부족이 문제가 될 수 있으며, 기성 정치인, 공무원 조직, 시민단체와의 협상에서 연륜이 부족하다는 평가가 나올 수 있다는 것을 우려했다. 특히 재난 대응이나 대규모 사업 추진에서 신속하면서도 균형 잡힌 판단이 중요한데, 젊은 지도자는 검증이 부족하다는 지적을 하기도 했다. 한 사람 한 사람의 발언 요지를 들어 보자.

"나이는 중요하지 않다고 본다. 이미 여야 정당에서도 젊은 당대표가 나온 적이 있고, 결국 중요한 것은 나이보다 정치적 경력이라고 생각한다."

"우려되는 부분은 공직사회가 어떻게 받아들이느냐 하는 것이다. 젊은 사람이 시장이 되면 주먹구구식이나 줄서기 문화가 달라지고, 행정이 더 투명해질 수 있다고 본다."

"젊은 정치인은 깨어 있고 도전하는 의식이 있어서 좋다. 다만 전 세대를 어떻게 화합시킬지가 고민이 될 것이다."

"생각이 빠르고 시각이 때묻지 않아 무조건 찬성한다. 빠르게 변하는 시대에는 젊은 사람이 더 어울린다."

"젊으니까 소통은 잘 되고, 시대 변화에도 빠르게 대응할 수 있을 것 같다. 하지만 시청의 나이 많은 공무원과 호흡을 맞추는 부분에서는 걱정이 된다."

"도전의 가치가 있다. 새로운 변화를 추구하고 기존의 벽을 타파할 수 있다. 기존 세력과 힘을 합쳐 조화를 이루면 더 큰 변화를 만들어낼 수도 있다고 본다."

"40대쯤이 적당하다. 사회 경험도 쌓고 가정도 꾸려본 뒤에 시장에 도전하는 것이 맞다고 생각한다."

"정치도 정책도 젊어져야 한다. 젊은 사람이 하면 생동감 있게 움직일 수 있다. 특히 IT 분야에서는 훨씬 잘 할 것이다. 정책 역량이 있다면 젊은 사람이 더 낫다."

"파격적이고 이색적이다. 젊고 소통 잘하고 똑똑할 것 같아 좋지만, 기득권층과의 마찰이 있을 것 같다."

"긍정적인 면과 부정적인 면이 동시에 있다. 나이 많은 간부들과 조화를 이루는 것은 쉽지 않을 것이다. 공무원 조직을 이끌려면 리더십이 필요한데, 급변하는 시대에는 새로운 정치가 필요하다고 본다."

"젊은 사람의 시선과 추진력은 도움이 될 것이다. 응답 속도도 빠를 것 같지만, 다른 관계자들과는 소통에 어려움이 있을 수 있다."

"청년으로서는 기쁜 일이다. 그러나 어른들 중에는 부정적인 시각도 있다. 과거 청년 정치인의 안 좋은 사례들이 영향을 준 것 같다. 하지만 경선을 당당히 거쳐 출마하면 이런 시각도 많이 줄어들 것이다."

"추진력과 신선한 시각은 긍정적이다. 단점은 경험 부족으로 인한 미숙함이지만, 인정하고 배워나가면 충분히 극복할 수 있다."

"30대라도 자질과 능력이 충분하다면 도전할 수 있다. 나이가 많은 시민들은 경험 부족을 걱정할 수 있겠지만, 젊은 사람은 진취적이고 박력 있게 일을 추진하는 장점이 있다."

"불안감보다는 신기하다는 느낌이 크다."

"의정부는 고령층도 많지만 학생도 많은 도시다. 정책이 이런 대상에 맞게 꾸려지지 않은 게 아쉬웠는데, 30대 시장이 된다면 생활에 맞는 정책을 펼칠 것 같아 기대된다."

"아저씨 정치 말고 젊은 정치인이 필요하다. 그래야 청년들의 요구가 잘 반영되고 공감을 얻을 수 있다."

"아직은 이르다. 보리도 익어야 되는데 아직은 덜 익은 시기다. 40대쯤에 하면 더 나을 것이다."

"젊은 시장은 변혁의 아이콘이 될 수 있다. 청년 유입이 늘고, 주택·출산·육아 정책이 다양해지면 도시 분위기가 더 역동적으로 바뀔 것이다."

"청년들이 정치에 관심이 없으니 정치인들이 청년 눈치를 보지 않는 것 같다. 청년을 대변할 정치인이 많아져야 한다."

"전문성과 능력이 검증된 정치인이라면 30대도 가능하다. 다만 46만 도시를 이끄는 시장의 전문성에 대해서는 시민들이 걱정할 수 있다."

"청년이라면 진취적으로 정책을 추진할 수 있다. 기득권의 구태를 벗어나 신선한 인물이 새로운 정책을 시도하면 지역을 새롭게 키울 수 있을 것이다."

"정의감으로 할 수 있는 부분은 오히려 젊을 때가 더 나을 수도 있다. 하지만 46만을 대표하는 자리인 만큼 경력과 지식, 시에 대한 애착을 보고 적임자를 뽑아야 한다."

"철학과 가치관이 있으면 된다. 경험은 나이가 들면 넓어지겠지만, 정치는 혼자가 아니므로 주변이 보완해주면 충분히 가능하다."

"무엇인가 새로운 시선이 필요하다. 청년 시장이 나오면 지금까지와는 달리 문제를 즉시 해결할 수 있을 것이라는 기대가 생긴다."

"인생 경험이 짧아 교감 능력이 부족할 수 있다. 하지만 용기가 있다면 눈치 덜 보고 소신 있게 할 수도 있다."

"청년들은 창의력이 뛰어나다. 경험은 부족할 수 있지만, 정치를 제대로 공부한 젊은이라면 참신할 것이다. 부족한 경험은 전문가들과 소통하면서 보완할 수 있다."

"굉장히 생소하다. 신선하다기보다는 과연 할 수 있을까 하는 불안이 있다. 많은 사람들이 젊은 시장을 따라갈 수 있을지가 걱정된다."

"30대 청년이 시장이 되면 의정부시가 젊어질 것이다. 청년들이 머물고 싶은 도시가 될 것 같다. 그러나 나이 든 사람의 지혜도 필요하기 때문에 기대와 걱정이 반반이다."

"새로운 혁신은 맞다. 하지만 공무원 집단과 50만에 이르는 시민을 아우를 관록이 필요하다. 그래도 변화와 혁신을 위해서는 젊은 시장이 필요하다고 본다."

"현실 정치에서는 파격이지만 충분히 가능한 일이다. 젊은 정치인이 나오면 정책도 젊어지고 도시도 활기차질 것이다. 시행착오는 있겠지만, 참모와 주변을 어떻게 꾸리느냐에 따라 경험 부족은 보완될 수 있다."

이 내용을 요약해 본다.

□ **긍정적 기대**

- 나이는 중요하지 않고 능력과 경력이 더 중요하다.

- 젊은 시장은 신선하고 깨어 있으며, 도전정신과 추진력이 있다.

- 빠른 사고와 시대 변화 대응력, IT·혁신 분야에 강점이 있다.

- 소통이 잘 되고 청년 세대의 목소리를 대변할 수 있다.

- 기존의 벽을 깨고 구태정치를 혁신할 수 있다.

- 청년 세대의 주거·일자리·육아 정책 등 생활밀착형 문제해결에 강점이 있다.

- 변화와 활력을 불러와 도시 분위기를 젊게 만들 수 있다.

- 경험 부족은 참모와 주변 조언으로 보완 가능하다.

- 경선을 통해 공정하게 선출된다면 부정적 시각도 극복할 수 있다.

□ **부정적 우려**

- 행정 경험이 부족하다. 40대쯤은 되어 사회적 연륜과 가정 경험을

쌓은 뒤 도전하라.

- 시청 간부와 기성세대와의 조화가 어렵고, 리더십 발휘에 한계가 있을 수 있다.
- 공무원 조직이 젊은 시장을 잘 따를지 불확실하다.
- 인생 경험이 짧아 교감 능력이 부족할 수 있다.
- 자기 정치에 치우치거나 시민과의 소통에서 어려움이 있을 수 있다.
- 아직은 이르며, 경험과 관록 부족으로 시민들의 불안감을 자극할 수 있다.

맞다. 때묻지 않았다는 것은 걸림돌이 없다는 것이다. 걸림돌이 많으면 전진하기 쉽지 않다. 개혁가들이 대부분 젊은 것은 때묻지 않아 거침이 없기 때문이다. 우리도 다소 경험이 부족하더라도 새로운 가능성과 개혁 동력에 더 기대를 걸어야 하지 않을까? 그럼 경험 부족은 어떻게 할 것인가? 시의회와 집행부가 협치 구조를 강화해 시장의 경험 부족을 제도적으로 보완하면 된다. 또한 민관 거버넌스를 한층 강화해 시민의 집단지성으로 보완하면 해결될 것이다.

시장은 꼭 토박이가 해야 하는가?

대부분의 시민들은 시장이 반드시 의정부 출신이어야 할 이유는 없다고 답했다. 오히려 능력과 비전, 그리고 의정부를 사랑하고 발전시킬 의지와 지혜가 더 중요하다고 했다. '토박이론'은 시대 착오적이고 지역을 좁게 보는 발상이라는 지적이 많았다. 반면, 의정부에서 오래 살고 지역 문제를 잘 아는 토박이가 시장이 되는 것이 장점이 될 수 있다는 의견도 일부 있었다.

> "의정부에서 시의원 한 지 4년밖에 안 됐지만 충분히 지역 인프라와 이슈를 알고 있다. 나도 공무원 생활을 2년밖에 안 했지만 다 알 수 있었다. 공무원들도 외부에서 출퇴근하는 사람들이 많다."
> "의정부 출신이냐 아니냐 보다는, 오히려 다른 도시 출신이면 지평을 넓힐 수 있는 계기가 된다고 생각한다."
> "시장은 지역 출신과는 큰 상관이 없다. 시장에게 필요한 건 정무적 감각이지 학교를 어디서 나왔냐가 중요하지 않

다. 의정부에서 10년 넘게 활동했다면 출신 여부는 아무런 문제가 되지 않는다."

"출신은 문제 되지 않는다. 의정부를 사랑하고 발전시키고자 하는 마음이 있다면 충분하다."

"능력이 있으면 상관없다. 그런 출신 논란은 괜한 텃세에 불과하다."

"토박이가 시장이 되어야 한다는 주장은 동의하기 어렵다. 의정부에서 오래 살았거나 제대로 일해 본 경험이 있다면 충분하다."

"토박이론은 시대정신에 맞지 않는다. 오래 살았다는 게 중요한 게 아니라, 얼마나 지역에 관심을 가지고 정책에 몰입했느냐가 중요하다. 주민등록상 토박이는 아무 의미가 없다."

"토박이 주장은 오히려 외부인을 배척하고 지역을 더 닫히게 만든다. 토박이들은 지역의 이해관계에 자유롭지 못하기 때문에 토박이론을 내세우는 것 같다."

"예전부터 관성대로 지역 출신이 해야 된다고 생각했겠지만, 이제는 그런 낡은 생각을 버려야 한다. 토박이가 아니라도 일을 잘하는 사람이 하면 된다."

"지역을 잘 아는 토박이가 장점일 수도 있겠지만, 반드시 지역 출신일 필요는 없다. 오히려 다른 지역 경험이 있는 사람은 외부의 장점을 가져올 수 있다."

"개인적으로는 의정부에 오래 살아온 사람이 더 잘 알기 때문에 좋다고 생각한다. 다만 토박이가 아니면 감정에 덜 휘둘리고 냉철하게 데이터를 보고 추진할 수 있다는 장점도 있다."

"의정부는 인물이 많은 도시가 아니어서, 토박이론을 주장하면 오히려 풀이 좁아진다. 토박이는 특색과 문제를 잘 알 수 있지만, 시정에 대한 관심만 있다면 의정부 출신이 아니어도 충분히 극복할 수 있다."

"지역을 너무 잘 알면 시민들의 얘기를 안 듣는 경우도 있다. 오히려 모르는 부분이 있어야 시민의 말에 귀를 기울이고 반영할 수 있다."

"그 지역을 얼마나 좋아하고 사랑하는지가 더 중요하다. 물리적으로 태어난 것보다 관심을 갖고 공부해 온 게 더 중요하다."

"토박이가 아니어도 행정 업무는 금방 익힐 수 있다. 토박이론은 사실상 갈라치기일 뿐 의미가 없다."

"의정부 출신이면 지역의 문제를 잘 알 수 있어 좋겠지만, 외부 출신이라도 충분히 의정부를 위해 일한다면 환영한다."

"도시를 잘 아는 사람이 해야 한다. 토박이라도 도시를 잘 모를 수 있다. 도시를 잘 아는 토박이라면 도움이 될 수 있다."

"지역에서 오래 살고 봉사하며 애정을 가진 사람이라면 토박이 시장도 의미 있다."

"학연·지연으로 이어지는 것은 좋지 않다. 그래도 실제로 생활하는 지역에서 출마하는 게 더 믿음이 간다. 그래야 공약도 현실적일 것이다."

"지역 학교만 다녔다고 해서 토박이라고 할 수는 없다. 진짜 토박이는 10년 이상 살면서 봉사하고 애정을 가진 사람이다."

"의정부가 보수적이다 보니 토박이론이 강하다. 하지만 시민 대다수는 이제 토박이어야 한다는 주장을 설득력 있게 보지 않는다."

"토박이는 지역사회를 잘 알 수 있다는 장점은 있다. 그러나 생활이 문란하거나 지역에 관심이 없는 사람이라면 토박이일지라도 자격이 없다. 결국 중요한 것은 지역에 대한 관심과 지식, 교감 능력이다."

"일 잘하면 된다. 부산 출신이 광주 시장이 될 수도 있고, 광주 출신이 부산 시장이 될 수도 있다. 내가 사는 동네를 잘 아는 건 좋겠지만, 토박이론은 고정관념이다."

"나도 토박이지만, 그것이 중요한 건 아니라고 본다. 토박이가 이 도시를 위해 진심이라면 좋지만, 아니더라도 의지를 가진 사람이라면 충분하다."

"의정부 시민 중 토박이는 20%, 외지인은 80%다. 이런 상황에서 토박이가 꼭 시장이 되어야 한다는 건 맞지 않는다."

"토박이론은 구태적인 생각이다. 과거 정치인들이 기득권을 유지하기 위해 내세운 논리일 뿐이다. 의정부 발전을 위해서는 새로운 감각과 비전이 필요하다."

"토박이라도 애향심이 없는 사람은 의미가 없다. 지역을 진심으로 사랑하는지가 본질이다."

"토박이냐 아니냐는 일고의 가치도 없는 논쟁이다. 지역은 행정구역일 뿐이고, 토박이론은 일종의 갈라치기다."

"의정부는 시골과 도시가 적절히 섞여 있다. 출신보다는 의정부를 사랑하고 발전시키려는 사람이면 충분하다."

"토박이가 지역사회를 잘 알 수 있다는 장점은 있지만, 그보다 중요한 건 지역에 대한 관심과 교감이다. 일정 기간 거주는 필요하겠지만, 출신 자체가 본질은 아니다."

"꼭 내 고장에서 태어나고 자란 사람이 시장이 될 필요는 없다. 문제와 대안을 정확히 파악하고 큰 그림을 그릴 수 있다면 출신은 중요하지 않다."

"지역 주민들 중에는 여전히 출신을 문제삼는 시각이 있다. 하지만 본인이 이를 극복하려 노력하면 된다."

"의정부에 사는 사람들 상당수는 서울 출퇴근 때문에 이곳에 거주한다. 그래서 정주의식이 부족하다는 고정관념이 있지만, 오히려 이런 구조 속에서 토박이론이 설 자리는 점점 줄고 있다."

"전문가는 외부보다 지역 내부에 있다는 생각이 강하다. 현실의 문제는 외부 전문가가 쉽게 알 수 없는 부분이 많다. 하지만 그렇다고 해서 반드시 토박이여야 하는 것은 아니다."

이 내용을 요약해 본다.

☐ **토박이여야 한다는 입장**
- 의정부에서 오래 살아온 사람이 지역을 더 잘 알 수 있고, 정서와 요구사항을 잘 반영할 수 있다.
- 토박이는 의정부만의 특색과 문제를 잘 알고 있기 때문에 장점이 있다.
- 지역에 대한 애향심과 자부심이 큰 사람이 시장이 된다면 도움이 된다.
- 실제 생활을 오래 해 온 사람일수록 공약과 정책이 현실적일 수 있다.

☐ **토박이일 필요가 없다는 입장**
- 능력과 비전이 더 중요하다. 출신 논란은 텃세이자 구태적 발상이다.
- 토박이론은 시대착오적이며, 지역을 오히려 좁게 만든다.
- 외부 출신은 다른 지역의 성공 사례와 경험을 활용할 수 있다.

- 지역을 너무 잘 알면 오히려 시민의 말을 덜 들을 수도 있다.
- 의정부 인구 대부분은 외지인이라 토박이만 시장이 돼야 한다는 것은 맞지 않는다.
- 지역사회에 대한 관심, 애정, 정책에 대한 이해가 더 본질이다.
- 도시문제 해결능력은 출신이 아니라 전문성과 정무적 감각에 달려 있다.
- 일 잘하면 된다. 부산 사람이 광주 시장이 될 수도 있고, 반대도 가능하다.
- 토박이는 오히려 지연·학연에 얽혀 이권에서 자유롭지 못할 수 있다.

시민들은 시장의 출신 여부보다는 능력과 지역에 대한 관심이 중요하다는 공감대를 보였다. 학연·지연으로 얽히는 정치는 이제 구닥다리가 되어 가고 있었다. 결국 중요한 것은 출신지가 어디냐가 아니라, 그 사람이 얼마나 의정부를 사랑하고 시민과 함께 미래를 열어갈 준비가 되어 있느냐이다.

토박이라서 장점이 있을 수도 있고, 외부 출신이라서 새로운 시각을 불어넣을 수도 있다. 그러나 그것은 선택의 조건이 아니라 참고사항일 뿐이다. 더 중요한 것은 의정부의 문제를 제대로 이해하고, 시민의 목소리를 귀담아듣고, 그 속에서 대안을 만들어 낼 수 있는 역량이다.

지금 의정부는 교통·산업·복지·문화 전반에서 새로운 도약을 준비해야 하는 시점에 서 있다. 이럴 때일수록 출신 여부보다는 누가 더 실력 있고, 더 열린 사고로, 더 강한 책임감으로 의정부를 이끌어갈 수 있느냐를 따져야 한다.

어떤 문제부터 해결해야 하나?

나와 인터뷰를 한 시민들은 시장이 가장 먼저 해결해야 할 과제로 교통 문제, 재정건전성, 경제 활성화, 복지 구조 개선을 꼽았다. 특히 불법 주정차와 대중교통 불편, GTX 등 교통 인프라 확충 요구가 많았다. 복지예산 부담과 재정 불안정 문제를 지적하는 목소리도 있었다. 또 일자리 창출과 지역 상권 활성화, 청년정책 확대, 교육 인프라 확충이 시급하다는 의견도 나왔다. 나아가 정치적 갈등을 줄이고 화합의 토대를 마련해야 한다는 주문과, 문화예술·에너지 전환 정책에 대한 필요성도 제시했다.

"교통 문제를 해결해야 한다. 불법 주정차가 너무 많고, 도로에 차를 세워 길이 막히니 중앙선을 넘나드는 경우가 많다. 의정부가 관리가 안 된다는 느낌이 든다. 관내 업체가 수의계약으로 대충 공사를 하는 문제도 바로잡아야 한다."
"의정부는 기초생활수급자가 많은 지역이라 복지 지출이 크다. 싼 집값 때문에 복지 수요가 몰리는 일종의 자석효과가 있는데, 정책적으로 다룰 필요가 있다."

"집값 문제로 노인 세대가 몰려들어 복지 부담이 크다. 그러다 보니 청년층을 위한 문화복지가 부족하다. 세대 균형이 필요하다."

"기존 시장이 3선을 하면서 사업이 고착화된 면이 있다. 새롭게 정립할 것은 정립하고, 계승할 것은 계승해야 한다."

"일자리를 많이 만들고 교육 문제에 신경써야 한다. 교육 인프라는 물론 특수교육까지 챙겨야 한다."

"재정 문제를 전반적으로 재검토해야 한다. 복지 지출이 많고 재정 자립도는 낮고 교부세도 불안정하다. 구조적 개편이 필요하다."

"교육 거점을 마련해야 한다. 노원구처럼 교육도시로 자리 잡으면 큰 효과가 있을 것이다."

"소상공인들이 요즘 너무 어렵다. 일회성 행사가 아니라 지역화폐를 활성화해서 돈이 돌게 해야 한다."

"재정이 하위권일 것 같아 걱정이다. 건전한 재정 운영이 필요하다."

"의정부는 경제적으로 취약하다. 먹고사는 문제, 경제를 살릴 정책이 우선이다."

"예산을 잘 관리하면서 복지에 신경을 쓰되, 젊은 세대에 혜택이 돌아가는 정책이 필요하다."

"지역 국회의원과 단체장이 소속 정당이 달라 반대를 위한 반대가 일어난다. 정치 갈등을 줄이고 본연의 행정에 집중할 수 있는 토대를 만드는 게 중요하다."

"경제가 우선이고, 다음은 건강이다. 시민들은 경제 문제에 민감한데 시 행정은 잘 모른다. 지역언론을 활성화해서 시의 대책을 알릴 필요가 있다."

"의정부는 그린벨트가 많아 개발할 땅이 없다. 그린벨트 해제는 권한 밖이지만, 산업시설을 유치해 자족도시로 발전해야 한다."

"서울로 나가기 어려울 정도로 교통이 불편하다. GTX가 빨리 연결돼야 의정부 가치가 올라갈 것이다."

"문화예술 예산은 교육과 연결해서 접근해야 한다. 학교에서 현장학습을 극장이나 공연장으로 보내고, 지역 예술가들이 활동할 기회를 더 많이 주어야 한다."

"아이들이 많은 민락2지구 같은 곳에는 장난감 대여 사업, 아이 돌보미 사업이 필요하다."

"많은 학부모가 초등 고학년 때 서울로 이주한다. 의정부에도 자존감을 회복할 수 있는 교육 기회가 필요하다. 학군·학원 인프라가 부족해 개선이 절실하다."

"젊은 사람들이 많이 유입돼야 한다. 투자 유치로 일자리를 만들어야 한다."

"문화예술 예산이 없어져 시민 연극제 같은 것이 사라졌다. 지역 풀뿌리 문화를 지키려면 지원이 필요하다."

"시 부채가 500억 원인데, 재정 규모에 비해 심각하다. 시 재정을 건전하게 만들어야 일자리 창출과 기업 유치도 가능하다.

"소상공인 지원금이 특정 업소에만 가는 문제를 바로잡고, 신생 상권을 배려해야 한다. 지역 주차 문제도 풀어야 상권이 산다."

"경기가 너무 안 좋다. 상권부터 살려야 한다. 의정부는 소비도시인데 돈이 돌지 않는다."

"대중교통이 불편하다. 실제로는 수원이 멀지만 교통 때문에 수원이 더 가깝게 느껴진다."

"복지 수요 조사가 필요하다. 중앙정부 지원이 부족해 의정부가 재정 압박을 받는다."

"지역공동체의 정체성을 만들고, 시민이 공감할 수 있는 방향을 제시해야 한다."

"서울로 가는 교통 문제가 해결돼야 한다. 8호선 연장도 필요하다. 교통이 원활하면 상권도 살아날 것이다."

"경제 활성화 정책이 절실하다. 건설 경기가 돌아야 지역경제도 돌아간다."

"구도심은 낙후되고 고령화되어 슬럼화가 진행되고 있다.

개발을 통해 격차를 줄여야 한다.”

“청년 문제 해결이 필요하다. 의정부는 노인 복지에 치중돼 있고, 청년들은 놀거리·볼거리·먹거리가 없어 머물지 않는다. 청년 공간과 일자리를 만들어야 한다.”

“정당 갈등이 심하다. 시 차원에서는 아우를 수 있어야 한다. 대화의 장을 마련하고 부딪힐 것은 부딪혀야 한다.”

“기후변화 대응 에너지 전환 정책이 필요하다. 태양광 등 신재생에너지를 확대해 일자리도 만들고 에너지 소외계층을 지원해야 한다.”

이 내용을 현안별로 요약해 본다.

□ 교통·도시 인프라

불법 주정차 문제, 도로 관리 미흡 개선 / GTX 조기 연결, 8호선 연장 / 대중교통 불편 해소 / 구도심 개발과 도시 격차 해소

□ 재정·복지

복지예산 부담 완화와 복지 수요 조사 / 재정건전성 확보, 부채 문제 해결 / 예산 구조조정 및 청년층 혜택 강화

□ 경제·일자리

지역 상권·소상공인 지원, 지역화폐 활성화 / 일자리 창출과 투자 유치 / 건설 경기 활성화를 통한 지역경제 회복

□ 교육·문화

교육 인프라 확충 및 특수교육 지원 / 교육도시 브랜드화 필요 / 문
화예술 예산 지원과 교육 연계 / 청년 문화·여가 공간 조성

□ **정치·행정**

정당 갈등 완화, 행정 본연에 집중 / 정치색을 넘는 화합의 장 마련

□ **기타**

민락2지구 아동 돌봄·장난감 대여 / 지역공동체 정체성 확립 / 기후
변화 대응 에너지 전환 정책

시민들은 교통·재정·경제·교육·복지를 시급한 문제로 꼽았으며,
부가적으로 정치적 화합과 문화예술, 에너지 전환 정책까지 폭넓
게 요구하고 있다. 불법 주정차와 대중교통 불편, GTX와 8호선
연장 같은 교통 인프라 확충은 시민들의 일상과 직결된 문제였다.
경제와 일자리, 지역 상권 활성화에 대한 요구는 의정부가 더 이
상 소비도시로만 머물러서는 안 된다는 강력한 경고로 들렸다.

교육과 문화 분야에서도 시민들은 분명한 바람을 이야기해 주었
다. 단순히 학교와 학원을 늘리자는 차원을 넘어, 의정부를 교육
도시로 만들고, 청년과 아이들이 자존감을 가지고 자라날 수 있
는 공간과 프로그램을 마련하자는 목소리가 많았다. 정치·행정
에 대해서는 정쟁이 아닌 화합을 요구하는 목소리가 컸다. 당리
당략을 넘어 시민을 위한 행정을 하라는 주문이자, 시장이 행정
의 본령을 지켜야 한다는 준엄한 명령이었다.

시민이 말하는 문제와 해법이야말로 의정부의 현실이고 미래다.

내가 만약 시장을 한다면 나는 무엇보다 교통문제 해결과 재정 건전화, 지역경제와 일자리 창출에 우선순위를 두겠다. 동시에 교육과 청년 정책, 문화와 복지를 균형있게 확대하여, 아이와 청년, 노인 모두가 함께 살고 싶은 도시를 만들 것이다.

미군 반환 공여지를 무엇에 쓸 것인가?

시민들은 의정부 시민의 '희망의 땅', 미군 반환 공여지를 어떻게 활용할지에 대해서도 다양한 의견을 제시했다. 다수는 기업·산업단지 유치와 일자리 창출을 가장 우선적으로 꼽았으며, 재정자립도를 높일 수 있는 생산적·수익형 시설을 희망했다.

반면 일부는 공원·녹지 조성, 박물관·문화예술 공간 같은 공공성을 강조했다. 또 주거시설, 체육·관광 시설, 장기적 에너지 거점, 역사 보존 등을 제안한 목소리도 있었다. 크게 △경제 활성화와 재정 확충 △시민 삶의 질 향상과 역사·문화 공간 조성이라는 두 축을 중심으로 의견이 나뉘었다.

"원래 군사시설이었으니 서바이벌 테마파크 같은 시설이 들어가면 좋겠다. 의정부는 재정 자립도가 낮으니 세입에 도움이 되는 시설이 필요하다."

"현대차나 반도체 기업이 들어오면 좋겠지만 현실적으로 어렵다. 다만 CRC(캠프레드클라우드 터) 같은 우량 부지는 기

업이 들어와야 맞다고 생각한다. CIC(미군방첩대 터)도 대학
인근이니 연구용으로 활용할 수 있을 것이다."

"세수가 늘어나야 하니 파주 디스플레이 공장, 성남 IT 단
지 같은 돈 되는 시설이 필요하다."

"공원보다는 역동적이고 현대적인 시설이 들어왔으면 한
다. 물류센터보다 더 생산적인 시설이면 좋겠다."

"공원도 좋지만 전 세대가 즐기는 쇼핑·문화 공간이 함께
들어오면 의미 있을 것 같다."

"일단 기업이 들어와야 한다. 기업이 들어오면 상권이 생기
고 문화시설도 따라 들어온다."

"기업을 유치해 세금을 걷어 교육에 더 많은 재정을 투입해
야 한다."

"생산시설이 필요하다. 깨끗한 공장 빌딩 같은 시설이 좋다.
흥선권역에는 대형마트가 없으니 이마트, 코스트코 같은
유통시설이 들어오면 좋겠다."

"국가산단이 필요하다. 의정부의 입지와 부지를 활용해 첨단
산업 클러스터를 만들면 경기 북부가 함께 발전할 것이다."

"아파트 단지가 들어서면 조경·녹지도 함께 들어오니 주거
시설도 필요하다."

"삶의 질을 높이려면 녹지가 꼭 필요하다. 아파트나 빌딩보
다는 공원이 들어와야 한다."

"미군 시설을 활용해 박물관을 세우거나 체육 활동 공간으로 활용하면 좋겠다."

"일자리도 창출하고 정기적으로 축제도 할 수 있는 복합 공간이 필요하다."

"의정부 주민들을 고용할 수 있는 기업이 들어와야 한다."

"장기적으로는 수소 충전소 기지를 조성해야 한다. 북한과 연결되는 유라시아철도를 대비해야 한다."

"의정부에는 박물관이 없으니, 미군 역사와 미국 문화 체험을 할 수 있는 공간을 만들면 관광도 될 수 있다."

"전시 시설이나 아카이브는 실효성이 없을 것 같다. 산업단지나 출판단지 같은 실질적 시설이 필요하다."

"공원이나 도서관도 좋고, 시민들이 공유할 수 있는 문화 공간이 필요하다."

"유스호스텔을 만들고, 스포츠타운으로 발전시키면 상권도 살아날 것이다. CRC는 역사박물관·전쟁기념관으로 활용하면 학습에도 좋다."

"공여지 개발은 장기적 관점에서 주민투표로 방향을 정해, 공원·엔터테인먼트·공연장·물류센터 등을 꾸준히 추진해야 한다."

"CRC같은 경우는 반은 기업, 반은 체육시설로 활용해 빙상장, 컬링장 같은 전국 최고 스포츠도시로 만들면 관광객 유치도 가능하다."

"무엇이든 안 들어오고 보존하는 게 낫다고 생각한다. 무분별한 개발은 투기로 이어진다."

"의정부는 '노잼도시'다. 대전의 성심당처럼 도시 브랜드를 만들 수 있는 시설이 필요하다."

"이제는 건설 외형보다 지역공동체의 정체성을 세울 수 있는 방향이 필요하다."

"종전 선언이 빨리 이뤄진 뒤 개발해도 늦지 않다."

"의정부의 역사를 보여주는 건물은 존치해야 한다. 미군 출신들이 관광할 수 있는 미국 체험 마을 같은 것도 가능하다."

"공여지에는 일자리와 생산을 창출할 수 있는 시설이나 관광객을 유치할 시설이 필요하다."

"가상화폐 환전소 같은 금융업이 들어오면 세수를 많이 확보할 수 있다."

"미군 항공기 관련 시설을 유치하는 것도 의미가 있을 것이다."

"의정부에는 문화예술 공간이 부족하다. 오픈스테이지나 전시관 같은 시설이 필요하다."

"데이터센터는 의정부에는 맞지 않다. 대규모 전력을 쓰는 산업은 피하고, 자체 에너지로 감당할 수 있는 방향이 필요하다."

4. 시민 속으로 - 설문조사원 정진호

이 내용을 조금 더 요약해 본다.

□ 기업·산업
자동차·반도체 등 기업 유치 / 국가산단 조성 / 생산시설·깨끗한 공장 /
물류·출판 특화 산업단지 / 가상화폐 환전소 등 금융업

□ 일자리·재정
의정부 시민 고용 보장 기업 / 세수 확대 시설 / 기업세 통한 안정적 재
정 확보

□ 주거·상업
아파트·주거단지 조성 / 대형마트·쇼핑센터 유치

□ 공원·녹지
공원·녹지 확충 / 삶의 질 개선 위한 녹지공간

□ 문화·역사
박물관·전쟁기념관 / 미국마을 / 문화예술 공간(갤러리, 오픈스테이지)
/ 시민 체육시설·스포츠타운

□ 정체성·공동체 도시
브랜드 창출('노잼 도시' 극복) / 지역 정체성 강화 / 주민투표로 장기
계획

□ 기타
수소 충전소 기지·에너지 거점 / 미군 항공기 연계 시설 / 일부 부지는
보존·개발 유보 / 데이터센터 유치 반대

나는 미군 반환 공여지 문제는 단순히 공원을 만들 것이냐, 기업

을 유치할 것이냐 선택의 문제가 아니라 경제 활성화와 삶의 질 향상을 어떻게 균형 있게 조화시킬 것인가의 문제라고 생각한다. 시민들이 말한 것처럼, 장기적인 안목으로 주민투표와 공론화를 거쳐, 의정부의 정체성을 지키면서도 새로운 산업과 문화가 함께 어우러지는 공간으로 만들어야 한다. 의정부에는 미군 반환 공여지가 많다. 도심 가까운 곳에는 공원을 아름답게 꾸미고, 외곽에는 산업을 육성하는 방안을 검토할 만하다.

나는 이 공여지를 단순한 개발 부지가 아니라, 의정부의 100년 먹거리와 정체성을 동시에 담아낼 기회의 땅이라고 본다. 기업을 유치해 일자리를 만들고, 시민들이 쉴 수 있는 녹지와 문화공간을 함께 조성하며, 역사적 의미까지 보존하는 복합적이고 미래지향적인 개발이 되어야 한다. 그렇게 할 때 비로소 시민들의 염원이 담긴 희망의 땅으로 거듭날 수 있을 것이다.

왜 시민들은 참여에 관심이 없나?

인터뷰에서 시민들은 행정에 잘 참여하지 않는 이유로 △정치 불신과 무력감, △생활 여건상의 제약, △제도와 홍보의 미비, △ 참여 기회와 보상 부족을 지적했다.

"정치인은 다 그놈이 그놈"이라는 냉소와 "내가 참여해도 반영 되지 않는다"는 불신이 가장 강하게 나타났고, 맞벌이나 생계 문 제로 바쁘거나 주민이 참여하는 위원회나 행사 시간이 직장인에 게 맞지 않는 구조적 한계도 지적됐다.

또한 행정이 일방적으로 운영되고 홍보가 부족해 참여 통로가 좁다는 문제, 늘 같은 사람만 동원되는 관행 등이 불참 요인으로 지적되었다. 반대로 참여도를 높이려면 △찾아가는 행정 △실시 간 소통 시스템 △참여에 따른 기본적인 보상 △신뢰 회복 △목 표 설정 △온라인 플랫폼 활용 등이 필요하다는 제안도 많았다.

"정치인은 다 그놈이 그놈이고 자기 이익만 챙긴다는 인식 이 많다. 또 요즘 사람들은 자기 주변만 챙기는 것 같다."

"시민참여 제도가 있는지도 잘 모른다. 게다가 위원회 활동은 직장인들이 참여하기 어렵게 되어 있다."

"행사가 늘 동원 위주로 운영되다 보니 똑같은 사람만 참여하게 된다. 하지만 전문성 있는 행사나 정책 반영이 보장된다면 점차 참여는 늘어날 것이다."

"개인 생활이 우선이고 군이 시간을 들여 참여할 유인이 없다. 다만 참여를 통해 변화를 만들어낼" 수 있다는 효능감이 보장된다면 달라질 수 있다.

"성동구청처럼 문자로 간편하게 참여하는 시스템이 생기면 놀라운 변화가 있을 것이다."

"우리 사회 전반의 문제다. 참여하는 사람만 참여하고, 피드백이 없으니 재미가 없고, 시간 내기도 어려운 구조다."

"내 의견이 반영되지 않을 거라는 선입견이 크다. 이를 바꾸려면 행정이 먼저 다가가서 시민의 말을 경청해야 한다."

"사는 게 바쁘고 맞벌이가정도 많아 관심이 없고, 홍보도 부족하다. 참여 동력이 약하다."

"의정부만의 문제가 아니다. 민원 해결 같은 성과를 직접 경험해야 시민들이 참여에 의미를 느낀다."

"먹고살기 힘든 상황에서 정치 행사는 무익하다고 생각하는 사람들이 많다. 홍보도 관심층 중심으로만 되고 있다."

"요즘 젊은 사람들은 "내가 말해도 달라지지 않는다"는 생각이 강하다. 인구 감소도 이런 현상을 심화시킨다."

"참여를 안 하는 게 아니라 소식이 개인에게 닿지 않는다. 참여 안내가 없다면 참여 방법도 없다."

"성동구청장은 직접 돌아다니고 인터넷·SNS로 소식을 공유한다. 의정부도 시민에게 소식을 자주 전해야 한다."

"시정도 작은 약속을 지켜 신뢰를 줘야 시민들이 참여 욕구를 가진다."

"주제별 공론장을 만들어 시민 스스로 질문하고 토론할 자리를 열어야 한다."

"지역 의제별 포럼·워크숍을 만들고, 온라인으로 의제를 논의하는 방식도 필요하다."

"공식 자리보다 단톡방이나 개인톡 같은 소통 방식으로 참여를 유도할 수 있다."

"리워드를 제공하면 참여율이 올라갈 것이다."

"시민교육과 정치교육을 통해 참여 기회를 늘리고, 찾아가는 교육으로 눈높이를 맞춰야 한다."

"위원회 선발을 공개 지원으로 전환하면 더 많은 시민이 참여할 수 있다."

"온라인 현안 공유 플랫폼을 만들어 시민 제안을 즉시 피드백하고 결과를 공개해야 한다."

"각 세대에 맞는 소통 채널을 활용하면 참여는 늘어난다."

"문화도시 사업처럼 목표가 분명하면 참여가 자연스럽게 증가한다."

"직장인 참여가 어렵다면 회의 시간이나 요일을 조정해야 한다."

"일상에서 교감하고 신뢰를 쌓는 방식이 필요하다."

"시정 정보를 온라인으로 투명하게 공개하면 시민들이 감시와 참여를 동시에 하게 된다."

"형식적인 질의응답 말고, 시장이 편하게 이야기하는 열린 광장이 필요하다."

"한 사람이 여러 단체를 독점하지 못하게 하고, 개인의 재능을 발굴해 기부할 수 있도록 단체를 재구성해야 한다."

"주민자치회 활동을 해보니 관심과 의욕이 생겼다. 위원회 가입은 참여를 촉진하는 계기가 될 것이다."

"참여 욕구를 표현할 창구가 부족하다. 위원회를 평일에만 열면 직장인 참여는 불가능하다."

인터뷰를 하면서 시민참여가 형식에 머물러 있다는 비판을 깊이 새겨들었다. 시장이 된다면 의정부를 '열린 시정 실험도시'로 만들겠다. 참여하면 반드시 결과가 돌아오는 시스템을 만들어야 한다. 제안이 반영되지 않더라도 왜 반영되지 않았는지 이유를 반드시 설명해주는 것이 중요하다.

맞벌이와 청년층을 위해 저녁·주말에도 참여할 수 있는 회의와 포럼을 정례화하는 것도 필요하고 디지털 플랫폼을 통해 어디서든 참여 가능한 온라인 시민 회의를 열어야 한다. 시민의 시간과 노력을 존중하는 참여 행정을 구현하여 '참여해도 소용없다'는 인식을 바꾸지 않으면, 늘 참여하는 사람만 참여하는 문제를 극복할 수 없을 것이다.

의정부는 어떤 도시로 가야 하나?

시민들은 현재 의정부를 군사도시의 잔상과 노령화, 교통·미관·브랜드 부재가 뒤섞인 도시로 인식했다. 신도시는 활력이 부족하고 원도심은 관리가 허술하다는 지적도 많이 나왔다. 앞으로는 교통 중심·교육·일자리·재정건전성을 축으로 한 실용적 성장과, 공간 관리·문화·청년 정책을 통한 도시 이미지 혁신을 요구했다.

"의정부는 20년 전 도시 같다. 길에서 경적을 막 울리고 담배도 아무데서나 피운다. 민락·고산 신도시는 활기가 없고다. 교통이 편리하고 문화·미관이 깨끗한 도시가 되었으면한다."

"과거엔 공부 잘하는 도시 이미지가 있었는데 지금은 쇠퇴했다. 교통 문제가 큰 원인으로 보인다. 과거 교육에 집중적으로 투자하던 도시라는 위상을 찾아야 한다."

"예전엔 미군부대가 많고 낙후됐지만 따뜻한 주민들이 사는 곳이었다. 지금은 노년층이 많아 활력이 떨어진다. 젊은 이를 끌어들일 정책이 필요하다."

"군사도시 이미지가 컸지만, 이제는 서울에 붙어 있다는 장점을 살려 발전 가능성이 보이는 도시로 바꾸어야 한다. 도시도 시골도 아닌 애매함에서 벗어나 분명한 콘셉트가 필요하다."

"노인들이 살기 좋은 도시라는 장점은 있다. 산, 중랑천, 대형 병원이 있고 산책로도 잘 돼 있다. 다만 굳어진 재정 관행을 외부 재정 전문가와 함께 새로 정립했으면 한다."

"돈 버는 분야에 투자해 일자리를 만들고, 의정부에 살 이유를 분명히 해야 한다. '아이들이 안전하게 지낼 수 있다'는 식의 도시 브랜드가 필요하다."

"군사도시 이미지를 벗어나 살기 좋은 '깔끔한 도시'로 변해야 한다. 생태도시, 기업도시를 만들기 위한 노력은 절반쯤 성공했다고 본다. 큰 기업 유치엔 한계가 있어도 차근차근 준비하면 결실이 있을 것이다."

"예전에 빈부격차와 따돌림이 심했지만, 지금은 재정도 분위기도 나아졌다. 이제는 도로, 보도블록, 우수관 같은 기초 인프라를 전부 조사해서 한 번에 정리하고, 골목 청소·쓰레기통 확충도 필요하다."

"통일을 대비해 관문도시가 되도록 도로를 넓히고 GTX·SRT를 연결해 교통 중심지가 되어야 한다. 의정부 하면 '살기 좋고 서울 출퇴근이 편하다'는 말이 나오게 해야 한다."

"의정부는 관광지가 없고 도시 브랜드가 약하다. 친구를 초대해도 자랑할 만한 명소가 없다. 젊은이를 끌어들일 시설을 늘리고, 동네 주차장 같은 생활 SOC를 적극 확충해야 한다."

"군사 이미지에서 특별한 변화가 부족하니, 기후·환경 교육 센터 같은 우리만의 상징 시설을 만들고, 에코버스를 운영해 특화 프로그램을 돌렸으면 한다."

"분단의 역사성을 살려 콘텐츠가 풍부한 공간을 만들고, 미군 기숙사를 개조해 병영문화 체험·공연 등 독특한 '문화 체험 도시'로 가면 좋겠다. 북한과의 물류가 열리면 의정부가 물류 교두보가 될 수도 있다."

"빚부터 줄이고, 투자 유치로 청년 일자리를 만들자. 재정은 꼴등이라는 이미지가 있어도 '시민이 행복한 도시'라는 이야기가 나오면 좋겠다. 과거 복지기금 공모 같은 시민 복지 프로그램도 부활했으면 한다."

"우리가 군사에 희생했던 땅이 많다. 중앙이 일괄 지시하기보다 지역이 재량권을 가지고 잘 활용할 수 있게 해야 한다."

"과거 거친 도시 이미지에서 '책 읽는 도시' 같은 문화를 가지고 도시 이미지 변화를 시도해 왔다. 시유지에 문화공간을 조성하고, 미래 세대를 위한 어린이공원을 늘려야 한다.

누구나 목소리를 편하게 낼 수 있도록 정치적으로 경직되지 않은 도시가 되어야 한다."

"길게 끄는 사업은 줄이고, 곧 마무리할 수 있는 사업부터 정리하자. 아파트 단지 내 비어 있는 어린이집은 시민 체육시설 등으로 전환하면 좋겠다."

"청소년이 쓸 문화공간이 부족하다. 문화의 집 세 곳만으로는 한계가 크니, 강의·자치 활동이 가능한 거점을 더 늘려야 한다."

"시민운동 네트워크가 한때 강했지만, 권력 쏠림과 인재 유출로 약화했고 도시도 쇠퇴했다. 경기 북부를 주도하던 명성을 회복하려면 의정부의 비전을 분명히 밝히는 게 먼저다."

나는 시민들이 그려주신 미래 청사진에 깊이 공감한다. 의정부는 더 이상 '군사도시, 낙후도시'의 이미지에 머물러서는 안 된다. 의정부는 우선 교통의 허브 도시로 가야 한다. GTX와 철도망을 활용해 경기 북부 교통 중심지를 만들고, 기업 유치와 일자리 창출로 경제 활력을 불어넣는 것이 중요하다. 청년과 어린이가 머물고 싶어 하는 도시로 지향점을 분명히 해야 한다. 창업 지원, 청년 문화공간 조성, 아이들이 즐길 수 있는 교육·놀이·문화 인프라를 확대하는 정책이 필요하다.

특색 있는 문화·관광도시로 키우는 전략도 세워야 한다. 미군

반환 공여지를 활용해 평화·문화 복합지구를 만들고, 의정부만
의 브랜드를 구축하는 공간으로 활용해야 한다. 시민의 집단지
성을 정책으로 담아, '머물고 싶은 의정부, 살아서 자랑스러운 의
정부'를 만다는 것이 중요하다.

마지막으로 하고 싶은 말씀은? |

이밖에도 의정부 시민들은 도시 발전, 생활 여건, 복지, 문화, 정치 등 다양한 주제에 대해 의견을 제시하였다. 주요 의견만 정리하면 다음과 같다.

공원·환경 관리 : 작은 공원 대신 큰 공원을 만들어야 한다. 작은 공원은 청소년 일탈 공간으로 쓰인다. 도로·보도 정비, 청소, 쓰레기통 확충이 필요하다.

원도심 상징 공간 개선 : 의정부역 주변은 도시 상징임에도 낙후됐다. 도시 중심지로서의 이미지 회복이 필요하다.

정치·행정 개혁 : 끼리끼리 해먹는 정치 문화가 바뀌어야 한다. 의정부를 진정 사랑하는 정치인이 나서야 한다.

경제·산업·교통 중심 : 기업 유치, 산업 투자로 일자리 창출이 필요하다. GTX·철도·물류를 활용해 경기 북부 교통·경제 중심 도시로 만들어야 한다.

인구·복지 정책 : 출산장려금, 저출산 지원, 장학금 등 인구 유입과 유지가 필요하다. 노인·장애인 맞춤형 복지 기구 공유 센터도 있었으면 좋겠다.

세대별 도시 비전 : 현재는 어르신이 살기 좋은 도시지만, 미래에는 교육도시, 청년 도시로 전환해 활력 있는 구조를 만들어야 한다.

도시 이미지·브랜드 : 낙후된 군사도시 이미지에서 벗어나 특색 있는 도시로 변화해야 한다. 기지촌·분단 역사성을 관광 콘텐츠로 활용하거나 건강·체육·문화도시로 브랜드화해야 한다.

문화·축제·예술 : 축제가 축소되고 있다. 시민참여형 축제와 문화 프로그램이 필요하다. 예술인과 문화 종사자의 삶을 지원해야 한다. 문화재단이 시민의 문화 향유를 위해 더 많은 사업을 만들어야 한다.

교육·청소년 : 어린이·청소년 공간이 부족하다. 문화의 집 확대, 청소년 자치 공간 확충이 필요하다. 어린이 행복 예산을 특별히 마련해야 한다.

생활 여건 : 주차장 등 생활 SOC 확충, 아이 키우기 좋은 환경 조성이 필요하다. 시민들이 떠나고 싶지 않은 도시가 되어야 한다.

평화·국제 교류 : 남북 교류가 활성화되고 종전 선언을 하면 의정부가 평화·물류의 교두보 역할을 할 수 있다.

행정·거버넌스 : 관공서를 유치해 경기 북부 중심 도시로서 행정 기능을 강화해야 한다. 장기 사업보다는 단기간에 성과를 낼 수 있는 사업을 먼저 마무리해야 한다.

도시 정체성 : 시민들이 "살기 편하다, 생각보다 실속 있다"라고 느끼는

장점을 살려, 정체성을 분명히 하고 활력있는 도시로 도약해야 한다.

시민들께서 제시해 주신 의견은 도시 발전, 생활 여건, 복지, 문화, 정치, 그리고 평화와 국제교류까지 폭넓게 이어졌다. 그만큼 의정부라는 도시가 단순한 생활 공간을 넘어, 다양한 가능성과 과제를 동시에 안고 있다는 것을 알 수 있었다.

먼저 생활 인프라와 환경 관리의 문제는 시민들이 가장 피부로 느끼는 부분이었다. 공원, 도로, 청소, 쓰레기 문제 등은 사소해 보이지만 한 도시의 품격과 생활 만족도를 결정한다.

원도심과 도시 상징 공간 개선도 중요한 과제다. 의정부역은 경기 북부의 관문이지만, 낡고 낙후된 이미지가 강하다. 시민들이 자랑스러워할 수 있는 중심지, 누구나 찾고 싶어 하는 랜드마크로 바꾸는 것이 필요하다. 의정부역과 원도심을 중심으로 재생 프로젝트를 추진하고, 청년 창업·문화예술 활동이 활발히 이루어지는 복합지구로 키우는 계획을 세워야 한다.

정치·행정 개혁에 대한 목소리는 특히 절실했다. 끼리끼리 나누어먹는 정치, 특정 집단만 참여하는 행정은 반드시 바꿔야 한다. 줄서기 정치, 폐쇄적 인사 문화를 단호히 끊고, 투명하고 공정한 행정으로 시민 신뢰를 되찾는 것이 중요하다. 나는 무엇보다 의정부를 사랑하는 정치인, 시민을 위한 정치인만이 의정부를 살릴 수 있다는 시민의 말씀을 마음 깊이 새겼다.

경제·산업·교통 분야에 대해서는 공통적으로 "기업 유치와 일자리 창출"이라는 요구가 높았다. GTX와 철도망은 의정부가 경기 북부의 경제·교통 중심지로 도약할 수 있는 절호의 기회다. 교통망 확충과 거점화 정책을 통해 의정부를 단순한 배후도시가 아니라, 수도권 북부 경제의 허브 도시로 발전시키는 전략을 세워야 한다.

복지와 인구 정책은 도시의 지속가능성과 직결된다. 출산장려금, 장학금, 노인·장애인 복지 기구 설치 등은 시민들의 삶을 직접적으로 지탱하는 장치다. 아이 키우기 좋은 도시, 청년이 떠나지 않는 도시, 노인과 장애인이 존중받는 도시를 함께 만들어야 한다.

도시 이미지와 정체성 문제도 빼놓을 수 없다. 군사도시라는 과거 이미지에서 벗어나, 의정부만의 독창적인 도시 브랜드를 찾아야 한다. 건강·체육·문화도시로 특화하는 전략을 병행하는 것도 좋을 것이다. 시민들이 말한 것처럼, 의정부는 "살기 편하다, 실속 있다"라는 장점을 살려 활력 있는 도시로 도약해야 한다.

문화·예술·축제 분야는 의정부가 가진 잠재력이다. 시민참여형 축제, 예술인 지원, 생활 문화 확산은 도시의 품격을 높인다. 문화재단의 역할을 강화하고, 예술인과 시민이 함께 문화를 즐기는 문화 민주주의의 산실로 의정부를 발전시켜야 한다.

청소년과 교육에 대해서도 많은 의견이 나왔다. 어린이와 청소년이 마음껏 활동할 수 있는 공간과 예산을 마련하지 않으면 도시의 미래는 없다. 청소년 자치 공간과 교육·놀이시설을 확충하고, 어린이 행복 예산을 별도로 확보해서 미래 세대를 책임지는 정책을 추진해야 한다.

평화와 국제교류는 의정부가 가진 독특한 기회다. 남북 교류, 종전 선언, 유라시아철도 연결에 대한 상상은 의정부의 지정학적 위치가 만들어 낸 잠재력의 표현이다. 의정부를 평화와 교류의 거점 도시로 키우기 위해, 미군 반환 공여지를 평화·문화 복합지구로 개발하고, 국제 네트워크를 강화하는 데에 시민의 역량을 집중해야 한다.

마지막으로 행정과 거버넌스 측면에서, 장기 사업도 중요하지만 단기간에 시민이 체감할 수 있는 성과를 내는 것이 중요하다는 시민들의 지적을 무겁게 받아들인다.

나는 시민들이 주신 이 모든 의견을 메모로만 쌓아 두지 않을 것이다. 이 내용을 토대로 의정부의 미래 전략을 세우고, 시민 한 분 한 분이 "의정부는 내가 만드는 도시"라는 자부심을 가지고 의정부를 떠나지 않도록 할 것이다. 인터뷰를 정리하면서 한 '설문조사원' 정진호의 다짐이다!

5

시민이
만드는
의정부

의정부시는 의정부역 일대에 초대형 복합 개발 사업인 의정부 비즈니스 콤플렉스(UBC)를 추진하고 있는데, 시민들이 공론화를 요구하면서 논란이 커지고 있다. 의정부시는 약 1조3천억 원 규모의 민간 투자 방식을 통해 의정부역 광장 일대에 60층 규모의 호텔과 상업 시설, 청년 임대주택 등을 포함한 초고층 복합 단지를 조성하려고 한다.

국토교통부의 공간혁신구역 선도사업 후보로도 거론되면서 행정 절차에 속도가 붙고 있는 것이다. 의정부시의 추진 논리는 낙후된 도심을 활성화하고 청년 주거 문제와 지역경제 회복을 동시에 꾀하겠다는 것인데, 반대 여론도 만만치 않다.

무엇보다 도심 공원 면적이 부족한 의정부에서 시민들의 휴식 공간을 줄이고 초고층 건물을 세우는 것은 삶의 질을 떨어뜨린다는 비판이 있다. 인근 지하상가와 행복로 상인들은 대형 상업 시설이 들어서면 기존 상권이 위축되고 교통과 안전 문제도 심각해질 것이라고 한다.

UBC 개발 논쟁은 단순히 공원을 조성할 것이냐, 상업 시설을 세울 것이냐의 문제가 아니다. 그것은 시민의 삶의 질을 어떻게 정의하고, 미래 도시의 전략을 어떤 가치 위에 세울 것이냐를 묻는 질문이다.

도시에서 공원은 단순한 휴식처가 아니라, 아이들의 놀이터이자 어르신들의 건강 증진 공간이다. 청년과 가족들이 일상의 활력을 되찾는 숨구멍이고 우리가 하나의 공동체에 살고 있다는 사실을 감각적으로 확인시켜주는 장치이다. 서울의 선유도공원, 뉴욕의 하이라인, 파리의 라빌레트 같은 도심 공원은 주변 지역 가치를 높이고, 삶의 질을 끌어올린 대표적인 사례가 아니던가?

의정부 역시 군사도시라는 과거의 이미지를 넘어, 시민 중심 도시로 전환하려면 도심 속 녹지 확보가 무엇보다 중요하다고 생각한다. 하지만 나는 내 생각만 고집하지는 않는다. 무엇보다, 절차를 제대로 하자는 것이다.

나는 묻고 싶다. 우리 의정부가 어떤 도시로 갈 것인지 합의한 적이 있는가? UBC는 의정부의 도시계획을 완전히 바꿀 수 있는 계획, 즉 도시민의 운명에 관한 일이다. 그렇다면 최소한 우리 시가 가야 할 방향은 정해 놓고, 무엇이 필요하고 어떤 시설을 앉혀야 할지 논의하는 게 순서가 아니겠는가?

무엇보다 개발에 앞서 이루어져야 할 것은 도시의 미래 전략에 대한 시민적 합의다. 방향과 전략이 없는 개발은 성공할 수 없다.

도시의 큰 그림이 없는 상태에서 이 사업 저 사업이 제안되는 상황은 마치 설계도 없는 건축물을 올리는 것과 같다. 도시의 미래 방향이 명확해야 개별 개발 사업도 일관성과 지속가능성을 가지는 것 아니겠는가?

의정부는 앞으로 20년, 30년 후 어떤 도시가 될 것인가. 콤팩트시티인지, 남북 협력 시대를 대비한 네트워크형 도시인지, 이런 미래 비전이 먼저 시민적 합의를 거쳐 정해져야 한다. 그래야만 그때 그때 임기응변적인 난개발이 아니라 장기적이고 지속적인 개발이 이뤄질 수 있다.

시민적 합의를 이끌어내는 가장 좋은 방법은 도시계획 과정에서 시민참여를 제도적으로 확대하고 보장하는 것이다. 스웨덴의 스톡홀름 룸(Stockholmsrummet)은 좋은 사례가 될 수 있을 것이다. 이곳은 거대한 도시 모형과 3D 지도, 가상현실 전시 등을 통해 현재 도시의 모습과 미래 개발 계획을 시민에게 투명하게 공개한다. 시민은 모형 위를 걸으며 도시의 현재와 미래를 직접 내려다보고, 전시를 통해 앞으로 이 도시에서 어떤 프로젝트가 추진되는지 쉽게 알 수 있다.

심지어 어린이와 청소년도 도시계획에 의견을 낼 수 있도록 놀이적 요소도 도입해 놓았다. 방문객은 질문을 던지고 의견을 남길 수 있으며, 이러한 과정은 자연스럽게 도시의 미래에 대한 공감대와 연결된다.

스톡홀름 시는 도시계획이 소수 전문가의 영역이 아니라 시민 모두의 학습과 토론의 장이 되도록 한 것이다. 도시계획을 '전시하고 가르치는 과정'으로 전환시켜 민주적 정당성을 확보해서 대규모 개발 사업에서도 시민 저항을 줄이고 추진 속도도 높일 수 있었던 것이다. 의정부도 이런 방식을 본받아야 한다.

지금 의정부에서 필요한 것은 바로 UBC 개발에 대한 공론화다. 공론화 위원회가 시민들의 요구를 외면한 것은 매우 아쉽다. 대규모 예산이 투입되는 사업일수록, 그 결정 과정에 시민의 목소리가 담겨야 한다. 개발은 언제든지 할 수 있지만, 시민의 신뢰는 한 번 잃으면 회복하기 어려운 것이 아니겠는가? 공론화 과정을 통해 공원과 개발의 균형점을 찾고, 상권과 환경, 삶의 질을 함께 고려하는 대안을 모색해야 한다. 이는 단순히 찬성과 반대의 갈등을 넘어서, 의정부 시민 모두가 공유할 수 있는 미래 전략을 세우는 과정이 될 것이다.

UBC 개발 논란은 의정부의 선택이 단순한 토지 이용을 넘어서, 도시 정체성과 미래 전략을 어떻게 만들어갈지를 논의하는 계기가 되어야 한다. 갈등과 불신만 남기는 길을 택할 것인가? 아니면 협력과 신뢰를 회복하는 길을 택할 것인가?

시민 없는 개발은 도시를 파괴할 뿐이고, 시민과 함께하는 계획이 도시를 성장시킨다. 의정부가 진정으로 경기 북부의 중심 도시로 자리매김하려면, 공론화 과정을 거쳐 시민의 지혜를 모으는 일부터 시작해야 한다. 시민 한 사람 한 사람이 "이곳은 나의 도시"라는 자부심을 가질 때, 의정부의 미래는 비로소 건강하게 세워질 수 있다고 나는 확신한다.

2. 민망한 공론화 저지 위원회?

그런데 의정부시는 도시의 미래에 대한 시민적 합의는 고사하고 공론화조차 거부하고 있다. 의정부시 공론화 위원회! 내가 대표 발의를 해서 만든 위원회다. 그런데 요즘 자괴감이 든다. 이 공론화 위원회가 공론화를 활성화하기 위한 위원회인지, 공론화를 저지하기 위한 위원회인지 도대체 분간이 가지 않기 때문이다. 내가 얼굴을 들 수가 없다.

2025년 9월 26일 의정부시 공론화 위원회는 시민 사회가 요구한 UBC 사업에 대한 시민 공론장 개설 요구를 부결시켰다. 2025년 3월 CRC 활용 공론장 개설 요구를 부결시킨 데 이어 두번째다. 공론화 위원회가 공론화 저지에만 몰두하고 있다는 비판이 제기되지 않을 수 없다.

심의 결과 참석 위원 12명 중 10명이 반대, 2명 찬성으로 부결됐다. 심의에 앞서 임근재 전 경기도 경제과학진흥원 상임이사가 청구인 대표로 공론장 개설 필요성을 설명했다. 1조3천억 원의 초대형 민자 사업을 검증과 토론 없이 밀실에서 추진한다면, 해마다 수백억 원을 쏟아붓고 있는 제2 경전철 사태를 초래할 수 있다며 공론장을 열어 전문가 검증, 시민 숙의 과정을 거쳐야 한다고 강조했지만 소용이 없었다.

의정부시는 딴소리만 했다. UBC 사업은 결정된 것이 아무것도 없고 현재 의정부 역세권 도시 혁신 구역 지정을 위한 공간 재구조화 계획 수립 용역을 진행 중인 단계라는 것이 이유였다. 말도 안되는 이유다. 용역이 확정되기 전에 공간 재구조화를 어떻게 할 것인지 공론에 부쳐야지, 용역 다 끝나고 들러리만 세우겠다는 것인가?

2024년 6월21일 나는 제330회 제2차 본회의에서 공론화 위원회 조례가 통과되었는데도, 위원회를 구성하지 않은 의정부시의 늑장 행정을 지적했다.

> "어떤 힘들고 어려운 문제라도 시민과 함께하면 해결할 수 있다." 김동근 시장님의 명언입니다. 저를 포함한 의원님들뿐만 아니라 시민 대부분이 공감할 것입니다. 그래서 저는 지난해 〈의정부시 공론화 위원회 설치 및 운영 조례〉를 발의했고 시민의 뜻을 받들어 의회는 만장일치로 해당 조례를 통과시켰습니다.
>
> 그로부터 1년이 지났습니다. 의정부시는 이런저런 핑계를 대면서 조례가 정한 공론화 위원회를 구성하지 않고 있습

니다. 시가 아무것도 하지 않는 상황에서 시민들이 먼저 나섰습니다. 지난해 12월 27일 시민 275명은 미군 반환 공여지 활용 방안을 제안할 공론장 마련을 요구했습니다.

공론화 위원회 조례 제9조는 '주민 200명 이상이 제안하면 시장은 즉시 위원회에 관련 제안을 전달하여 심의될 수 있도록 하여야 한다'고 규정하고 있습니다. 그러나 조례가 제정된 지 1년이 지나도록 시가 위원회를 구성하지 않아 절차가 진행되지 못하고 있습니다. 시는 공론화 위원회를 구성하지 않아 자신의 책임을 방기했고 결국 시민을 속이고 있는 셈입니다.

'공론화 위원회를 왜 구성하지 않느냐'고 질의했지만 시는 "아직 안이 마련되지 않았으니 조금만 기다려 달라. 5월 31일까지는 위원회를 구성할 것이다."라고 답변했다. 그리고 두 달이 지났지만 아무 소식이 없었고, "예산이 없어 어렵다."고만 했다. 그래서 시의회가 3월 18일 공론화 위원회 예산을 신속하게 통과시켜 주었다. 이제 예산도 확보되고 약속한 5월 31일이 지났지만, 시는 공론화 위원회를 구성하지 않았다. 이런 상황을 설명한 뒤 질문을 이어갔다.

공론화 위원회를 구성하지 않는 것이 담당 과의 의지는 아닐 것입니다. 공무원이 조례를 위반하는 행정 행위를 할 이유가 없기 때문입니다. 공론화 위원회를 구성하지 못하게 하는 그 몸통은 도대체 누구인 것입니까? 이번 사태와 관련해서 저는 세 가지 문제의식을 갖고 있습니다.

첫째, 시장의 독단입니다. 김동근 시장이 행사할 수 있는 권한은 어디까지나 법에서 허용한 범위까지입니다. 그 어떤 권력자도 법 위에 군림하며 법을 무시하고 권한을 행사할 순 없습니다. 시장이 조례가 정한 공론화 위원회를 구성하지 않아 조례가 보장한 시민 275명의 권한이 묵살당하고 있습니다. 명확한 법 위반입니다. 이 법 위반을 '독단'이라는 단어가 아니면 어떤 단어로 형용할 수 있겠습니까?

둘째, 시장의 이중적 태도입니다. 시장은 공론화 위원회 조례가 통과하기 전 시민 공론장으로 쓰레기 소각장 문제를 해결한 것을 자신의 주요 치적으로 내세웠습니다. 시장은 SNS에 쓰레기 소각장 공론장의 우수성을 홍보하며 시민참여를 넘어 시민 주도로 공론장이 운영되었다고 했습니다. 시장님께 묻고 싶습니다. 자신이 하고 싶은 공론화는 옳고 시민이 정한 것은 아닙니까? 그런 독선이 어디 있겠습니까? 조례로 공론화 위원회를 구성하도록 한 것은 시장이 입버릇처럼 말하는 민관 협치, 시민참여가 안정적으로 이루어지도록 하자는 것임을 정말 모르십니까?

셋째, 시장의 구태입니다. 공론화 위원회 구성을 미루는 것은 김동근 시장이 구태 정치인이라는 것을 보여줍니다. 시민을 필요할 때 동원할 수 있는 수단쯤으로 여기는 것 같습니다. 시장은 구태 정치인들과 똑같이 시민참여, 민관 협치라는 말을 미사여구로만 사용하고 있습니다. 그 어떤 진정성도 찾아볼 수 없습니다. 진정성이 있다면 지금이라도 공론화 위원회를 구성하지 못할 이유가 없습니다. 김동근 시장은 지금이라도 언제까지, 어떻게 구성할 건지 분명한 입장을 밝히시기 바랍니다.

김동근 시장은 2023년 7월 18일 SNS에 이런 글을 올린 적이 있다.

'저는 의정부 시민의 집단지성을 믿고 시민들과 함께 문제를 풀어 가기로 결정했습니다. 중요한 문제일수록 시민들과 더 많이 소통하고 더 치열하게 논의하는 것이 얼마나 중요한 것인지, 신뢰 속에서 대화를 열어 가는 것이 얼마나 소중한지 다시 한 번 느낄 수 있었습니다. 앞으로도 시민과 함께 의정부에 당면한 과제들을 해결해 나가고 싶습니다.'

겉과 속이 다르다. 말과 행동이 같다는 것을 보여달라고 촉구하면서 질문을 마쳤다. 2024년 10월 29일, 제332회 임시회 제1차

본회의에서도 5분 발언을 신청했다. 우여곡절 끝에 공론화 위원회는 구성됐지만, 예비군 훈련장 대체 부지 마련을 위한 공론상은 이 공론화 위원회를 거치지 않고 독단적으로 운영되고 있는 것을 두고만 볼 수 없었다.

저는 오늘 시가 주도하고 있는 예비군 훈련장 대체 부지 마련을 위한 공론장의 문제점을 지적하고자 합니다. 지적에 앞서 이번 공론장이 김동근 시장의 무능력·무책임을 시민들에게 떠넘기는 수단이 될 것이라는 우려가 현실이 되고 있어 강한 유감을 표합니다. 또한 시민들의 민주적 의사를 표명하는 중요한 장치인 공론장을 몇몇 사람들이 주도해 자신의 영달을 위한 수단으로 왜곡시키고 있다는 점에 유감을 표합니다.

시가 주도하는 공론장의 문제점을 말씀드리겠습니다. 현재 예비군 훈련장 공론장은 아무런 법적 근거 없는 공론장입니다. 저는 의회에서 통과된 공론화 위원회를 대표 발의한 당사자입니다. 이에 1년 넘게 위원회를 구성하지 않은 시에 대해 문제제기를 하였고 현재는 공론화 위원회가 구성되었습니다. 하지만 지금 예비군 훈련장 공론장은 공론화 위원회에서 운영하는 것이 아닙니다.

공론장이 조례에 따라 운영되어야 하는 이유는 공론장이 답을 정해 놓고 시가 원하는 결론을 시민을 동원해 나오는 창구로서 활용되는 것을 막기 위한 것이었고, 그래서 위원 구성은 시 추천 1, 시의회 추천 1, 공개 모집 1의 비율을 지키도록 정했다. 그런데 의정부시는 시가 원하는 답을 내는 데에 시민을 동원한 것이다. 조례 제정의 취지를 정면으로 배반한 것이다.

하지만 시는 해당 규칙을 교묘하게 회피하기 위해 공론화 위원회를 패싱하고 마치 공정한 공론장인 것처럼 시민을 기만하고 있습니다. 공론화 위원회를 1년 넘게 구성하지 않고 지체시킨 이유가 이것이었습니까? 공론화를 악용하지 마십시오.

공론장을 담당하는 부서가 거짓말을 일삼고 있다는 것도 지적했다. 공식적으로 공론화 위원회 업무는 기획예산과의 업무로 배정되어 있다. 하지만 예비군 훈련장 공론장은 도시개발과가 운영하고 있었다.

왜 관할 업무가 아님에도 도시개발과가 주도하고 있는 겁니까? 의도가 뻔히 보입니다. 더욱이 해당 과는 보도자료를 통해 버젓이 시민을 기만하고 있다는 것을 시장님은 알고 계십니까? 도시개발과는 공론장 관련 보도자료에 시장이 사과했다는 내용을 기입해 배포했습니다. 하지만 해당 자리에서 시장의 사과를 들은 사람은 없습니다.

왜 이렇게 거짓말까지 하며 공론장을 악용하는 것일까? 시장이 직접 지시한 것이 아니라면 해당 과장은 개인의 영달을 위하여 거짓말로 시정을 농단하고 있는 것이 아닌가? 시가 공론화의 근본 취지에 맞지 않는 방식으로 공론장을 운용하는 것도 문제였다.

공론장은 대의민주주의의 한계를 보완하는 좋은 제도입니다. 최근 도시개발과는 공론장에 참여할 의원을 추천해 달라는 공문을 보냈습니다. 공론화에 대한 이해가 없는 몰지각한 행동입니다. 공론장은 기존의 대의민주주의를 실행하는 시장과 시의원이 놓칠 수 있는 부분을 시민들의 집단지성을 통해 자유로이 토론하고 결론내 시장과 의회에 권고하는 공간입니다. 이에 의원이 공론장에 참여하는 것은 공론장의 자치성을 침해하는 일입니다.

많이 이해해서, 협조를 위한 요청이었다면 왜 의회에만 요청하는가? 왜 또 시장은 빠져 있는가? 예비군 훈련장 관외 이전 실패 책임을 의회에 떠넘기려고 하는 것인가?

공론화를 악용하지 마십시오. 시민들은 바보가 아닙니다. 모든 것을 보고 듣고 느끼고 있습니다. 공론화를 통한 시민들의 소중한 참여를 시장이 책임을 떠넘기고 생색이나 내는 절차로 왜곡해서는 안 됩니다. 지금까지 공론장 운영에 참여해 온 우리 시민들은 공론장이 시장의 책임을 회피하는 수단으로 전락할 수 있다는 우려를 알고도 대승적으로 참여하고 있는 겁니다. 그 사실을 잘 알고 있기에 시의 행태에 분노를 금할 수가 없습니다.

해가 바뀌었다. 2025년 4월 25일 나는 다시 공론화 위원회를 주제로 5분 자유 발언을 했다. 시장은 의회가 조례로 정한 공론화 위원회를 1년간 구성하지 않다가, 공론장으로 소각장 문제를 해결한 것을 큰 치적으로 자랑하면서, 조례가 정한 공론화 위원회는 패싱하고 예비군 훈련장 이전을 위한 셀프 공론장을 만들었다. 의회 무시이자 법치 무시가 아닐 수 없었다. 진짜 공론장을 열어야 할 문제는 회피하면서! 대표적인 것이 미군 반환 공여지 개발 문제였다.

미군 반환 공여지는 의정부의 미래이고 희망입니다. 그런데 정말 한심합니다. 시장 마음이 바뀔 때마다 개발 방향이 바뀝니다. CRC만 하더라도 안보 테마파크에서 이커머스

> (E-Commerce)단지로, 이커머스 단지에서 디자인 문화 공원
> 으로 바뀌었습니다. 디자인 문화 공원이 지난 3년간 아무
> 성과 없으니까 이제는 은근슬쩍 미디어 콘텐츠로 바꾸려
> 하고 있습니다.

그래서 나는 시민들과 함께 공론화가 필요하다고 건의했다. 그런
데 공론화 위원회는 미군 반환 공여지는 공론 대상이 아니라는
결론을 내렸다. 제대로 된 토론도 없이 표결도 하지 않고 내린 결
론이었다. 공론화 위원회가 '공론화 저지 위원회'로 전락하는 순
간이었다.

> 시민들의 미래가 걸린 땅이 수십 년간 방치되고 있는데 이
> 런 문제가 공론 대상이 아니라면 도대체 무엇이 공론 대상
> 입니까? 김동근 시장은 의회가 바란 시민의 공론화 위원회
> 대신 시장을 위한, 시장에 의한, 시장의 공론화 위원회를 구
> 성했습니다.

나는 위원 구성의 심각성을 지적했다. 실제 위원 대부분이 시장
과 친한 특정 단체 출신이고, 위원장은 국민의힘 대선 후보가 의
정부를 방문했을 때 수행을 한 사람이었다. 위원 중 일부는 의정
부역에서 김동근 시장의 UBC 사업 피켓 홍보까지 한 것으로 보

도됐다. 공론화 위원회는 공정과 중립이 생명인데, 시장의 입맛에 맞는 사람들로 채운 것이다. 나는 요구했다.

> 그래서 공론화 위원회 조례 제6조 제2항에 '시장은 위원이 공정성에 저해를 가져온 경우 해당 위원을 해촉할 수 있다'고 되어 있습니다. 김동근 시장은 조례에 따라 중립과 공정을 지켜야 할 의무를 다하지 못한 위원장과 위원들을 당장 해임해야 합니다. 공론화 위원회 제도는 아무런 죄가 없습니다. 누가 운영하느냐에 따라 공론화 저지 위원회가 되기도, 의정부를 살릴 시민의 공론화 위원회가 되기도 합니다.

똑같은 헌법을 가지고 있으면서도 누구는 임기도 마치지 못하고 누구는 무사히 임기를 마치는 것 우리 모두 보지 않았는가? 시민 모두가 공론에 참여해서 민주적인 방식으로, 누가 시장이 되더라도 자기 마음대로 뒤집을 수 없도록 장기적이고 일관된 개발방안을 만들어야 한다. 각각의 미군 반환 공여지 별로 어떤 시설을 유치하고 무엇을 조성할 것인지, 누가 소유할 것인지 주민투표를 통해 결정해야 하는 것이다. 나는 이어서 의정부의 주민투표 사례를 거론하면서 미군 반환 공여지를 공론화 위원회에 부칠 것을 다시 주장했다.

우리 의정부는 2012년 시민 1만 1,260명이 주민투표에 참여해 도시 현안에 대한 결론을 내린 시민참여 선도 도시였다는 사실을 절대 잊어선 안 됩니다. 공론화는 투명성을 높이고 빠른 성과를 낼 것입니다. 시민이 결정해야 부패와 비리를 막을 수 있습니다. UBC처럼 혼자 결정하면 온갖 로비 의혹에 휩싸일 것입니다.

시민이 결정해야 일관된 방향을 갖고 일이 진행될 수 있습니다. 투명한 행정, 성과 내는 행정을 위해서 미군 반환 공여지의 미래는 공론화와 주민투표로 결론내야 합니다. 혼자 하는 낡은 행정, 나만 옳다는 낡은 정치 이젠 안 됩니다. 의정부 미래가 걸린 미군 반환 공여지 문제, 모든 시민이 참여하는 공론화로 해결합시다.

공론화는 선택이 아니라 필수다. 왜냐하면 공론화는 정책의 출발점을 '권력의 의지'가 아니라 '시민의 동의'로 바꾸기 때문이다. 동의가 먼저 돼야 실행이 빠르고 시행착오가 적다. 동의 없는 실행은 결국 더 느려지고 만다. 이 단순한 진리를 행정의 표준으로 삼아야 한다.

첫째, 공론화는 직접민주주의를 강화해 부패를 막고 행정 효율을 높인다. 중요한 정보가 시민 앞에 열리면, 밀실에서 결정될 여지가 줄어든다. 예산과 이해관계가 얽힌 개발 사업일수록 이 효과는 더 크다. 공론화 과정은 의제 공개–자료 검증–찬반 토론–권고안 도출의 연속이고, 이 과정 자체가 투명성·책임성·추적 가능성을 만든다. 부패의 뿌리는 은폐와 독점인데, 공론화는 정보를 공유재로 바꿔 부패의 토양을 말릴 수 있다. 무엇보다 "왜 이 결정을 했는가"에 대해 행정이 시민에게 설명하는 습관을 들이게 하므로, 불필요한 절차 반복과 땜질식 수정이 줄어 시간과 비용이 절감된다.

둘째, 공론화는 주민에 의한, 주민을 위한, 주민 주도 협치를 가능하게 한다. 공무원과 전문가가 설계한 도면은 출발선일 뿐이다. 그 도면이 삶의 현장을 통과하려면, 그 공간을 매일 사용하는 주민의 지식과 경험이 녹아들어야 한다. 공론화는 전문가의 언어를 생활인의 언어와 만나는 장으로 만든다. 주민이 의제를 제안하고, 쟁점을 정리하고, 우선순위를 합의할 때, 행정은 '지시자'가 아니라 '실행 파트너'가 된다. 그 결과 정책은 더 현실적이고 시행은 갈등 없이 부드럽게 되며, 유지 관리는 공동 책임이 된다. 협치는 속도를 늦추는 장식이 아니라, 속도를 올리는 엔진이다.

셋째, 의정부가 당면한 공여지 개발 방향과 역세권 개발 같은 굵직한 의제일수록 공론장이 필요하다. 거대한 개발은 도시의 지도를 바꾸고 세대 간 이해관계를 건드린다. 일부만 이익을 보고 대다수가 소외됐다는 인식이 굳어지면, 착공 직전의 소송·반발·보상 갈등이 이어져 수년이 허비된다. 반면, 초기에 공론장을 열어 "무엇을 포기하고 무엇을 취할지", "단기 성과와 장기 가치의 균형을 어떻게 잡을지"를 합의하면, 정권·인사 교체에도 흔들리지 않는 정책 연속성이 생긴다. 공론화는 거대한 의제를 도시의 공동 약속으로 승격시키는 절차다.

넷째, 공론화는 "천천히 가야 더 빨리 가는" 가장 확실한 길이다. 절차를 생략해 속도를 낸 듯 보이지만, 그 대가는 뒤늦은 계획 변경, 설계 재검토, 보상 재산정, 추가 설명회로 돌아온다. 반면, 공론화-시민 동의-빠른 실행의 흐름을 만들면 사전 갈등을 해소해 사후 갈등 비용을 줄인다. 계획 변경의 유혹도 작아진다. 시민이 함께 만든 설계는 시민이 스스로 지켜 낸다. 결과물의 품질과 유지 관리의 성실도는 자연히 높아진다.

다섯째, 공론화는 지역의 집단지성을 정책으로 반영한다. 다양한 세대·직업·생활권의 시민이 모여 문제를 정의하고, 정보를 공유하고, 대안을 비교해 보면 행정이 미처 보지 못한 해법이 튀어나온다. 현장성 높은 미세 조정(보행 동선, 생활 소음, 빛·바람, 소상공인 영업 패턴 등)은 공론장의 토론이 아니면 포착하기 어렵다. 공론화는 거시 설계와 미시 디자인을 한 화면에 겹쳐 보는 도구다.

여섯째, 공론화는 '신뢰'라는 사회자본을 축적한다. 신뢰는 숫자로 잡히지 않지만, 모든 프로젝트의 성공을 좌우하는 보이지 않는 예산이다. "내 의견이 반영될 수 있다"는 경험을 쌓은 시민은 다음 사업에서 더 빨리 참여하고, 더 넓게 협력한다. 참여가 신뢰를 만들고, 신뢰가 속도를 만든다. 이 선순환이 굴러가기 시작하면, 도시는 합의-실행-학습을 거듭하며 성장한다.

마지막으로, 공론화는 도시의 장기 전략을 시민의 언어로 문서화하는 일이다. 회의록, 쟁점 정리, 합의문, 권고안은 다음 세대 행정의 참고서가 된다. "왜 그때 그 결정을 했는가"를 후대가 추적할 수 있을 때, 도시는 시행착오를 반복하지 않고 축적한다. 이것이야말로 공론화의 가장 경제적인 효용이다.

정리하면 이렇다. 공론화는 부패를 차단하고 행정을 효율화하며, 주민 주도 협치를 일상화하고, 공여지·역세권 같은 대형 의제의 합의 기반을 만들고, 시민 동의-빠른 실행-계획 변경 방지의 선순환을 가능케 한다. 우리는 더 이상 "먼저 짓고 나중에 설득"하는 시대를 살지 않는다. 먼저 토론하고 곧바로 실행하는 도시만이 시간을 벌고, 비용을 아끼고, 품질을 지킨다. 그래서 나는 말한다. "공론화는 민주주의의 형식이 아니라 도시를 살리는 기술이다."

〈이재명 정부 123대 국정과제〉는 아홉 번째 과제로 '참여와 소통의 국정 운영으로 국민 통합의 정치를 실현할 것'을 제시하고 있다. 한국 사회가 정치·사회적 갈등과 양극화로 민주주의의 성숙성과 국제적 신뢰가 약화되고 있다고 보고 이를 해결하기 위한 과제로 포함시킨 것이다.

민주주의 회복 없이는 민생과 경제 회복도 어렵다. 우리 사회에

서는 정치 불신과 반목이 시민 참여와 성숙한 공론 형성을 가로
막는 상황이 계속되고 있다. 실제로 국민의 92.6%가 우리 사회
가 갈등이 심각하다고 응답한 여론조사(한국인의 공공 갈등 의식
조사, 2025년 1월)도 발표된 바 있다. 성숙한 민주주의 국가로 평가
받던 한국이 최근에는 부정적인 국제 평가를 받고 있으며, 국가
기구에 대한 국민의 신뢰도도 떨어지고 있다.

특히 참여·숙의, 표현의 자유, 정치 문화 등에서 낮은 평가를 받
고 있는 것이 주요 배경이라고 한다. 전 사회적으로, 무엇보다 공
론화 위원회 조례가 있는 의정부에서부터 주요 정책 현안에 대해
시민과 이해당사자가 참여하는 공론화를 활성화할 필요가 있다.

3. 공여지, 시민 참여와 시민 이익의 길을 찾자

미군 반환 공여지 문제부터 공론화로 방향부터 잡아야 한다. 그
리고 그 과정에서 반드시 시민이 참여하고 시민이 이익을 보는
구조를 만들어야 한다. 공론화 위원회는 부결 결정을 내렸지만,
그것은 어디까지나 권고이니 시장이 다시 고민해 주기 바란다.

의정부는 대한민국 현대사 속에서 미군 주둔과 함께 성장해 온
도시다. 그만큼 미군기지가 남긴 흔적도 크다. 현재 의정부에는
잭슨, CRC, 캠프스탠리, 캠프카일 등 여러 반환 공여지가 도심 곳
곳에 넓게 남아 있다. 이들은 반환된 지 이미 20년이 넘도록 뚜

렷한 개발 계획조차 서지 못한 채 흉물처럼 방치되어 있다. 도시의 한복판을 차지하고 있으면서도 경제적·사회적 가치는 활용되지 못하고, 도시의 미래를 발목 잡는 덩어리로 남아 있는 것이다. 이는 행정의 무능을 넘어, 미래 전략을 세우지 못한 집단적 실패의 사례라 할 수 있다.

최근 이재명 대통령은 반환 공여지 개발과 관련해 "토지 매각이 아니라 장기 임대 방식으로 활용하는 방안을 검토하라"고 지시했다. 이는 단기적인 매각 수익에 집착하기보다, 장기적으로 안정적인 수입을 확보하고 공공성을 유지하는 방법을 찾아야 한다는 메시지로 나는 받아들였다. 꼭 대통령의 구상대로 하지 않더라도, 어떤 용도로 개발할 것인가와 함께 누가 소유하고 누가 이익을 가져갈 것인지에 대한 질문을 던져야 할 때가 되었다.

미군 반환 공여지는 누가 소유하고 어떻게 운영해야 하는가. 가장 좋은 것은 시민 공동 소유·시민 토지 신탁(Community Land Trust, CLT) 모델이다. CLT란 토지를 공동체가 영구적으로 보유하고, 민간이나 공공이 장기간 임대해 활용하는 방식이다.

장점은 명확하다. 첫째, 토지 가격 상승으로 발생하는 개발 이익을 외부 세력이 아니라 지역공동체가 공유할 수 있다. 둘째, 시민이 출자·참여하여 의사 결정을 내리기 때문에 민주적 정당성과 수용성이 높다. 셋째, 장기적으로 안정적인 임대 수익을 재정으로 확보해 도시 복지, 문화, 청년 창업 같은 분야에 재투자를 할 수 있다. 넷째, ESG 자본, 사회적 금융, 임팩트 투자 등 다양한 공공성 자금을 유치하기도 쉽다. 물론 단점도 있다. 초기 설계와 법적 구조가 복잡하고, 의사 결정 속도가 느릴 수 있다. 금융 조달이 까다롭다는 점도 현실적 제약이다.

이 대통령이 말한 장기 임대 개발 방식도 살펴보자. 이 방식은 속도가 빠르고 자본 유치가 쉽고, 민간이 위험을 부담한다는 장점이 있다. 그러나 시민 수용성이 낮을 수 있고, 장기 계약으로 인해 정책 유연성이 떨어진다는 한계가 있다.

그렇다면 의정부시는 어떻게 하는 것이 좋을까? 더 많은 검토가 필요하겠지만 핵심 공공 구역은 시민 토지 신탁 방식으로, 일부 수익형 구역은 장기 임대 방식으로 개발하는 혼합형 모델이 어떨까? 이렇게 하면 공공성과 속도를 동시에 확보할 수 있지 않을까? 중요한 것은 반환 공여지를 단순히 경제적 수익만을 위한 공간으로 만들어서는 안 된다는 점이다. 의정부의 반환 공여지는 주민의 복지와 여가 공간으로 반드시 활용되어야 한다. 주택과 오피스만 들어선 도시에서는 시민의 삶이 메말라진다. 녹지와 공원, 체육시설, 문화공간이 있어야 시민이 숨을 쉴 수 있다. 아이들이 뛰어놀고, 어르신들이 산책하며 도시의 품격이 올라간다. 미군기지가 남긴 상처를 치유하는 방식은 다시 개발의 장벽을 세우는 것이 아니라, 시민에게 열린 공간을 돌려주는 것이 되어야 한다.

그러나 아무리 좋은 전략이라도 시민의 합의 없이 추진된다면 오래가지 못한다. 의정부의 반환 공여지 개발은 무엇보다 공론화 절차를 거쳐야 한다. 지금까지 공여지 개발이 지지부진했던 이유는 정치인과 행정이 각자의 구상만 내세우고 시민과의 합의 과정을 건너뛰었기 때문이다. 이제는 달라져야 한다. 상설 공론화위원회를 두고, 모형 전시와 디지털 플랫폼을 통해 시민에게 정보를 공개하며, 토론과 주민 투표를 통해 방향을 결정해야 한다. 스웨덴 스톡홀름이 "도시계획관"을 만들어 시민 누구나 도시 개발의 미래를 체험하고 의견을 낼 수 있도록 한 것처럼, 의정부시도 반환 공여지 개발을 시민참여형 민주주의 모델로 만들어야 한다. 시민이 주인이 되는 방식으로, 주민이 이익을 공유하는 구조로 만들어야 한다.

그렇게 한다면 미군이 떠난 자리는 새로운 갈등의 상징이 아니라, 공동체가 함께 만든 희망의 공간이 될 것이다. 공여지는 단순한 토지가 아니다. 그것은 의정부의 과거와 현재, 그리고 미래를 이어주는 다리다. 이제 우리는 그 다리를 시민 모두가 함께 건너도록 만들어야 한다. 의정부시의 미래는 행정의 책상 위가 아니라 시민의 참여 속에서 피어나는 것이다.

이재명 정부의 52번째 국정과제는 "주민 삶의 질 향상을 위한 자치분권 역량 제고"다. 그 핵심에는 주민 자치권 확대가 포함되어 있다. 세부적으로는 △주민자치회 법적 근거 마련 △주민이 직접 읍·면·동장을 선택하는 임용제 시범 실시 △주민소환제 개선 △주민자치 강화를 위한 종합계획 마련 등, 풀뿌리 민주주의를 튼튼히 하기 위한 과제들이 담겨 있다.

실행 전략을 보면, 읍·면·동 주민자치회의 법적 근거를 마련하고 이를 활성화하는 것이 골자다. 주민자치회의 기능을 강화하고, 자치위원의 정치적 중립을 보장하며, 지자체가 행정적·재정적으로 지원할 수 있는 기반을 갖추는 것이다. 또 지역 특성에 맞는 운영 모델을 도입하고, 컨설팅·마을 기업·주민참여예산제 등 다양한 사업과 연결해 주민 자치의 실질적 성과를 만들겠다는 계획도 포함돼 있다.

특히 '주민이 직접 읍·면·동장을 임용하는 제도'를 시범적으로 실시할 예정이다. 아울러 자치단체의 예산안·결산안을 주민에게 공개하고, 주요 재정 정보를 주민이 쉽게 이해할 수 있도록 정리해 제공하며, 그동안 양적으로만 늘어났던 주민참여예산제 실질화 방안도 추진된다.

무엇보다 중요한 것은 '주민자치회 운영의 법적 근거 마련'이다.

법률을 개정해 일정 기준을 충족하는 주민이라면 누구나 주민 자치회를 구성·운영할 수 있도록 해야 한다. 나아가 참여 예산을 비롯한 자치단체 예산의 일정 부분을 주민자치회에 의무적으로 배정해야 한다. 그래야만 주민자치회가 명실상부한 '주민의 회의체'로 기능할 수 있다.

나는 여기에 더해 복수의 주민자치회를 허용하는 제도가 반드시 필요하다고 본다. 현재 법과 표준 조례는 "읍·면·동에 주민자치회를 둔다"는 구조로 짜여 있어, 사실상 행정동마다 주민자치회는 하나만 둘 수 있다. 그러나 이것은 자치를 제약하는 틀로 작용한다. 만약 기존 주민자치회가 유명무실하다면, 주민들이 새로 주민자치회를 결성할 수 있어야 한다. 계층, 연령, 생활권에 따라 주민자치회를 하나 이상 둘 수 있어야 경쟁도 생기고 성과도 낼 수 있다. 획일적 구조는 자칫 특정 집단의 독점으로 흐를 수 있고, 주민 공동체의 성장을 가로막을 위험도 있다.

실제로 국정기획위원회에서도 복수 주민자치회 제도를 긍정적으로 검토한 바 있다. 만약 이 방향으로 법률이 제정된다면, 지금처럼 '분권만 있고 자치는 없는', '동원만 있고 참여는 없는' 기형적 주민자치 구조는 획기적으로 달라질 것이다.

우리 의정부시의 주민자치회 역시 주민자치위원회에서 전환된 지 꽤 시간이 흘렀지만, 위원회 시절과 뚜렷이 구분되는 차별성을 보여주지 못하고 있다. 그 이유는 여러 가지겠지만, 예산 편성

에 비해 결산 과정을 소홀히 하는 관행도 문제다. 이제는 '주민
참여결산제'를 도입해 성과와 과정을 주민과 함께 체계적으로 평
가해야 한다. 주민자치위원회 시절과 다른 시스템, 다른 철학으
로 운영할 때에만 의정부의 주민자치는 비로소 '살아 있는 민주
주의'가 될 수 있다.

5. 망월로, 걷고 싶은 거리 사업

망월로는 단순히 '예쁜 가로수길'이 아니다. 나는 이 길을 '뿌듯
한 참여의 길'이라 부르고 싶다.

오랫동안 망월로는 가로수 뿌리 돌출로 보도블록이 들뜨고, 보
행 폭이 좁아져 유아차를 미는 부모, 아이들, 어르신 모두가 불
편을 겪는 곳이었다. 안전사고에 대한 우려도 끊이지 않았다. 어
떤 구간은 나무가 인도의 한가운데를 차지해 보행자가 차도로
밀려나기도 했다. 현장을 점검해 보니 느티나무 가로수 아래로
하수관거가 지나가 뿌리가 잘 뻗어가지 못했고, 균류가 기생해
구조적으로 문제가 있었다. 단순히 보도를 정비하는 차원이 아
니라, 수종 교체와 근본적인 원인 개선이 필요하다는 결론에 이
르렀다. 도시 미관상 보기 좋지 않은 것을 넘어, 시민 안전까지
위협하는 상황이었던 것이다.

의정부시는 2024년부터 자동차 중심 도시에서 보행자 중심 도

시로 공간 구조를 전환하는 사업을 추진했다. '걷고 싶은 거리' 조성은 공식 과제가 되었고, 망월로는 그 선도 구간이었다. 망월 사역-신한대-도봉산으로 이어지는 핵심 보행축의 중심에 있으면서도 가장 보행 환경이 열악했던 곳이기 때문이다. 이 사업의 목표는 분명했다. 안전한 보행 환경을 만들고, 보행 친화적 가로 공간으로 바꿔 지역 상권을 활성화하는 것이었다.

이를 위해 의정부시는 사실상 처음으로 '도로 다이어트'를 도입했다. 차로를 줄이고 인도를 넓혔으며, 보행 지장물을 정리하고 선로 하부 공간을 정비해 시민 누구나 편하게 걸을 수 있는 거리를 만들었다. 지금은 망월사역에 내린 시민과 등산객이 자연스럽게 망월로를 따라 신한대와 도봉산으로 이동하면서 체류와 소비가 이어지고 있다. 보행로가 도시의 혈관이라면, 망월로는 끊겼던 맥박을 되살려 사람들의 발길이 다시 흐르게 한 것이다.

나는 이 사업의 전 과정에 주도적으로 참여했다. 의회 상임위에서 망월로의 보행 폭 협소, 뿌리 돌출, 관리 사각지대 문제를 지적했고, "인도와 가로수를 미관 위주가 아닌 안전과 보행자 중심으로 전환해야 한다"고 제안했다. 이에 시는 실태 조사를 거쳐 수종 교체를 결정했고 예산을 배정했다. 사업 기획 단계부터 주민과 상인을 참여시켰으며, 공식 협의체와 현장 회의를 포함해 5회 이상 회의를 열어 의견을 모았다. 그 결과 2024년 7월 실시 설계를 마치고, 9월 착공, 2025년 7월 준공이라는 일정으로 사업을 성공적으로 완수했다.

물론 과정이 순탄하기만 했던 것은 아니다. 첫째, 2구간 설계·보상 문제가 있었다. 도시 계획 도로 개설 가능성과 30~40억 원에 달하는 보상비 이슈가 드러났고, 나는 "애초 설계 전에 주민과 먼저 공유했어야 한다"고 지적했다. 시는 공사 중복을 피하고 옹벽 디자인 위주로 반영했다고 설명하며 추가 소통을 약속했고, 문제는 일단락됐다. 둘째, 공사 우선순위 논란도 있었다. 상인 협의체가 집중 논의한 망월사 역세권 구간보다 신한대 앞 구간이 먼저 검토되며 형평성 문제가 제기된 것이다. 나는 "회의에서 합의한 상권 구간부터 진행해야 한다"고 주장했고, 시는 1구간 중 경원선 하부 공간부터 우선 착공하고 신한대 구간은 후속으로 추진하기로 정리했다. 셋째, 수목 교체와 보도 구조 문제가 있었다. 균류가 기생하는 느티나무는 수종 교체와 식재 공간 재설계가 필요했으며, 시는 전면 조사를 통해 우선 위험 구간부터 교체했고 주민들도 이에 동의했다.

사업이 끝난 후 시민들의 표정은 달라졌다. 첫째, 안전이 확보됐다. 차로를 줄이고 인도를 넓히자 보행자-차량 갈등이 줄었고, 유아차와 휠체어 이동도 한결 편해졌다. 둘째, 상권이 살아났다. 망월사역에서 내려 신한대와 도봉산으로 오가는 발길이 늘면서 소비가 증가했다. 셋째, 도시 이미지가 달라졌다. 도로 다이어트를 통해, 우리 도시가 당당히 '보행자의 도시' 대열에 들어섰음을 알릴 수 있었다.

나는 이 사업의 가장 큰 성공 요인을 시민 참여에서 찾는다. 초기에 상인·주민 협의체를 만들어 수시로 만나 의견을 모았고, 설계 변경이나 우선순위 조정이 필요할 때마다 협의체와 토론하며 결론을 냈다. 일반적으로 '걷고 싶은 거리' 사업은 착공 직전 주민 반발로 지연되기 일쑤지만, 망월로는 오히려 주민이 직접 사업 취지를 설명하고 주변을 설득하는 상황까지 벌어졌다. 말 그대로 '속도를 내는 시민 참여'가 증명된 것이다.

이 경험을 통해 나는 확신을 얻었다. 참여가 속도를 만들고, 속도가 신뢰를 만든다. 이 선순환이 시작되면 행정은 단단해지고, 지역 경제는 더 빨리 살아난다. 시민 참여는 행정의 연료이자 갈등과 마찰을 줄이는 윤활유다.

나는 망월로의 경험을 행정의 표준 모델로 만들고 싶다. 사업 초기부터 상인·주민 협의체를 상설화하고, 회의록과 설계 변경 사유를 투명하게 공개하며, 공사 단계별 현장 브리핑과 민원 창구를 운영하는 것, 이 모든 것이 이른바 '망월로 모델'이다. 예산을 세울 때는 주민 참여 예산, 결과를 평가할 때는 주민 참여 결산으로 연결해, 어디에 얼마를 쓰고 어떤 변화를 만들었는지를 시민이 직접 확인하도록 하겠다.

나는 믿는다. 주민 참여형 행정이 지역을 살린다. 안전한 인도, 살아난 상권, 사람 중심 도시 공간은 주민과 함께 결정할 때 가장 빨리 성과를 낸다. 망월로에서 시작한 이 길을 이제 의정부시 전역으로 늘려 가겠다. 시민이 설계하고 행정이 뒷받침하는 도시, 그 모델을 의정부가 먼저 보여주겠다. 모두 망월사역 4, 5번 출구로 오셔서 즐겨주시길!

왜 지금, '정치 축제'가 필요한가

대한민국의 정치·사회 갈등은 깊고, 깊고, 깊다. 선거 때마다 절정에 이르고, 선거가 끝나면 더 굳어진 채 일상으로 스며든다. 이 갈등의 고리는 정치와 행정에서 "닫힌 결정-뒤늦은 반발-계획 변경-시간과 예산 낭비"의 악순환으로 이어진다. 갈등을 줄이는 가장 확실한 방법은 결정 전에 토론을 하고, 토론을 통해 동의를 얻은 뒤, 빠르게 실행하는 것이다. 이런 과정을 도시의 상시적인 축제로 시민들의 공론장으로 만드는 것이 '정치 축제'다.

정치 축제는 이벤트가 아니라 공론의 플랫폼이다. 시민이 정치인·공무원·전문가와 같은 높이에서 마주 앉아 질문하고, 제안하고, 논박하는 열린 토론장이다. 이 과정에서 정보는 공개되고, 논점은 정리되며, 합의는 기록으로 남는다. 그 결과는 분명히 효율적이고 빠르고 정확하다.

---

1 스웨덴 민주주의의 상징적인 행사로 여겨지는 대표적인 정치 축제이자 공론의 장. 매년 7월 고틀란 섬 비스뷔에서 일주일간 열린다.

부패의 여지 축소 : 밀실이 줄어들면 거래도 줄어든다.

행정 효율화 : 사후 갈등 비용이 사라져 더 빠르고, 더 싸고, 더 품질 좋은 결과가 나온다.

정치의 복원 : 정쟁의 무대가 아니라 정책 경쟁의 광장이 열린다.

의정부가 직면한 공여지 개발, 역세권 개발, 보행 도시 전환 같은 중대 과제일수록 이 방식이 필수적이다. 공론화-시민 동의-빠른 실행의 선순환을 만들 때, 우리는 '천천히 가는 것 같아도, 또 좀 귀찮은 것 같아도 실제로는 가장 빠른 길'로 접어들게 될 것이다.

시민이 주인인 세계의 정치 축제

덴마크의 국민 정치축제 '폴케뫼데(Folkemødet)'는 시민이 주인인 토론 광장이다. 2011년에 시작해 매년 6월 중순 4일간, 본홀름 섬 알링게에서 열린다. 정치인, 정부, 기업, 시민 단체, 일반 시민 등 연간 10만 명 이상이 모여 정책 연설, 주제 토론, 워크숍, 문화 공연, 네트워킹을 동시에 펼친다. 시민과 정치인의 직접 소통으로 정치의 신뢰와 투명성을 높이고, 현장 아이디어의 정책 반영으로 정책의 활력을 제고하며, 체류 소비가 증가하면서 지역 경제 활성화 효과도 크다. 정책 토론을 축제의 형식으로 하면 시민 참여의 문턱이 더욱 낮아진다는 것을 보여주는 '즐거운 민주주의'가 폴케뫼데라고 할 수 있다.

영국 '벨파스트 정치 축제'는 예술로 정치 공론을 펼치는 정치 문화 축제다. 2015년 시작했고, 2023년에는 7일간 3만 명이 모여, 영화·연극·음악 공연과 시 낭송회·미술 전시·토론회·워크숍 등 130여 개 프로그램을 진행했다. 사회적으로 첨예한 의제를 풍자·코미디·예술로 풀어 직접 충돌을 완화하고, 간접 화법으로 미래 담론을 이끈다는 특징이 있다. 문화예술과 결합하면 다양한 시민이 부담 없이 참여할 수 있고, 정치적 상상력이 확장되고 비판적 사고가 확대된다는 것을 알 수 있게 해 준다.

스웨덴 '알메달렌 주간(Almedalsveckan)'은 일주일간 정치가 일상이 되는 행사다. 매년 여름, 고틀란드 섬 비스뷔 전체가 거대한 공론장으로 변한다. 특별히 컨벤션 시설이 있는 것도 아니다. 그냥 온 마을이 토론장이고 전시 부스가 된다. 어쩌면 컨벤션 시설이 없는 것이 모두의 참여를 이끌고 있는지도 모른다. 무려 2,000~3,000개 세션이 공원·교회·카페·항구·학교에서 동시에 열린다. 스웨덴 8개 정당은 동일 크기의 텐트를 차리고, 시민은 누구나 들러 질문하고 토론한다. 주최측인 고틀란드 주 정부는 관리만 하고 프로그램은 참여자가 제안한다. 수입보다 비용이 커 고틀란드 주 정부가 차액을 부담하고 최종 결정권도 갖는다고 한다. 상시성(매년, 같은 시기)과 공정성(정당 동등), 개방성(누구나 제안)이 핵심 규범이다. 하지만 섬에서 열리는 관계로 행사가 열리는 기간 동안에는 모든 물가가 올라 청년과 저소득층의 참여가 제약되어 스톡홀름에서 일부 행사를 분리해서 진행하기도 한다. 정치 축제는 참여자가 내용과 형식을 채우고 공공은 공간과 규칙만 관리해야 오래간다는 것을 보여주는 사례가 아닐 수 없다.

한국 정책 축제의 의미와 한계

한국의 사례는 대부분 정치 축제라기 보다는 '정책 축제'라는 한계를 보여왔다. 또한 행정이나 공공이 관리하는 범위 안에서 행사 계획을 세워 '갈등의 용광로' '다름의 소통'을 이뤄 내지는 못했다. 2003년부터 2008년까지 대한민국 지역 혁신 박람회가 열렸다. 전국 지자체가 모여 국가 균형 발전 사례를 공유하는 3만 명 규모의 행사였다. 순회 개최로 지역 네트워크 확장에 기여했지만, 중앙 주도의 전시회 성격이 강해 시민 토론의 상시성·자율성은 약했다는 평가를 받았다.

2018년부터 계속되고 있는 경기도 정책 박람회는 도민 제안, 현장 투표, 정책 경연 등 참여형 정책 체험이 강점이지만 공공 주도 행사라는 한계를 가지고 있다.

그밖에 기초자치단체인 서울 성북구나 경기 수원시의 정책 박람회나 시민 자치 축제가 있다. 이들 행사는 생활 밀착형 참여와 문화의 결합으로 시민 접근성은 높다. 하지만 소규모이고 지속성이나 정책 반영 부분에서는 제도화가 더 필요하다는 지적이 많다.

요컨대 한국의 정책 박람회는 여전히 행정이 기획을 독점하고, 시민은 참관자에 머무는 경우가 많다. 알메달렌처럼 시민이 주체가 되고, 도시가 무대가 되는 구조로 바뀔 때가 된 것 같다.

"나는 꿈꾼다, 의정부의 알메달렌을"

내가 만약 시장을 맡는다면 의정부에 연례적인 정치 축제를 만들고 싶다. 이름은 〈의정부 정치 주간〉이 어떨까? 알메달렌처럼 매년 같은 시기에, 광장, 공원, 학교, 도서관, 시장, 골목, 체육관을 모두 토론의 무대로 만드는 것이다. 정당, 시민단체, 노조, 기업, 대학, 청년, 동네 책방, 동아리까지 누구나 세션을 제안해서 참여하고, 의정부시는 그냥 관리만 맡는 것이다.

폴케뫼데의 개방성, 벨파스트의 문화 결합, 알메달렌의 상시성과 도시 전역화를 의정부 표준으로 삼아서 했으면 좋겠다. 그리고 이런 프로그램을 운영하면 어떨까?

- **시민 정치 부스** : 다양한 주장을 발표하고 홍보하는 정치부스
- **시민 정책 무대** : 생활 언어로 10분 제안, 10분 질의, 분기별 상설화
- **청년 민주 랩** : 모의 의회, 정책 해커톤, 토론 경연

- **현장 탐사 워크숍** : 공여지, 역세권, 보행 도시 등 의제별 현장 참관 및 토론
- **예술·정치** : 연극·음악·영화·전시로 의제를 안전하고 재밌게 풀어내는 토론
- **시민 예산 편성** : 제안-투표-편성-집행-결산까지 원스톱 공개
- **데이터 오픈 랩** : 예산, 결산, 사업 진행을 시민형 대시보드로 상시 공개

정치 축제는 갈등을 덮는 게 아니라 내놓고 토론하는 행사다. 덴마크는 광장에서, 영국은 예술로, 스웨덴은 도시 전체로 공론의 장을 열었다. 한국의 정책 박람회도 의미 있는 출발을 했지만, 이제는 행정 주도 전시를 넘어 시민·주도 공론장으로 진화해야 한다. 의정부는 이미 '망월로'에서 답을 보았다. 초기부터 함께 논의하고, 기록하고, 공개하고, 약속을 지키면 속도가 붙는다. 이제 그 경험을 도시의 표준으로 만들 차례다.

나는 꿈꾼다. 매년 같은 시기, 의정부의 광장과 골목마다 작은 텐트가 서고, 시민과 정치가 웃으며 토론하는 장면을! 아이들이 정치인을 향해 손을 들고 묻고, 상인이 가게 앞에서 동네 의제를 이야기하고, 청년이 무대에 올라 도시의 미래를 제안하는 장면을! 의정부의 알메달렌, 우리는 충분히 만들 수 있다. 그리고 만들 것이다. 시민이 설계하고, 행정이 뒷받침하는 도시, 그 첫걸음을 지금 의정부에서 시작할 수 있다.

칸막이가 사라지면 시민이 행복하다. "시민은 한 번만 찾아오고 나머지는 행정이 처리한다." 이것이 내가 꿈꾸는 민원 처리 방식 이다. 행정은 시민을 여러 번 오가게 만드는 대신, 스스로 여러 번 움직여야 한다. 지금의 인허가 절차는 부서별 규정과 관행이 벽을 치고 있다. 시민을 끝없는 줄서기와 서류 도장 찍기로 몰아 넣는다.

한 건의 민원이 건축·도시계획·지적·상하수도·소방·환경·녹지로 흩어지는 사이, 시간은 늘고 비용은 새며 책임은 흐릿해진다. 이 구조를 바꾸지 않는 한 '친절 행정'과 '원스톱 서비스'는 그저 구 호일 뿐이다. '민원은 시민이 한 번만, 나머지는 행정이 끝까지'로 바뀌어야 한다. 부서 칸막이를 내리고 원스톱 민원 처리를 도시 의 표준으로 삼아야 한다.

사례를 들어 보자. 단독주택 한 채를 지으려는 시민은 먼저 도시 계획과에서 용도 지역·지구 단위 계획을 확인하고, 지적팀에서 경계와 면적을 점검한다. 건축과에 허가를 접수하면 "교통·주차· 경관 협의서를 가져오라"는 안내가 이어진다. 상수·하수 인입 가 능 여부는 또 다른 창구, 도로 점용과 가로수 이식은 또 다른 창 구다. 규모에 따라 소방 완비 증명과 비산먼지·소음 관리, 문화 재 현황 확인까지 요구한다. 전기·가스·통신은 외부 기관과 개인이 따로 협의해야 한다. 소상공인의 창업도 비슷하다. 작은 카페 하나 열려 하면 위생 교육과 영업 신고, 건축물 용도 확인·변경, 옥외 광고물 허가, 음식물류 폐기물 처리 계약, 소방법 준수 확인까지 최소 다섯 곳 이상을 드나든다. 창구는 흩어져 있고 순서는 복잡하며, 누구도 전체 일정을 책임지지 않는다. 제출 서류는 부서마다 형식이 달라 다시 출력·제본을 반복하고, 담당자가 바뀌면 설명도 다시 시작한다. 결과적으로 5~7개 부서를 수주에서 수개월 전전한다. 고령자나 1인 창업자는 서류 때문에 중도에 포기하는 일도 있다. 이쯤 되면 "민원은 시민이 조립하는 DIY 키트"가 된다. 착한 시민일수록 더 큰 불편을 떠안는다.

해결의 실마리는 어렵지 않다. '통합 창구와 합동 심사' 구조를 제도화해 시민의 방문은 접수와 수령 두 번으로 줄이고, 그 사이 협의와 심사는 행정이 내부에서 끝내야 한다. 시청 1층에 '통합창구'를 두고 한 장짜리 '통합 접수서'로 모든 절차를 시작하게 하고, 건마다 '민원 총괄담당(PM)'을 배정한다. 접수 즉시 토지 이용 계획·지적·문화재·재해 민감도 등 기초 정보를 전산으로 자동 조회해 초기에 충돌을 잡고, 30분 사전 컨설팅으로 서류·절차·예상 일정을 한 장의 타임라인으로 안내한다. 시민은 "어디부터 가야 하나"를 묻지 않고, "언제 끝나는가"를 예측한다.

'합동 심사'에서는 건축·도시·교통·상하수도·소방·환경·녹지가 주 1회 함께 심사를 해 공동 결론을 낸다. 부서별로 따로 나가던 현장 점검은 1회로 묶고, 민원 서비스 기준, 즉 △3일 내 보완 통지, △7일 내 협의 착수, △14일 내 합동 결론(예시)을 운영해 지연을 구조적으로 줄여야 한다.

진행 상황은 '민원 원스톱 플랫폼' 한 화면에서 보이게 하고, 동일 자료의 중복 제출을 금지한다. 상태가 바뀌면 문자·메신저로 자동 알림을 보낸다. 법·조례는 중복 제출 근거를 정비하고, 합동 심사와 현장 합동 점검의 법적 근거를 명확히 해야 한다. 소방·도로관리청·한전 등 외부 기관과는 표준 협약으로 기한을 맞춘다. 무엇보다 성과 평가에 협업 지수-합동 심사 기여도, 처리기간, 보완율, 만족도-를 반영해야 한다.

이렇게 하면 변화를 숫자로 체감할 수 있을 것이다. 연면적 165㎡ 단독주택을 기준으로, 기존에는 7개 부서 10회 이상 방문, 60~90일이 걸리던 민원 처리가, 방문 2회, 현장 1회, 30~45일로 줄어들 수 있을 것이다. 소상공인 카페 창업도 여러 창구를 돌던 방식에서 합동 심사 1회로 단축할 수 있다. 저작권, 배달 플랫폼, 정책자금 같은 연계 지원까지 같은 창구에서 안내받으면, 창업의 첫걸음은 행정이 아니라 사업 그 자체가 된다.

반론이 있을 수 있다. "절차를 줄이면 안전과 법적 검토가 약해지지 않는가?" 그래서 합동 심사와 현장 합동 점검이 중요하다. 분절된 검토를 합쳐 동시에 더 깊게 보는 구조는 오히려 누락을 줄인다. "부서 자율성이 약해지지 않는가?" 자율성은 칸막이가 아니라 책임과 투명성에서 나온다. 하나의 대시보드, 하나의 일정, 하나의 책임자는 부서를 약하게 만드는 게 아니라 도시를 강하게 만들 수 있다.

결국 관건은 관점이다. 행정의 칸막이는 내부의 효율을 위해 세웠지만, 시민에게는 보이지 않는 미로가 됐다. 원스톱은 시민에게 문 하나만 남기는 일이다. 문턱을 낮추면 발걸음이 몰리고, 발걸음이 몰리면 행정의 속도는 빨라진다.

행정의 언어로 맺지 말자. 시민의 언어로 맺자. "시민은 한 번만, 행정이 나머지를!" 이 한 줄을 의정부 시청 현관과 모든 부서 벽에 붙일 때, 우리는 친절을 넘어 구조를 바꿀 수 있을 것이다. 시민은 '허가 받으러 다니는 사람'이 아니라 '도시를 함께 만드는 사람'이 될 것이다. 그것이 원스톱 민원 처리가 가져올 가장 큰 변화가 되어야 한다.

8. 지역 언론은 주민 참여 촉진제

지방자치는 가까운 문제를 가까운 사람들이 스스로 결정하는 데서 출발한다. 결정의 출발점은 언제나 정보다. 시민이 지역 현안을 제대로 알고, 토론하고, 감시할 때 비로소 자치가 작동한다. 이 핵심 고리를 지탱하는 주체가 바로 지역 언론이다.

최근 언론 소비가 수도권 중심 포털·플랫폼에 편중되면서 지역 뉴스의 존재감은 희미해졌고, 의정부 같은 중·소도시의 공론장은 거의 비어 버린다. 수도권 중심 정보 편중을 해소하고, 지역 여론 형성의 건강한 인프라를 복원하려면 이제 지자체 차원의 적극적인 지역 언론 지원 체계를 제도화해야 한다.

첫째, 지역 언론은 생활 민주주의의 인프라다. 중앙 언론이 국가 어젠다를 다룬다면, 지역 언론은 우리 동네 도로 하나, 학교 급식, 도시 계획 변경, 예산 집행의 현장 같은 '생활 의제'를 다룬다. 시의회와 집행부를 감시하고, 주민 갈등을 중재하고, 숨은 공익 의제를 발굴해 의제로 끌어올리는 역할도 한다. 지역 언론이 약해질수록 행정 권력과 시장 권력은 비대해지고, 시민의 알 권리와 참여권은 빈약해질 수 밖에 없다. "보도가 없으면 논쟁도 합의도 없다"는 말은 지역에서 더 절실한 것이다. 한마디로 참여의 촉진제 역할을 지역 언론이 맡아야 한다는 말이다.

둘째, 지역 언론의 시장 실패를 직시해야 한다. 광고 수입의 플랫폼 이전, 구독 기반의 약화, 인력 유출 등으로 지역 신문사들은 존립 자체가 위협받고 있다. 이 공백을 채우려면 공적 지원이 필요하다. 이미 언론진흥재단과 지역신문발전위원회가 매년 90여 개 지역 신문사에 100여 억 원 규모의 공익 사업비를 지원하고 있다. 의정부시도 이 국가적 틀과 연계해 지방 차원의 맞춤형 지원을 제도화할 필요가 있다. 핵심은 돈을 주느냐 마느냐가 아니라, 어떻게 주고 공익적 가치를 극대화하느냐다.

셋째, 의정부시는 '지역 언론 선진화 조례'를 제정해 지원의 근거와 원칙을 분명히 해야 한다. 조례의 골격은 이렇다. ① 시장·의회로부터 독립된 민관 합동 심의 위원회가 사업을 공모·심사·평가한다. ② 지역 감시 보도, 생활 밀착형 데이터·탐사, 문화·복지·환경 의제, 아동·청년·약자 목소리 확대 등 공익 항목에 가중치를 둔다. ③ 선정 사유, 예산 집행, 성과 지표를 전면 공개하고, 이해 충돌을 엄격히 배제한다. ④ 기사량이 아니라 도달률, 독자 참여, 정책 개선 기여, 팩트체크 성과 등 질적 지표를 반영한다. ⑤ 편집권에 대한 어떤 형태의 개입·보복도 금지하고, 특정 성향이나 비판 보도를 이유로 불이익을 주지 못하도록 명문화한다.

넷째, 중앙의 지원 체계와 연계하고 매칭하는 것이 중요하다. 언론진흥재단의 연수, 디지털 전환 프로그램, 지역신문발전위원회의 공익 기획·탐사 보도 지원을 시비 매칭으로 끌어오면, 적은 예산으로도 큰 효과를 낼 수 있다.

다섯째, 시민이 참여하는 언론 생태계를 설계해야 한다. 시가 직접 언론을 운영하자는 뜻이 아니다. 오히려 반대로, 시민이 공론장의 주체가 되도록 아래와 같이 플랫폼을 열어 주자는 것이다.

- **시민 기자단** : 동네 의제 발굴·자료 수집·현장 취재를 돕는 시민 기자단을 공모로 선발해 지역신문사와 동행 취재를 정례화하는 것이 필요

하다. 취재 윤리, 법률, 기사 작성 교육은 시가 '지역신문 아카데미'를 열어 지원하면 될 것이다.

- **지역신문 아카데미** : 청소년·청년·시니어 맞춤 과정(팩트체크, 데이터 읽기, 사진·영상, 저작권·명예훼손)을 분기별로 열어 독자를 시민 편집인으로 키운다.

- **공익 출판·브랜드 프로젝트** : 지역 문화사, 마을 아카이브, 공공디자인·보행 혁신 사례집 등 공익적 출판과 기획 취재를 공모·지원해 '의정부 문화 브랜드'를 축적하는 것도 필요하다.

- **공공 데이터 연계** : 예산·도시계획·교통·환경 데이터를 개방하고, 지역신문이 이를 활용해 데이터 저널리즘을 생산할 수 있도록 기술과 API를 제공한다. 공공은 데이터를 열고, 언론은 스토리로 엮는 역할 분담을 하자는 것이다.

여섯째, 우려에 대한 답도 준비해야 한다. "지자체가 언론을 길들이는 것 아니냐?"는 의문을 가질 수 있다. 이를 해소하려면 절차의 독립성과 결과의 공개가 절대조건이다. 심사위원 구성의 다양성(학계·법조·언론계·시민사회), 이해충돌 회피, 전 과정 기록 공개만 지켜지면 오히려 권력으로부터 자유로운 지원이 가능하다. "예산 여력이 없지 않나?"라는 지적에는, 작은 돈의 큰 효과를 제시하자. 시민기자단 양성, 데이터·팩트체크 도구 보급, 공익 기획취재 같은 비용 대비 파급효과가 큰 프로그램부터 시작하면 된다.

지연 언론 지원의 기대효과는 분명하다. 첫째, 여론의 지방분권이 일어난다. 수도권·포털 중심 의제에서 벗어나 의정부형 의제설정 능력이 커진다. 둘째, 행정의 투명성과 효율이 높아진다. 예산·도시계획·복지 점검 보도가 정책 개선 압력이 되고, 행정은사전 공개와 설명 책임을 습관화하게 될 것이다. 셋째, 공동체의문화자본을 쌓을 수 있다. 지역문화 브랜드, 마을 기록, 생활 의제가 축적되면 도시는 기억을 갖고, 기억은 정체성과 관광·교육콘텐츠가 된다. 넷째, 청년과 시니어의 일·배움의 기회가 열린다.로컬 콘텐츠 산업의 씨앗이 될 수 있을 것이다.

6

왔다 정진호!
된다, 의정부!

알고 보니 그게 정치였다! █

나는 부모님을 잘 만난 덕분에 부족한 것 없이 하고 싶은 거 다 하고 살아 왔다. 그래서 모두가 그런 줄 알았고 그게 평범한 것이라 생각했다. 고3 때 신문방송학과와 정치외교학과 둘 중에 선택해야 할 순간이 왔다. 나의 어떤 면을 보신 건지 담임선생님도 부모님도 '아나운서 하면 딱'이라고 신방과를 지원하라 했지만, 우겨서 정치학과에 지원했다. 말로써 무언가를 전하는 것보다는, 행동으로 어떤 일을 하는 더 좋을 것 같았다.

2014년 3월, 대학교 입학하자마자 학생회 선배들이 아주 잘 대해 주었다. 그래서 그냥 따라다녔다. 4월, '세월호'가 터졌다. 충격에 충격이었다. 이럴 수가! 국가가 국민의 죽음을 지켜보고 아무것도 할 수 없다니!

선배들 따라서 학내 시위에 참여하고 광화문에 갔다. 난생처음 본 그런 풍경은 살아온 풍경과는 너무 이질적이어서 또 충격이었다. 아무튼 세월호가 침몰한 것도, 그것 가지고 시위를 해야 하는 것도 모두 비정상! 이걸 정상으로 돌려야겠다고 생각했다. 알고 보니 그게 정치였다.

이상하게 우리는 늘 앞에서 경찰 방패 뺏고 싸우고 최루액 맞는 역할이었다. 그때 알았다. 이른바 '운동권'! 나에게 잘해 준 선배들은 정말 유명한 운동권이었고, 전국 학생운동권 사이에서 그들은 그야말로 최전방 돌격대였다. 잘 맞았다. 잘 두들겨 맞기도 했고 적성에 잘 맞기도 했다. 아픔에 공감하고 느끼기만 하면 뭐하나? 뭐라도 행동해서 바꿔야 의미가 있지. 누구 말처럼 하다못해 담벼락에 욕이라도 해야지. 물론 그걸로 모자라서 담벼락을 무너뜨리려고 하고, 때론 실제로 무너뜨리기도 했지만 말이다.

행동하지 않는 양심은 악의 편이라던데, 그 정돈 아니지만 그냥 나는 내가 할 수 있고 해야 하는 일을 했던 것뿐이다. 그래야 마음이 편하다. 지금처럼.

'세월호' 이후에 학내 청소노동자 투쟁, 총장 직선제 운동을 이어갔다. 혁신적인 정당과 함께 전국을 돌아다니며 원전 투쟁, 한국 옵티칼 투쟁을 이어 가면서 세상을 배웠다. 정말 이 세상에는 이런 일들이 있고 이렇게 처절하게 싸우고 있구나! 눈이 번쩍 뜨였다. 그냥 학교 다니는 동안 이런 일만 한 것 같았다.

어느새 내가 학생회장이 되어 있었다. 선배들이 나한테 했듯이 나도 후배들에게 했다. 수업을 많이 못 들어 성적은 좋지 않았지만, 후회는 없었다. 더 많은 것을 배울 수 있었으니까.

학교 다니는 내내 우리는 '퍼스트 펭귄'이었다. 문제점을 발견하고 쟁점으로 만들고 싸우고 해결하고. 늘 '오버하는 거 아니냐, 왜 이렇게 극단적이냐, 뭐 그렇게까지 하냐?' 이런 소리를 들었다. 그런데 개혁은, 혁신은, 하다못해 개선은 '오버'하는 사람이 없으면 멀어지기 마련이다.

어느날, 고공 농성과 단식 농성을 이어 가던 선배들의 건강이 급격히 나빠져 더 이상 계속하는 것이 어려웠다. 그런데 정치는 명분이 아니던가? 내려올 명분이 없었다. 우리는 명분을 만들어야 했다. 그때 몇 천 명이 모여 우리를 구해주었다. 학교 대운동장이 꽉 차게 연대해 주었고 그들이 우리를 살려주었다. 당시 나의 '운동권 대부'였던 최장훈은 '운동은 머리로 하는 게 아니라 가슴으로 하는 거야'라는 명언을 남겼는데 그 말은 아직도 내 뇌리에 깊게 박혀 있고 떠날 줄을 모른다.

이후 학생회장 선거에 출마했을 때 상대 진영의 "운동권이 학교 망친다. 운동권 황태자 정진호가 학생회장 하는 것을 막아야 한다"라는 여론전이 거세기는 했지만, 결국 내가 학생회장으로 당선되었다. 우리 학생회는 청소노동자 투쟁에 잘 연대해서 노동자분들의 임금을 최저임금 이상으로 확보했다. 총장 직선제 문제도 어느 정도 해결되었다. 그때 더불어민주당 을지키기민생위원회 위원장이었던 우원식 현 국회의장께서 학교를 방문해 우리 총장이랑 면담하여 우리를 구해준 일을 절대 잊을 수 없다.

정진호는 잘 싸운다. 하지만 나라고 힘들 때가 없겠는가? 힘들 때는 우리의 뿌리가 단단하고 우리가 스스로에게 부끄러움 없는 말과 행동을 한다면 언젠가는 시민들이 그것을 알아준다는 믿음으로 버틴다. 대의를 갖고 벽에다 머리를 세게 부딪치면 사람들이 도와준다. '계란으로 바위 치기'라고 하는데, 계속 치다 보면 사람들이 함께해준다. 나는 시민과 집단지성을 믿는다. 시민과 정치인의 신뢰가 깨지면, 정치를 하면 안된다. 그래서 나는 나의 정치 은퇴 시점을 정했다. 시민들이 정진호를 의심하면 떠나야 할 때이고, 나는 떠날 것이다. 미련없이.

'정진호 정치'에 가장 큰 영향을 준 사람은 지금 민주연구원에 있는 박혁 교수다. 박 교수는 '외눈박이로 세상을 바라보지 말고 두 눈으로 세상의 오색찬란함을 느끼며 살았으면 좋겠다'는 말을 해 주었다. 나의 내적 갈등과 우리 운동권들의 문제의식을 정확히 간파한 발언이었다. 사실 생각해 보면 우리가 해 온 모든 투쟁들은, 선과 악으로 구분되는 것도 있었지만 틀린 것이 아니라 다른 것도 정말 많았다. 사실 이게 더 많았다. 내부 회의 때도 그러한 문제의식을 다들 느끼고 있었지만, 선/악으로 대비하지 않으면 선명성이 사라져 진영이 흐트러질까 봐 애써 외면하기도 했다. 그러다 운동권 자체가 풍비박산이 나 버렸다. '세월호' 이후, '박근혜 탄핵' 이후의 문제는 대부분 오(O)냐, 엑스(X)냐 하는 문제가 아니었기 때문이다.

문재인 정부 출범 후 나는 학교를 졸업하고, 국회의원 비서를 거쳐 지금은 의정부시 시의원을 하고 있다. 학생운동을 할 때에 비하면 지금은 정말 냉난방 잘 되는 온실 속에서 화초처럼 편하게 정치하고 있다. 이렇게 편해도 될까 싶어서 더욱 마음을 다잡고 있다. '남들이 안하는 것, 하지만 해야 하는 일을 찾아야 한다.' 그래서 재정을 들춰보기 시작했고, 잘못된 관행과 무능을 바꿔내기 위해, 시민에게 알리고 시민들과 함께하기 위해 '외로운 싸움'을 시작했다. '모두의 승리'를 위해서!

넓게, 깊게, 치밀하게, 빠르게!

의정부시가 아니라 대한민국이 살기 위해서도 정치인의 리더십이 달라져야 한다. 우리 정치에는 협상이 없고 투쟁만 있다. 80년대 학생운동을 하면서 화염병 만들고 돌맹이 만들어 던지던 DNA가 영원히 사라지지 않을 것 같다는 걱정이 들 정도로 대립과 갈등은 점점 깊어지고 있다.

해결책을 찾아야 한다. 파괴가 아니라 생산의 정치를 회복해야 한다. 의정부시에서부터 정진호가 시작하고 싶다. 양 극단으로 더 멀어진 채 그 어느 시절보다도 근접해서 싸우는 이 역설적인 '전쟁의 정치'를 생산과 협상의 평화적 정치로 바꾸는 일을, 작은 지방자치단체 의정부시에서 먼저 시작할 수 없을까 고민하고 있다.

해결책도 있다. 여기에 리더십 차원에서 몇 가지 원칙으로 이 문제를 풀 방안을 제시한다. 결론부터 말하자면 내가 생각하는 지금 시대에 필요한 정치인의 리더십과 관련한 키워드는 '넓게, 깊게, 치밀하게, 빠르게!'이다.

첫째, 넓게 보고 널리 사람을 구해야 한다. 인재는 많다. 보이지 않을 뿐이다. 사실 '내가 아는 정보'는 매우 편협하다. 그런데 많은 정치인들이 그게 전부라고 생각한다. 믿을 사람을 써야 한다며 측근만 중용한다. 안된다. 측근의 장막을 걷어내고 널리 사람을 찾아야 한다. 전쟁터의 싸움꾼이 아니라 현장의 문제를 잘 아는 유능한 실무자를 널리 구하고 중용해야 한다. 아는 사람만 기용한다는 것은 실패를 예비하는 길이다. 진영을 넘어 넓게 인재를 구해야 한다. '갈등 왕국'에서 정치를 하려면 특히 그래야 한다. 정치적 내전으로 나라가 침몰하지 않으려면 모든 정치인이 그래야 한다. 넓게 보려면 가까운 지지자의 욕설과 비난을 기꺼이 감수해야 한다. 강성 지지자를 잃더라도 전체 공무원과 전체 시민을 얻어야 한다.

둘째, 깊게 연구하고 깊이 파고들어야 한다. 아쉽게도 지방자치단체의 정책 수준은 높지 않다. 얕은 꾀가 횡행한다. 사례가 없으면 움직이지 않으려고 한다. 말도 정책도 깊이가 없고 철학도 없다. 이끌지는 못하고 따라가는 정책만 한다. 오죽하면 전국에 출렁다리가 250개가 넘고 케이블카 만들어 달라는 곳이 20군데가 넘겠는가? 수박 겉 핥기, 사례 따라하기가 대한민국 지방자치단체를 모두 똑같이 만들고 있다. 파도에 현혹되지 말고 깊은 해저의 흐름을 읽어야 한다. 소수가 내지르는 시끄러운 함성이 아니라, 조용한 다수의 마음을 읽는 노력이 필요하다.

셋째, 세밀하게 들여다보는 '마이크로 마인드'가 필요하다. 기후

위기, 차별, 불균형, 양극화, 소멸, 소외, 재정 낭비… 챙겨야 할 일이 많다. 선거와 당선에만 몰두하면 안된다. 단기적인 치적 쌓기에 몰두하느라 역대 지역 정치인이 제껴 놓았던 모든 난제를 세밀하게 들여다보아야 한다. 그런데 시장이 어떻게 다 자세히 들여다 볼 수 있겠는가? 함께 일하는 공무원들이 시장의 눈과 귀를 대신할 수 있도록 조직 운영을 빈틈 없이 치밀하게 해야 한다. 그 눈들이 모두 못 보거나, 보고도 말을 안하는 '예스맨'이라면 아무 소용이 없을 것이다. 세밀한 행정, 치밀한 관리를 위해서는 '기념사 시장'의 관행을 없애야 한다. '행사 시장', '의전 시장'을 거부하고 낮은 곳, 가야할 곳을 찾아가는 '현장 시장'이 필요하다. 행사 시장은 행사 주최측의 기득권을 더욱 강화시킨다. 불균형의 시작이다. 시장이, 정치가 있어야 할 곳은 그런 행사를 만들지 못하는 곳이 아닐까? 관행적인 행사를 줄이고 소외된 사람들, 어려운 민생 현장을 찾아가는 시간을 대폭 늘려야 한다. 그래야 1천5백여 시 공무원들도 현장을 세밀하게 들여다보는 독수리 눈과 현장의 소리에 귀 기울이는 토끼 귀를 갖게 될 것이다.

넷째, 빠르게 속도전을 치러야 한다. 논의는 충분히 하되, 결정되면 전광석화처럼 실행하는 속도전 행정을 정착시켜야 한다. 전략은 시간이 걸리더라도 치밀하게 세우고, 실행은 개시했으면 전광석화처럼 해치워야 한다. 특히 취임 1백일 안에 할 수 있는 일의 대부분을 시작해야 한다. "용역을 해 보겠다", "계획을 세워 보겠다"라고 하는 자칭 전문가들이나 이들에게 포획된 공무원의 말에 넘어가서도 안된다. 먼저 움직여 성과를 내야 할 일에 집중해야 한다.

나? 의정부에 살지!

넓고 깊고 치밀하고 빠른 리더십을 가진 시장이 가장 우선적으로 할 일은 외지인과 토박이로, 구도심과 신도시로 나뉜 의정부의 정체성을 통합하고 시민의 자긍심을 세우는 것이다.

성과는 예산이 내는 것 같지만, 아니다. 시민들의 높은 자부심과 공동체에 대한 소속감이 더 중요하다. 예산이 아무리 많아도 주민 수용성이 떨어지거나, 시민의 삶과 동떨어진 자본의 배만 채워주는 정책을 한다면, 또는 아무리 경제가 활성화된다고 해도 시민들의 주머니 사정이 좋지 않다면 그 예산으로 하는 사업은 모두 무용지물이 될 것이기 때문이다.

나는 지금 '시민이 만드는 의정부, 시민을 위한 의정부시'를 위한 정책을 준비하고 있다. 곧 정책 공약집으로 만들어 서점에서 판매할 계획이다. 아래 내용은 그 정책 공약집에서 다룰 내용 중 의정부 시민의 소속감과 자긍심을 높일 수 있는 것 세 가지를 정리했다. 정진호는 정책은 의정부의 정체성을 찾는 일에서 시작하기 때문이다.

의정부의 역사는 곧 미군 주둔의 역사라 해도 과언이 아니다. 전쟁 이후 수십년 동안 의정부는 미군의 흔적과 함께 성장해 왔다. 군사적 요충지였던 만큼 도시 발전의 기회가 제한되기도 했지만, 동시에 의정부는 다른 어느 곳보다 일찍 세계와 맞닿아 있던 도시였다.

사람들은 지금도 농담처럼 말한다. "의정부 아이들은 영어 잘한다. 미군이 많아서 그런 거 아냐?" 하지만 실상을 들여다보면, 의정부의 영어 교육 인프라는 초라하다. 영어 도서관이 단 한 곳에 불과하고, 사교육 비용은 여타 교육 분야 중에서도 영어가 가장 비싸다. 미군이 주둔한 도시라는 역사적 배경이 있음에도, 이를 제대로 교육적 자산으로 활용하지 못한 것이다.

이제 발상의 전환을 해야 할 때가 왔다. 부정적이고 낙후된 이미지로만 남아 있는 '미군 주둔 도시'라는 꼬리표를 '영어 교육의 중심 도시'라는 새로운 간판으로 교체해야 한다. 의정부에서 태어나 자라고 공부하는 아이들은 물론, 어르신들까지도 평생 동안 영어를 자연스럽게 접하고 배울 수 있도록 하는 것이다. 부정적인 이미지를 긍정적인 자산으로 바꾸는 전략을 세웠으면 한다. 가장 중요한 것은 방법이다. 나는 의정부를 "영어 평생교육 도시"로 만들었으면 좋겠다. 현재 시 전역에 흩어져 있는 작은도서관 네트워크를 활용해, 동마다 영어 특화 작은도서관을 설치하는 것이다. 기존 시설을 리모델링해 원어민 서가, 영어 전용 열람실, 회화 공간을 조성하면 그리 많은 비용이 들지 않을 것이다.

또한 동별 작은도서관이나 주민센터, 평생학습관 등에 원어민 강사를 상시 배치하고 아동부터 청소년, 청년, 직장인, 어르신까지 누구나 정기적으로 영어를 접할 수 있도록 프로그램을 만들어 운영하면 좋을 것이다. 기초 회화부터 자격시험 대비, 영어 동화 읽기, 시니어 생활영어까지 전 세대를 아우르는 맞춤형 무료 영어 교육 프로그램을 지원하면 의정부시는 사교육에 의존하지 않아도 영어 교육을 받을 수 있는 곳이 되고, 이런 것이 알려지면 초등학생 자녀를 둔 학부모들부터 의정부로 이주해 오지 않겠는가.

도서관·카페·공원 등 공공장소 일부를 영어회화 공간으로 지정하고, 누구나 자연스럽게 영어로 대화할 수 있는 분위기를 조성하는 것도 좋다. 지역 축제와 연계해 영어 뮤지컬, 원어민 토크 콘서트, 국제 교류 캠프 등을 개최하는 방법도 사용할 수 있을 것이다.

사교육 의존 없이 모든 아이들이 동네에서, 무상으로 영어를 배우는 도시, 영어 무료 평생교육 시스템을 전국 최초로 갖춘 도시로 의정부시가 알려지면 영어 교육을 위해 외부로 빠져나가는 가계 부담을 줄이고, 과거 교육 도시의 명성을 회복할 수 있을 것

이다. 나는 의정부를 영어만큼은 확실히 책임지는 도시로 만들고
싶다. 아이가 태어나서 성인이 되고, 부모가 되고, 노년을 맞을
때까지, 언제든 영어를 배우고 즐길 수 있는 도시 말이다. 미군이
주둔했던 도시라는 과거를 넘어, 글로벌한 미래를 준비하는 영
어 도시 의정부, 이것이 의정부의 새로운 정체성으로 자리잡는
날이 빨리 왔으면 좋겠다.

2. 민주 인권 교육과 헌법 교육

"대한민국은 민주공화국이다. 대한민국의 주권은 국민에게 있
고, 모든 권력은 국민으로부터 나온다." 헌법 제1조의 이 문장은
단순한 법 조항이 아니라 우리가 지켜야 할 공동체의 약속이다.
이 약속을 짓밟고 내란을 일으킨 대통령을 우리는 감옥으로 보
냈다. 그러나 아직도 내란은 끝나지 않았다. 내란 세력은 아직 온
전히 처벌받지 않았고, 헌법에 근거한 정당이 내란을 옹호하고
있는 실정이다.

이럴 때에 무엇이 필요한가? 바로 헌법 교육, 민주주의 교육이다.
계엄과 탄핵이라는 충격을 겪은 시민들에게 새 정부가 헌법 개
정을 예고하고 있는 지금 이 시점이야말로, 헌법과 민주주의를
제대로 배우고 이해하는 교육이 필요하다는 사회적 공감대를 형
성해야 할 때다.

지금 대한민국의 헌법 교육, 민주주의 교육은 매우 취약하다. 학생들은 교과서 몇 장의 요약으로 헌법을 접하는 정도이고, 공무원 교육에서도 헌법은 거의 다루어지지 않는다. 이런 공백이 우리 사회의 반민주주의에 대한 경계심을 약화시키고, 결국 윤석열류의 파시즘 정치가 등장하게 했던 것 아닐까?

더 무서운 것은 두 번째 대통령 탄핵이라는 초유의 사태를 겪고도, 많은 국민이 여전히 냉소와 무관심에 빠져 있다는 현실이다. 지금 우리가 제대로 대응하지 못하면, 앞으로 한국 민주주의는 더 깊은 위기에 빠질 수 있다. 그렇기에 지금 당장 헌법과 민주인권 교육을 전면적으로 강화하여야 한다.

이미 우리 국회는 2008년에 법교육지원법을 제정해, 법 교육을 체계적으로 지원하고 수행하는 데 필요한 사항을 정한 바 있다. 하지만 이 법은 거의 사문화된 채로 남아 있다. 다시 살려내야 한다. 그리고 헌법 교육을 법 교육의 한 축으로 삼도록 개정해야 한다. 국가와 지자체, 공공기관의 책무로 분명히 명시하고, 이를 통해 대한민국 공동체의 최우선 가치가 다시는 흔들리지 않도록 해야 한다.

최근 학교 현장에서 들려오는 소식은 심각하다. 일부 중고등학생들이 극우 성향을 노골적으로 드러내며, 혐오와 배제의 언어를 쉽게 내뱉는 사례가 늘고 있다는 것이다. 민주주의의 기본 원칙인 다양성과 존중이 무너지고 있는 것이다. 교실이 이렇다면 우리 사회의 미래가 얼마나 위험한지 짐작할 수 있다. 그렇기에 민주 인권 교육은 유치원과 초등학교에서부터 시작되어야 한다. 어릴 때부터 "서로 다름을 존중하는 것이 민주주의"임을 배워야 한다.

해외 사례는 우리에게 좋은 길잡이가 된다. 핀란드는 초등학교 때부터 학생 의회를 제도화하여 학급 규칙이나 학교 생활에 학생들이 직접 참여하게 한다. 학생들이 스스로 토론하고 결정하는 과정에서 민주주의를 몸으로 익히는 것이다. 스웨덴은 더욱 체계적이다. 초등 저학년은 친구와 협동하는 법을 배우고, 고학년은 권리와 책임을 익히며, 중등 이후에는 모의선거나 청소년 의회를 통해 실제 정치적 의사결정 과정을 경험한다. 이렇게 성장한 세대는 성인이 되었을 때 민주주의를 당연한 생활 양식으로 받아들이고, 사회적 신뢰와 참여가 자연스럽게 높아진다. 나는 의정부가 이러한 모델을 적극적으로 도입해야 한다고 믿는다. 또한 민주주의와 인권 교육은 지역공동체 교육과 병행하는 것이 바람직하다. 민주와 인권은 어디 멀리 있는 것이 아니라 자기 자신의 생활 속의 문제이며 자신이 사는 지역으로부터 시작하는 문제이기 때문이다. 그렇기에 민주주의와 인권 교육은 "기초자치단체가 뭘 그런 것까지 챙기나?"하고 외면할 문제가 아니다. 내가 의정부시 정부와 '외로운 싸움'을 이어온 것도 궁극적으로는 그것이 민주주의와 시민의 인권 문제로 이어지기 때문이다.

내가 시장이 된다면, 우리 의정부시를 대한민국의 민주 인권 교육을 선도하는 도시로 만들고 싶다. 전국에서 가장 먼저 아이부터 어르신까지 헌법을 배우고 민주주의를 생활로 익히는 민주 공동체로 만들고 싶다. 구체적인 방법론도 구상하고 있다.

첫째, 의정부시의 특성을 살린 민주 인권 교재를 개발하고 교과 과정에 반영하도록 한다. 둘째, 도서관과 평생학습관에 전 세대를 아우르는 헌법·민주 인권 강좌를 개설해 시민 누구나 참여할 수 있도록 한다. 셋째, 유치원에서부터 지역 사회를 이해하는 교육을 강화해, 어린이들이 의정부시 공동체에 대한 애정과 공동체 구성원끼리 서로 존중하는 태도를 지닌 시민으로 성장할 토대를 다진다. 넷째, 학생 의회와 청소년 의회를 제도화해 학생들이 학교 문제와 지역 현안에 직접 목소리를 낼 수 있도록 한다. 다섯째, 공무원 교육에 헌법과 민주 인권 교육을 의무화하여 행정 조직 전체가 헌법 의식과 민주적 감수성을 갖추도록 한다.

이중에는 시·도 교육청과 긴밀한 협의가 필요한 사안들도 있다. 공동체에 대한 애정과 민주 인권이라는 가치를 공유한다면 풀어내지 못할 일이 아니다.

의정부시는 오랫동안 미군이 주둔해 온 군사도시의 이미지로 낙인 찍혀 왔다. 이제 헌법의 가치를 지켜내는 민주 인권의 도시, 시민 모두가 참여해 통합과 화합을 실현하는 평화의 공동체로 당당히 서야 할 때다. 나는 바로 그 도시를 꿈꾼다

기후 위기 대응은 더 이상 특정 세대나 지역만의 과제가 아니라 대한민국 전체, 나아가 인류의 생존 전략이다. 정부조직법 개정으로 신설될 기후에너지부는 단순히 또 하나의 중앙 부처가 아니라, 대한민국의 녹색 전환과 에너지 자립, 남북 평화와 국제 협력까지 아우를 미래 부처다. 나는 기후에너지부를 의정부에 유치해야 한다고 주장하고 있다. 뜬금 없는 주장일까? 그러나 해수부가 부산으로 간다. 균형 발전을 위해서다. 그렇다면 균형 발전을 위해 기후에너지부가 의정부로 못 올 이유는 없다.

의정부는 이미 정치적 상징성과 인적 자산을 갖춘 도시다. 기후·에너지 분야 청년 인재 영입 1호인 박지혜 의원은 청년 세대의 미래 비전을 대변하고 있고, 남북 평화·통일의 전문가 이재강 의원은 기후와 평화를 연결할 수 있는 역량을 갖추고 있다. 이들이 활동하는 의정부는 대한민국의 기후 위기 대응과 평화 협력의 교차점 도시로 자리매김할 수 있다.

지리적 이점 또한 명확하다. 의정부는 수도 접근성과 접경지 특수성을 동시에 갖추고 있다. 중앙부처와 언제든 신속히 협업할 수 있는 교통망이 있고, 동시에 북한과 가장 가까운 수도권 도시다. 남북 공동 에너지 협력 프로젝트를 추진할 있는 최적의 도시인 것이다. 북한은 구조적인 전력난 문제를 안고 있다. 평화의 시대가 오면 우리가 전력을 공급해야 한다. 의정부는 그 전진기지 역할을 할 수 있는 위치에 있다.

의정부로 기후에너지부가 오면 어떻게 될까? 행정기관 이전이 지역 경제에 가져올 활력은 국내외 사례가 이미 증명한다. 독일의 본은 수도 기능을 베를린으로 옮긴 뒤에도 UN기구와 국제환경기구 본부를 유치해 국제적 위상을 확보했고, 일본은 교토, 고베, 후쿠오카 등에 정부 연구기관을 분산시켜 도쿄 일극 집중을 완화했다. 국내에서도 세종시에 중앙 부처가 들어서면서 지역 경제가 크게 살아났다. 행정기관은 경제의 마중물이고, 도시의 상징적 자산이기도 하다. AI와 인터넷, 전자결재 시스템이 보편화된 시대에 중앙 부처가 반드시 한 곳에 모여 있어야 할 필요는 없다. 오히려 분산형 행정이 효율을 높이고, 균형 발전을 촉진하는 시대가 되었다.

의정부는 현재 에너지 자립률이 1%에 불과하다. 이는 전국 최저 수준이자 기후 위기 시대의 취약점이다. 그러나 기후에너지부를 유치한다면 이 약점을 강력한 기회로 바꿀 수 있다. 태양광과 지열, 건물 일체형 태양광 같은 신재생 에너지를 전역에 확산시키고, 주택과 도로, 주차장까지 발전소로 만드는 도시 실험을 할 수 있다. 의정부가 대한민국의 기후 위기 대응을 대표하는 실험 도시이자, 전 세계가 주목하는 에너지 자립형 도시로 도약할 수 있는 것이다. 이는 곧 대한민국의 친환경 국가 이미지를 강화하는 상징이 된다는 뜻이다.

교통과 무역의 잠재력도 크다. 유라시아 철도가 열리면 해남에서 출발한 농산물이 북한과 중국을 거쳐 유럽까지 이어지는 시대가 올 것이다. 이때 의정부는 철도 무역의 중간 급유지이자 환승지로 기능하게 된다. 미래 교통 패러다임이 수소 열차로 전환된다면, 의정부는 수소 충전 허브로 자리잡아 물류와 에너지의 중심지로 발돋움할 수 있다. 의정부는 철도 무역의 거점 도시이자 에너지 허브 도시라는 새로운 브랜드를 갖게 될 것이다.

의정부는 오랫동안 접경 도시라는 이유로 각종 규제와 개발 제한을 감내해 왔다. 그 특별한 희생은 곧 낙후라는 현실로 이어졌다. 이제는 국가가 응답할 차례다. 기후에너지부 유치는 의정부 시민들이 감내해 온 희생에 대한 정당하고 상징적인 보상이다.

나는 믿는다. 기후에너지부가 의정부에 자리잡는 순간, 이 도시는 낙후된 접경 도시가 아니라 기후와 평화, 에너지와 산업의 중심 도시로 다시 태어날 것이다. 기후에너지부 유치는 단순한 기관 유치가 아니라 대한민국의 미래 비전을 의정부시가 구현하는 역사적 전환점이다. 범시민 캠페인을 통해 반드시 기후에너지부를 유치해, 대한민국 균형 발전과 녹색 전환의 희망을 이 도시에서 시작하겠다. 그것은 의정부 시민을 하나로 만들고, 의정부의 정체성을 키우고, 의정부가 통일에 대비한 '한반도 미래 도시'를 준비하는 지름길이기도 하다.

젊은 시장들이 몰려 온다

나는 지금의 의정부에 필요한 것은 낡은 관성의 반복이 아니라, 때묻지 않은 시선과 과감한 실행이라 믿는다. 미군 반환 공여지라는 과제부터 재정, 교통, 청년 유출, 쇠약해진 원도심과 지역 상권 부활까지, 우리가 오늘 마주한 문제는 어제의 방식으로 풀 수 없다.

그래서 나는 스스로에게 묻는다. "기득권의 이해관계와 오래된 관행 밖에서, 시민의 상식과 데이터에 기대어 도시를 새로 설계할 수 있는가?" 내 대답은 분명하다. 가능하다. 그리고 그 길을 앞서 걸어간 젊은 리더들의 사례가 나에게 확신을 준다.

일본 홋카이도의 스즈키 나오미치 도지사는 나에게 큰 영감을 준 인물이다. 그는 토박이가 아닌 중앙 관료 출신으로 30대 초반에 유바리 시장을 맡았다. 한때 도시 파산까지 겪은 유바리에서 그는 '외부의 눈'으로 냉정하게 낭비를 걷어내고, 생활에 닿는 작은 정책부터 재정을 다시 세웠다. 특정 지역과 얽힌 이해관계에서 자유로웠기에 결단이 빨랐고, 주민과의 약속을 재정의 한도

내에서 지키는 데 집중했다.

그 결과 유바리의 회복을 이끌었고, 이런 성공 스토리를 기반으로 만 38세에 홋카이도 역대 최연소 도지사가 되었다. '젊음'과 '비토박이'라는 조건이 약점이 아니라, 오히려 기득권의 사슬을 끊는 힘이 될 수 있다는 것을 보여주는 좋은 사례이다. 의정부의 미군 공여지 문제, 재정 구조 조정, 복지와 성장의 균형 같은 난제를 푸는 데에도 이런 자유로운 관점과 결단이 필요하다고 나는 믿는다. 이해관계 없는 자가 이해관계를 끊고 공익에 올인할 수 있다.

2025년 12월에 뉴욕 시장 선거가 있다. 33살의 조란 맘다니가 민주당 뉴욕 시장 후보로 떠올랐다. 그는 거대한 TV 광고비 경쟁 대신, 시민의 언어가 흐르는 틱톡과 소셜미디어로 승부했다. 하루 한 편 꼴로 올린 영상 속에서 임대료, 교통비, 생활비 같은 현실적 고통을 자신의 말로 설명했고, 느린 행정 때문에 할랄푸드 트럭들이 중개업체에 거액을 바쳐 허가를 받던 '할랄플레이션' 문제 같은 생활 밀착형 의제를 시민과 함께 해부했다.

그 결과 1%의 지지율에서 불과 9개월 만에 거대한 파고를 일으켰다. 나에게 이 사례가 주는 교훈은 분명하다. 정치의 언어를 행정 보고서에서 꺼내 시민의 언어로 '번역'할 수 있다면, 그리고 그 과정을 매일 투명하게 보여줄 수 있다면, 젊음은 경험 부족의 다른 이름이 아니라 '신뢰 구축'의 열쇠가 될 수 있다는 것을!

세계 곳곳에서 20·30대의 젊은 시장들이 도시의 흐름을 바꾸고 있다. 어떤 도시는 공유주택과 공공임대의 혁신 모델로 청년 주거 위기를 뚫었고, 또 다른 도시는 자전거·보행 중심 교통으로 미세먼지와 소음을 줄이며 골목 상권을 되살렸다.

이런 청년 시장들에게는 공통점이 있다. 자본과 정계, 건설 이권에서 상대적으로 자유롭고, 시민과 데이터와 현장을 우선하며, '지금 당장 체감되는 변화'를 설계한다는 것이다. 나는 의정부에서 이 원칙을 작동시키고 싶다. 미군 공여지는 시민의 미래 자산이라는 관점에서 '공공성 코어'는 고정하고, 수익형 구역은 장기임대 방식으로 투기를 억제하며 재정 효율을 높일 것이다. 교통은 '사람의 속도'에 맞추어 보행·자전거·대중교통을 기본값으로 재배치하고, 원도심은 청년·어르신·장애인이 함께 쓰는 생활 SOC를 확충해서 숨통을 틔울 예정이다.

젊은 시장에게 늘 붙는 질문, '경험이 부족하지 않나?'에 대해서도 나는 답이 준비되어 있다.

행정은 이제 개인 경험의 총합으로 움직이지 않는다. 데이터가 정책의 앞줄에 서야 한다. 나는 의정부시에 AI 기반 데이터 행정을 도입하겠다. 불법 주정차, 교통체증, 상권 유동 같은 도시의 문제를 실시간으로 분석해 신호 체계와 단속, 주차 정책, 보행 안전을 덮어씌우듯 업데이트할 것이다. 복지와 재정도 마찬가지다. 취약계층의 수요 예측과 예산의 선·후 순위를 AI로 사전 시뮬레이션하고, 분기 단위로 '정책 대시보드'를 공개해 "어디에 얼마를 쓰고 어떤 결과가 났는지" 시민과 함께 점검하겠다. 중요한 결정은 나 혼자가 아니라 전문가 자문단과 시민평의회를 상설화해 공개 토론으로 내리겠다. 경험 부족을 '개인의 약점'으로 남기지 않고, 집단지성의 제도로 보완하겠다. 이 방식은 한 사람의 견해보다 훨씬 안전하고, 무엇보다 공정하다. 전통적인 아날로그 경험의 나이 든 행정가들은 할 수 없는 일이다.

나는 스즈키 도지사의 유바리 개혁에서 '바깥의 눈'이 만든 속도를 배웠고, 맘다니의 뉴욕 도전에서 '시민 언어와 투명성'의 힘을 확인했다. 의정부의 미군 반환 공여지 개발에서도 같은 원리를 적용할 수 있다.

'바깥의 눈'으로 장기임대·시민토지신탁 같은 공공성 장치를 두어 투기를 차단하고, '시민 언어와 투명성'으로 일자리와 복지를 함께 키우겠다. 이권 구조를 해체하는 가장 확실한 방법으로 의사 결정의 전 과정을 공개하고, 이익을 시민과 공유할 것을 약속한다. 그래서 나는 공여지마다 '커뮤니티 베네핏 협약(CBA)'을 도입해 고용·임대료·공원·문화·교통 문제를 계약으로 약속할 계획이다. 누구의 사업이든, 무슨 사업이든 시민의 이익이 우선이라는 원칙을 세우겠다.

젊음은 무모함이 아니다. 젊음은 속도다. 실패할 수 있다. 하지만 나는 실패를 감추지 않겠다. 정책 대시보드에 실패도 함께 기록하고, 왜 실패했는지 시민 앞에서 설명할 생각이다. 그 과정이 다음 결정을 더 낫게 만들 것이다. 젊음은 또한 '이해관계로부터의 거리'다.

나는 자본이나 건설 이익과 거래하지 않겠다. 정치적 보은 인사는 하지 않겠다. 공무원 인사는 성과·공정·투명 3원칙으로 공개 경쟁하겠다. 시정의 신뢰는 결국 사람에서 나오기 때문이다.

의정부의 골목에서, 시장에서, 등굣길과 퇴근길에서 시민들과 나눈 말을 잊지 않는다. "말만 하지 말고 보여주세요." 나는 보여주려고 한다. 공약 대신 실행 계획, 홍보 대신 데이터, 독백 대신 시민 토론으로. 젊고 때묻지 않은 시장이 왜 필요한지, 누구나 체감하는 변화로 증명하고 싶다. 보행로는 더 안전해지고, 주차와 대중교통은 더 편해지고, 원도심 가게에는 발길이 늘고, 복지는 더 촘촘해지며, 공여지는 투기보다 삶을 위해 쓰이는 방향으로 첫 삽을 뜰 수 있을 것이다.

나는 의정부가 과거의 도시가 아니라 미래의 표준이 되길 바란다. 유바리가 그랬듯, 절망의 골짜기에서 방향을 바꾸면 도시의

운명도 바뀐다. 뉴욕의 젊은 도전자처럼, 시민의 언어로 매일 설명하고 매일 설득하면 정치의 무게도 달라진다. 청년 시장이 된다면 의정부를 시민 모두의 도시, 떠나지 않고 남고 싶은 도시로 만들고 싶다. 기득권의 오래된 문을 열 열쇠는, 때묻지 않은 젊음과 시민의 집단지성이다. 이제 그 열쇠로 의정부 미래의 문을 열 것이다. 시민과 함께, 반드시.

생각이 달라도 서로 싸우지 않고 활짝 웃을 수 있는 정치를 나는 꿈꾼다.

나는 의정부의 재정을 파고들며 지난 몇 년을 보냈다. 왜 이 싸움을 멈추지 않는가?

"왜 돈이 남는데 빚을 내지?" "왜 청년은 기본소득을 못 받고, 장애인 평생학습 예산은 잘려야 하지?" 처음에는 단순한 의문이었다. 그러나 의문은 곧 분노로, 분노는 곧 책임으로 바뀌었다. 시민의 세금이 엉뚱한 곳으로 흘러가고, 사회적 약자들의 삶이 무너지는 현실 앞에서 침묵할 수는 없었다. 의회에서 목소리를 높이고, 기자회견장에서 진실을 알리고, 법과 제도를 공부하며 싸웠다. 때로는 외롭고, 때로는 거센 반발에 부딪혔지만, 그 과정에서 깨달았다. 이 싸움은 나 혼자의 싸움이 아니라, 시민 모두의 싸움이라는 것을.

나는 돈이 시민에게 돌아가는 날까지 싸울 것이다. 재정은 단순한 숫자가 아니다. 복지관에서 아이들이 뛰노는 모습, 청년들이 기본소득으로 미래를 준비하는 모습, 어르신들이 평생학습에 참여하는 모습 속에 살아 숨 쉬는 구체적인 희망이다. 재정이 잘못 쓰이면 시민의 삶은 곧바로 무너진다. 공공사업이 중단되고, 청년들이 떠나고, 약자들이 고통을 감당해야 한다.

나는 이 책에서 의정부 재정의 민낯을 드러냈다. 순세계잉여금, 불법 예비비, 공문서 위조, 거짓 해명, 그리고 '거꾸로 재테크'까지. 동시에 희망도 이야기했다. 시민재정시스템이라는 새로운 도구, 재정 민주주의라는 새로운 비전, 그리고 시민이 주인 되는 정치라는 새로운 길. 앞으로도 나는 멈추지 않을 것이다. 시민과 함께 재정을 바로잡고, 시민의 권리를 되찾고, 돈이 시민에게 돌아가는 날까지 싸울 것이다. 그것이 시의원으로서의 책무이자, 시민으로서의 양심이기 때문이다.

이 책을 덮는 순간에도 의정부의 재정은 흘러가고 있다. 그 돈이 어디로 가는지는, 결국 우리 모두의 손에 달려 있다. 나는 약속한다. 재정의 주인이 시민이라는 사실을 결코 잊지 않고, 끝까지 이 원칙을 지켜낼 것이다.

사랑하는 의정부 시민 여러분께 요청한다. 이제 우리 함께 외치자. 우리의 의정부시가 재정 민주주의를 제대로 구현할 때까지 모두 외치자. "내 돈 내놔!"

정진호의 의정부 구하기
다같이 외칩시다. 내 돈 내 놔!

©정진호, 2025

2025년 10월 18일 1판 1쇄 펴냄

지은이 : 정진호 ㅣ 편집 : 김장성 ㅣ 디자인 : 최수민

펴낸이 : 김장성 ㅣ 펴낸곳 : 저상버스

주소 : 경기도 고양시 덕양구 청초로66 B동 312호

전화 : 070-8797-1656 ㅣ 전송 : 02-6499-1657

ISBN : 979-11-92102-43-6 03340

저상버스는 이야기꽃의 인문교양 브랜드입니다.
저상버스는 세상의 부당한 문턱을 낮추고자 합니다.